99 réponses sur la Ville

Robert FERRAS
Professeur de Géographie
Jean-Paul VOLLE
Maître de Conférences de Géographie
Université Paul Valéry - Montpellier

99 réponses sur la Ville

RESEAU CRDP / CDDP DU LANGUEDOC-ROUSSILLON

Cet ouvrage appartient à une collection intitulée
« **99 réponses sur** » qui a pour but
de mettre à la disposition des enseignants, élèves et étudiants
des instruments de travail susceptibles d'être consultés
quotidiennement, par fragments successifs, comme guides.

A cette lecture discontinue correspond le souci d'une
juxtaposition de réponses pratiques.
Le lecteur trouvera pour chaque question
des niveaux de réponses différents :
■ ***l'un concis,***
■ ***l'autre développé pour en savoir plus.***
Certains ouvrages comporteront également
des indications bibliographiques.

Chaque numéro de la collection traite d'un sujet déterminé à
l'intention d'un public déterminé.

Déjà paru :

- *99 réponses sur la Préhistoire.*
- *99 réponses sur la Grèce Antique.*
- *99 réponses sur l'Orientation.*
- *99 réponses sur la Sémiotique.*
- *99 réponses sur la Rome Antique.*
- *99 réponses sur l'Informatique.*
- *99 réponses sur la Météorologie.*
- *99 réponses sur les procédés de style.*
- *99 réponses sur la Santé : 1. l'alimentation.*
- *99 réponses sur la Santé : 2. le médicament.*
- *99 réponses sur l'Audiovisuel.*
- *99 réponses sur le Compagnonnage.*
- *99 réponses sur la Géographie*
- *99 réponses sur l'Egypte*
- *99 réponses sur les Présidents de la République Française.*
- *99 réponses sur les Instutitons de la Ve République.*
- *99 réponses sur l'Union européenne.*

En préparation :

- *99 réponses sur la Communication publicitaire.*

AVANT-PROPOS

Règle du jeu de la collection « 99 réponses sur », toute question posée bénéficie d'une réponse limitée à un recto-verso, ce qui présente l'avantage de forcer à dire l'essentiel sur l'objet, ici la ville, en quelques phrases. Beaucoup de choses ont été dites sur ce thème inépuisable, il s'agit donc, avant tout, de mises en forme et de recueil de textes choisis.

Depuis une trentaine d'années et dans des cadres divers, ERA (Equipe de Recherche Associée du CNRS) sous la direction de Raymond Dugrand à Montpellier, RCP et GRECO (Recherche Coopérative sur Programme, et Groupe de Recherches Coordonnées) sous la direction de Bernard Kayser à Toulouse, une recherche en géographie urbaine a été menée par les auteurs. La fondation du GREGAU, animé et dirigé par Jean-Paul Volle, est l'aboutissement de cette déjà longue tradition (Groupe de Recherche en Géographie, Aménagement, Urbanisme). Comme preuve suivent la dizaine de numéros publiés à la fois sur la région et sur la ville, sous le vocable de *Recherches*.

Nos remerciements vont à tous ceux qui sont cités et à bien d'autres, en particulier les collègues de la Maison de la Géographie de Montpellier et les étudiants de l'Université Paul Valéry.

Cet instrument se veut de consultation immédiate et répond aux questions que risque de se poser un public varié, en termes d'ouverture plutôt que d'exhaustivité, de besoin de réponses pratiques à des questions simples. Ce livre-fiches souhaite s'adresser aux débutants de la discipline et aux curieux de spécialités proches, à travers une analyse géographique. On notera le souci d'embrasser une matière large, avec un plaisir non dissimulé à aller voir ce que disent les autres, ce qu'ils écrivent, ce qu'ils montrent. Lisant aussi les autres, la géographie de la ville s'enrichit sans cesse, appuyée de même sur ses propres productions, allant du manuel scolaire aux collections universitaires.

Qu'on n'attende pas une bibliographie raisonnée, totale. Elle est présente mais éclatée selon les thèmes, chronologique ou d'autre manière. On n'imagine même pas les dizaines de milliers de titres qui auraient été à recenser, depuis Platon et Aristote…

Tout cela apparaît à travers les huit grands « paquets » d'organisation des réponses selon un souci de définition, passage en revue d'outils divers et de nombreux exemples.

Les huit grandes subdivisions sont :

I. Dire la ville
II. A la recherche de la ville
III. Voir, écrire, représenter la ville
IV. Villes d'autrefois et d'ailleurs, le temps et l'espace
V. Expliquer la ville
VI. Approches
VII. Les villes de l'écrit et du décrit
VIII. Pour finir, sans en finir, deux questions

INTRODUCTION

Il est commode d'aborder la ville de façon dichotomique, la fonction et la forme, l'intra et l'extra urbain, le centre et la périphérie, la ville et sa région, la cité et les réseaux, grandes et petites villes (même si les villes dites « moyennes » sont venues perturber la belle logique !)... La ville se prête ainsi à toutes les incompréhensions car elle reste finalement difficile sinon impossible à définir.

L'approche proposée est loin d'être linéaire et les corrélats multipliés rebondissent en fait d'une réponse à l'autre. Chacun pourra s'y retrouver selon ses propres logiques, sans lecture à la suite. C'est également une façon de prolonger le livre par ce qu'il suggère de thème en thème ou d'un auteur à l'autre.

Quant à la ville, elle est partout, comme si le « genre urbain » (« La ville partout et partout en crise », *Le Monde, Manière de Voir*, n° 13, 1991) s'était substitué au genre humain. La Cité est fondatrice, la ville en ses limites mégolopolitaines en serait-elle l'achèvement ? En un siècle, la population urbaine qui représentait en 1900 à peine 3 % de la population mondiale est devenue majoritaire, et en l'an 2 000, plus d'un homme sur deux vivra – ou survivra – en ville. Le phénomène est planétaire, mais les effets de l'urbanisation largement « régionalisés ». Ici, au Nord, il convient de « sauver les villes », là, au Sud, il est indispensable de fournir un minimum de nourriture à une population qui s'entasse dans des villes gigantesques. « Près de 600 millions d'êtres humains – la moitié de la population des villes du Sud – vivent dans des conditions effroyables, dans des bidonvilles, sans égouts, souvent sans eau, sans hygiène. Des capitales immenses comme Lagos, Kinshasa, Dar-Es-Salaam n'ont pas de vrais réseaux de transports en commun, ni même de système d'évacuation des ordures » (*Le Monde,* op. cité). Dans un autre monde, urbain lui aussi, d'autres problèmes sont à l'ordre du jour. La lecture du journal *Le Monde* du 30 janvier 1994, fournit une chute dans ses « Heures locales, Régions », sous le titre : « Bordeaux a le cœur fragile » (Dominique de Laage). « Alors que la capitale d'Aquitaine (210 000 hab.) totalisait 70 % des emplois de l'agglomération en 1968, elle n'en représente plus aujourd'hui que 55 %. Le centre-ville d'une agglomération qui compte 670 000 hab. se vide lentement d'activités qui, auparavant, lui assuraient une animation plus intense. Parallèlement à cet appauvrissement du centre, la communauté urbaine doit faire face à un autre enjeu : relever le défi de son emplacement particulier sur l'axe atlantique en direction de la péninsule ibérique qui lui ouvre des potentialités en matière de transport... Bordeaux peut devenir une importante plate-forme logistique aux niveaux national et européen ».

Deux mondes, deux histoires, un même système de référence... et, en toile de fond, la ville.

SOMMAIRE

Dire la ville

A la recherche de la ville

Voir, écrire, représenter la ville

Villes d'autrefois et d'ailleurs, le temps et l'espace

Expliquer la ville

Approches

Les villes de l'écrit et du décrit

95 … Athènes, de quelques uns… ?

96 … et Barcelone de quelques autres ?

97 … New York de Jérome Charyn ?

Pour finir, sans en finir, deux questions

98 Quelle est donc la plus « belle » ville du Monde ?

99 Mais où vont les villes ?

Pour approfondir

Parcours rapide

LA VILLE, QUI DIT QUOI ?

Comment tenter de trouver une cohérence, historique, fonctionnelle, statistique, économique, géographique, sociologique ou autre dans les innombrables propositions de définition, toujours prudentes, toujours incomplètes de la ville. Comment « ne pas trébucher dès qu'il s'agit de donner une définition » (Max Derruau) alors que l'emploi du terme est banal : « objet d'intuition », « objet scientifique », « forme sociale » ? Les extraits, glanés ici ou là, montrent la difficulté de la réponse, sans autre commentaire ni fuite devant l'obstacle.

POUR EN SAVOIR PLUS...

Aristote dit « Ce ne sont pas les murs qui font la ville ; sinon on n'aurait qu'à entourer le Péloponnèse d'un mur. Tel était peut-être le cas de Babylone ».

L'INSEE précise que la ville, en France, est un ensemble d'habitations en continuité qui compte au moins 2 000 habitants. Statistiquement, il s'agit d'une unité urbaine formée d'une commune (ville isolée) ou de plusieurs (agglomération multicommunale).

Au Moyen-Age, la ville avait le droit de tenir marché, elle obtient des franchises. Très tôt, en Angleterre elle possède un certain statut juridique et municipal.

Ratzel pense que la ville est une « réunion durable d'hommes et d'habitations humaines qui couvre une grande superficie et se trouve au croisement de grandes voies commerciales. »

William-Olsson situe la ville comme une agglomération présentant une différenciation interne. Lorsque tout le monde fait la même chose, il n'y a plus de ville.

Georges Chabot dit « Une agglomération serait une ville dans la mesure où son rôle dans le passé lui confère ce titre, et c'est ainsi que nous entendons, en effet, bon nombre de villes. » Il ajoute : « Faute de trouver un critère sûr, d'ordre statistique ou administratif, nous serons donc obligés de nous en tenir le plus souvent à nos impressions extérieures ; pour le géographe, la ville est avant tout un paysage, un paysage de géographie humaine, et c'est par leur aspect extérieur que se reconnaissent et se classent les paysages. »

Pierre Lavedan : « La ville est un être vivant. Comme tout être vivant, elle naît, elle grandit, elle meurt. »

Paul Claval souligne leur caractère « transculturel » et l'accélération de leur diffusion au cours des deux derniers siècles, quand la « poussée des villes s'affirme », qu'elles gonflent.

Guy Burgel hésite. « Elle est tellement omniprésente que personne n'est d'accord pour la définir de façon uniforme... Quand la ville est partout, et à toutes les échelles, il est difficile de lui trouver une aune commune. Plus précisément dès qu'elle a cessé d'être un territoire fermé, souvent clos de murailles, pour s'étendre, se disperser, se dissocier, dans des périphéries sans cesse plus larges, toute tentative de compréhension normative devient aussi illusoire qu'elle reste nécessaire. »

Paul Meuriot : « La nature même de nos agglomérations urbaines met entre le concept ancien et le concept moderne de ville une différence... La ville de jadis est une ville forte. Dans les poésies homériques, les noms de villes sont souvent accompagnés d'épithètes se rapportant à leurs fortifications. Avec plus de précision, Aristote établit formellement la nécessité pour une ville d'être fortifiée. »

La ville vit, pour **Marcel Poëte** : « La continuité dans la vie de la cité constitue une donnée essentielle... Ce qu'on appelle communément le vieux Paris est, au contraire, un Paris jeune par rapport au nôtre. L'étude de cette cité dans le passé n'a point pour objet un squelette, mais un être vivant qu'on prend seulement à un âge antérieur à celui qu'il a présentement, car la collectivité qu'est la ville subit, au cours de son existence, tout comme l'individu, l'action du temps et a, au moment où on la considère, un âge donné. »

Le Corbusier : « La ville est un outil de travail... Une ville ! C'est la mainmise de l'homme sur la nature. C'est une action humaine contre la nature... C'est une création... La ville est une image puissante qui actionne notre esprit ».

Patrick Geddes dramatise la ville. « Mais une ville est plus qu'un lieu dans un espace, c'est une action dramatique en mouvement. Bien que la prétention de la géographie soit fondamentale, l'intérêt porté à l'histoire de la ville est beaucoup plus grand ; les circonstances géographiques seules n'ont évidemment pas suffi à transformer une forteresse en Judée, une autre en Afrique, en centres jusqu'à ce jour plus influents et significatifs que ne le sont les plus grandes capitales modernes. »

Jacqueline Beaujeu-Garnier s'interroge. « Le concept de ville doit-il être révisé ? (ne pourrions-nous dire revisité ?) Ou bien plutôt faut-il considérer la ville non pas comme une entité fixe proprement dite, mais comme un instrument détenant et propageant une forme de civilisation particulière... ».

Pierre Merlin et **Françoise Choay** se plaisent à souligner que « la ville naît des besoins d'interactions des gens et des avantages que celle-ci procure... de fonctions centrales d'échange, de confrontation ou de rencontre collective ».

Roger Brunet, **Robert Ferras** et **Hervé Théry** y voient un lieu « où les personnes vivent essentiellement du commerce et des services,... le lieu où s'est élaborée la civilisation, où se sont développées l'information, la formation et l'innovation ».

Elisée Reclus la relie aux progrès de l'humanité : « Quand les villes s'accroissent, l'humanité progresse, quand elles diminuent, le corps social régresse vers la barbarie ».

QUELLES ONOMATOPÉES COMME COLLECTION DE SIGLES URBAINS ?

« Parler urbain », langage international que l'on croirait venu parfois d'une bande dessinée mais qui cache bien des stratégies d'intervention. La presse en est remplie et désormais on ne décode plus les sigles, bien au contraire les néologismes les relaient, quand on zade un terrain ou que survient la zupification.
Chaque spécialité a ses raccourcis, mais la différence à propos de la ville c'est que les instances de décision et l'intérêt porté par la presse au phénomène ont répandu un vocabulaire venu d'ailleurs.

POUR EN SAVOIR PLUS...

AFU	Association foncière urbaine
AL	Allocation logement
ALS	Aide au logement social
APL	Aide personnalisée au logement
ARIM	Association de restauration immobilière
BDU	Banque de données urbaines
CBD	Central business district, centre des affaires
CDCU	Commission départementale de conciliation en urbanisme
CDUC	Commission départementale d'urbanisme commercial
CEBPT	Centre d'expérimentation du bâtiment et des travaux publics
CETE	Centre d'études techniques de l'équipement
CIAT	Comité interministériel d'aménagement du territoire
CIEU	Centre interdisciplinaire d'études urbaines, Toulouse
CNFPT	Centre national de formation des personnels territoriaux
COS	Coefficient d'occupation des sols
CRU	Centre de recherche d'urbanisme
CSTB	Comité scientifique et technique du bâtiment
DAFR	Direction de l'aménagement foncier et de l'urbanisme
DATAR	Délégation à l'aménagement du territoire et à l'action régionale
DAU	Direction de l'architecture et de l'urbanisme

DDE	Direction départementale de l'équipement
DIA	Déclaration d'intention d'aliéner
DIV	Délégation interministérielle à la ville, 1988
DSQ	Développement social des quartiers, 1982
DUP	Déclaration d'utilité publique
EPAD	Etablissement public pour l'aménagement de la Défense
FAU	Fonds d'aménagement urbain
FDES	Fonds de développement économique et social
FIAT	Fonds d'intervention pour l'aménagement du territoire
FNAFU	Fonds national d'aménagement foncier et d'urbanisme
FNAH	Fonds national pour l'amélioration de l'habitat
FNAT	Fonds national pour l'aménagement du territoire
GEP	Groupe d'étude et de programmation
HBM	Habitation bon marché, 1921
HLM	Habitation à loyer modéré
IFU	Institut français d'urbanisme
IGH	Immeuble de grande hauteur
ILM	Immeuble à loyer modéré
LOF	Loi d'orientation foncière, 1967
LOV	Loi d'orientation pour la ville, 1991
OPAC	Office public d'aménagement et de construction
OPAH	Opération programmée d'amélioration de l'habitat
OPHLM	Office public d'habitations à loyer modéré
OREAM	Organisation d'étude et d'aménagement des aires métropolitaines
PACT	Protection, amélioration, conservation, transformation
PADOG	Plan d'aménagement et d'organisation générale (région parisienne)
PAP	Prêt à l'accession à la propriété
PAT	Prime à l'aménagement du territoire
PAZ	Plan d'aménagement de zone
PLA	Prêt locatif aidé
PLD	Plafond légal de densité
PLR	Programme à loyer réduit
POS	Plan d'occupation des sols
PPZ	Plan de protection de zone
PRHI	Périmètre de résorption de l'habitat insalubre
PSR	Programme social de relogement
PUD	Plan d'urbanisme directeur (de détail)
SCI	Société civile immobilière
SDAU	Schéma directeur d'aménagement et d'urbanisme
SIVOM	Syndicat intercommunal à vocations multiples
SIVU	Syndicat intercommunal à vocation unique
TLE	Taxe locale d'équipement
VRD	Voirie et réseaux divers
ZALA	Zone d'aménagement lié à un aéroport
ZIF	Zone d'intervention foncière
ZPIU	Zone de peuplement industriel et urbain
ZPPAU	Zone de protection du patrimoine architectural et urbain

3

QUELLE GÉOGRAPHIE DE LA VILLE, QUELS CHAMPS D'ACTION ?

Les textes sont nombreux et les écrits scientifiques ou littéraires témoignent d'approches multiples. Les choix n'en sont que plus difficiles moins pour rassembler que pour organiser.

POUR EN SAVOIR PLUS...

Notre choix est celui d'une géographie sur la ville, de la ville, pour la ville, pleine et largement ouverte, car « les idées et les briques ne suffisent pas encore à faire des villes. Bien des plans qui accordent une grande place à la réflexion intellectuelle négligent celle de la sensibilité ». (Sylvie Rimbert, *Les paysages urbains*, Colin, 1973).

A part briques et idées il y a implicitement, dans la géographie des villes, une sorte de *leit motiv*, celui de la fondation, de la croissance et de la mort, une démarche anthropomorphisante qui n'est pas la meilleure, loin de là. Mais elle ne peut être esquivée car elle renvoie à des schémas très largement répandus : implantation-création, apparition-mise en question, insatisfaction-inquiétude d'une fin de ville, disloquée, éventrée. « La société industrielle possède des spécialistes de l'implantation urbaine. Et pourtant, les créations de l'urbanisme sont, partout, à mesure de leur apparition, mises en question. Des quadras de Brasilia aux quadrilatères de Sarcelles, du forum de Chandigârh au nouveau forum de Boston, des *highways* qui disloquent San Francisco aux autoroutes qui éventrent Bruxelles, la même insatisfaction et la même inquiétude se font jour ». (Françoise Choay, *L'urbanisme, utopies et réalités*, 1965).

Taille si variable, fonctions si redondantes, images si systématiques ne suffisent pas à cerner la ville, même si elles y contribuent. Il faut évacuer la question de la définition étroite et recenser les champs (une dizaine) que s'approprie la ville. Le degré zéro, hors jeu géographique, est fourni par le site et la situation, les hommes et leurs fonctions.

L'espace urbain apparaît comme support des activités humaines et sédimente les trames qui se combinent : milieu, réseaux, nœuds urbains.

La polarisation urbaine donne un effet cumulatif au bénéfice des plus grands centres. Une hiérarchie se construit à partir du village, du bourg, de la petite ville. Concentration des hommes et sélection des lieux urbains vont de pair. La vieille trilogie, à pied, à cheval, en voiture laisse place au rail, à l'automobile, à l'avion et à la « communicatique », mot étrange pour dire la diversité des échanges « immatériels ».

La ville couvre de plus en plus d'espace. L'urbain se mesure par un temps de plus en plus réduit. L'interconnexion des villes du monde grandit, forme un seul système aux interdépendances multiples, planétaires et instantanées : « énigme bienveillante » que ce monde de relations financières, d'accords économiques et politiques, comme le dit si bien Umberto Ecco dans *Le pendule de Foucault.*

Autre champ, autres lois, les interactions spatiales n'assimilent pas automatiquement la ville à un système mais interrogent sur les liens entre individu, espace et société dans la construction des ensembles régionaux urbains.

Les **modèles gravitationnels** et de localisation aident à leur compréhension. La base en est la prise en compte de la distance-temps et des coûts – ou surprofits – de localisation. La ville est un espace géographique « rugueux », terrain d'application d'un certain nombre de modèles théoriques.

Sortant de la métrique euclidienne, en réaction aux lois et modèles, la **critique radicale et la géographie sociale** s'appuient sur les stratégies des groupes sociaux, la ville étant alors expression d'enjeux contradictoires qui s'exercent sur un support spatial. L'espace terrestre, discontinu, hétérogène, anisotropique dans les rets de la ville, tend vers le continu, l'homogène, l'isotrope. L'explication vient ensuite. Pour certains c'est le capitalisme, production des biens, régulation par les marchés, circulation du capital, plus-values et bénéfices, le moteur qui mène vers un espace et un temps uniques.

Le champ de la **perception, des représentations et de l'imaginaire** relativise les conceptions de l'espace à travers tous les filtres et leur « déformations ». On est dans les distances mentales, culturelles, variables selon les biais qu'introduit un espace qui n'est que subjectif et propre à l'observateur. D'où les écarts à prendre en compte entre cartes de référence (on ne dira pas « objectives ») et cartes mentales de chacun. D'où la nécessité de s'interroger sur les signifiants et les signifiés.

L'approche par la sémiologie et son système d'éléments signifiants enregistre noms de rues, enseignes, monuments, couleurs de la ville,... qui prennent sens les uns par rapport aux autres.

L'écologie factorielle urbaine traite des catégories socio-spatiales, construit des batteries d'indicateurs indépendants pour faire émerger, sous forme de synthèse, les inégalités, les ségrégations, les concentrations.

On lira :

Di Méo (G.), *Les démocraties industrielles*, Masson, 1988.
Reynaud (A.), *Société, espace et justice : inégalités régionales et justice socio-spatiale*, PUF, 1981.

4

URBAIN, URBANISATION, URBANISME, URBANITÉ ?

Les quatre concepts retiennent l'essentiel de ce qui touche à la ville. Venus de la racine «urbs», ils renvoient à l'idéologie habituelle qui prend urbain comme synonyme de modernité, urbanité pouvant s'opposer à rusticité. Urbanisation pour dire concentration et urbanisme pour signifier l'art, la science ou la technique, un savoir-faire la ville.

POUR EN SAVOIR PLUS...

Urbain. – Le terme marque l'opposition au rural, au rustique. Il est chargé de qualité, de savoir vivre, tend à signifier « progrès » dans l'acception commune. Encore que son sens évolue vite avec la fin du dualisme ville/campagne et la montée en puissance des « problèmes urbains ».

La géographie des villes est devenue urbaine lorsqu'elle a inversé sa méthode, passant d'une série de monographies de villes aux vrais problèmes de la logique des systèmes urbains. Riche en analyses démographiques au début, sensible à l'organisation et à la morphologie des villes, la géographie urbaine aborde plus tardivement les relations entre société et espace, entre ville et région, pour s'interroger enfin sur les modes de production et la géopolitique des espaces urbains, sur l'agencement et la typologie des territoires urbanisés.

Urbanisation. – C'est le mot-clé de l'évolution du monde, le processus le plus immédiatement visible par les concentrations de population, le bouleversement des paysages, sans oublier l'aspect culturel de la diffusion de valeurs venues de la ville. Désormais la centaine de villes les plus peuplées au monde regroupe plus d'un demi milliard d'habitants. Et c'est dans les pays les plus pauvres que l'urbanisation s'accélère. On peut la définir en quatre points : l'augmentation rapide du nombre d'habitants généralement par migration vers les villes existantes, la concentration spatiale au profit des plus grandes unités urbaines, la création de nouvelles villes, le tout provoquant un accroissement du taux d'urbanisation.

Urbanisme. – Pierre Clerget, enseignant lyonnais, emploie ce mot nouveau dans le *Bulletin de la Société de Géographie* de Neufchâtel en 1910. La société française des urbanistes est créée en 1931, la revue *Urbanisme* en 1932, quelques années après l'Institut

d'urbanisme de l'Université de Paris (1924). On rappellera les écrits théoriques de C. Sitte (*Der Städtebau*, 1889), de E. Howard (*To-morrow*, 1898), de Tony Garnier (*La cité industrielle*, 1917) et de Le Corbusier (*La ville radieuse*, 1933), les travaux de P. Lavedan, *Qu'est-ce que l'urbanisme ?* en 1926, et son *Histoire de l'urbanisme* de la même année, ceux de M. Poëte *Introduction à l'urbanisme* en 1929, et l'*Encyclopédie de l'urbanisme,* d'Auzelle (1950). En 1965, dans son ouvrage *L'urbanisme, utopies et réalités* Françoise Choay souligne l'importance des choix idéologiques, utopistes, culturalistes ou progressistes, qui fondent l'urbanisme.
On dit volontiers que l'urbanisme est réponse technique au chaos des villes né du capitalisme industriel. La tendance pousse à définir l'urbanisme comme remède à son contraire, ce que l'on dénomme anarchie ou désordre urbain. Son synonyme est planification urbaine.

Urbanité. – On quitte là la géographie au sens étroit, pour déboucher sur des notions relevant de la sociologie, avec quelques connotations de société policée (en jouant sur les mots, de *polis*, la ville). *L'urbanitas* ne signifie-t-elle pas « la qualité morale de ce qui appartient à la ville… la politesse » (Choay F. et Merlin P., *Dictionnaire de l'urbanisme et de l'aménagement*, PUF, 1988). Et de plus « l'air de la ville rend libre ». L'urbanité est dans le moteur de la ville ce qui en fait l'attrait, là où s'exprime le mieux la modernité, le mouvement au sens madrilène de *movida*. L'urbanite, c'est tout ce qui fait la ville, au sens noble du terme, dans une logique d'interaction sociale, de rencontre, d'échange, de capacité à multiplier les avantages liés à l'abondance des services.
L'urbanité signifie aussi les lieux « urbains » par excellence, ceux qui marquent le mieux la ville. « La vie de Paris, sa physionomie a été en 1500 rue Saint-Antoine, en 1600 à la place Royale, en 1700 au Pont-Neuf, en 1800 au Palais Royal… Enfin le boulevard a eu ses destinées… la splendeur du boulevard n'a montré son apogée qu'à partir de 1830… en 1860 le cœur de Paris sera de la rue de la Paix à la place de la Concorde ». (Balzac, *Physiologie des boulevards*).

5

COMMENT ENTRER DANS LA VILLE ?

Polis, civitas, commune, urbs, ville... Dit-on chaque fois absolument la même chose? Les entrées sont multiples. On verra comment, dans le cadre universitaire d'une thèse de géographie urbaine, Etienne Dalmasso aborde son étude sur* Milan *(Ophrys, 1971).

POUR EN SAVOIR PLUS...

On entre par toutes sortes de « portes », autrefois au propre, maintenant au figuré. Chronologiquement la ville est faite de légendes qui parlent de Jéricho, Babylone et Troie, Athènes la Polis et Rome l'Urbs. Elle cristallise un événement que les historiens s'accaparent : l'Illiade est la prise d'Illion, Jérusalem suscitera quelques croisades, prises et itinéraires.

Très tôt ce sont aussi les philosophes qui exercent leur réflexion sur ce support. Les statisticiens comptent les feux, les foyers et les habitants, et le cadastre précise leurs propriétés. Les voyageurs, au détour d'une longue route, découvrent la ville attendue ou rêvée. Les sociologues, lorsque les conditions de vie y sont devenues peu à peu insupportables, viennent en renfort. Mais la ville, somme, totalité, peut-elle être considérée comme objet sociologique ? Quant à l'urbanité, ne peut-elle fonder une ethnologie, une anthropologie de la ville ? Enfin les géographes, avec leurs propres méthodes, s'interrogent et interrogent la ville en ses espaces, ses structures, ses dynamiques, sa morphologie, ses systèmes relationnels.

L'introduction de la thèse d'Etienne Dalmasso sur Milan permet d'éclairer les choses : comment entrer – presque physiquement – dans une ville ? La complexité dépasse la première approche qui semble un peu banale : « En arrivant par le Nord, on pénètre une banlieue chaotique... En venant du Sud, le voyageur est, après un long trajet dans la paisible campagne lombarde, brutalement happé par la ville. » Cela débouche sur « l'écheveau touffu de ses nombreuses activités. Quelles que soient les classifications adoptées, toutes les fonctions s'y retrouvent. Leur organisation devient mystérieuse. Les faits sont innombrables, les changements rapides, les interactions constantes. »

Quant à la démarche, elle est très empirique : « Entreprise en toute liberté, sans aucune idée préconçue, cette étude s'est dessinée en fonction de la réalité milanaise. Il a fallu tenir compte de la documentation existante ». Au total dit l'auteur, « Notre but était de comprendre Milan, telle qu'elle s'impose à l'observation géographique, c'est-à-dire dans sa totalité. L'essai séduisant d'une étude visant à vérifier, de manière déductive, le degré d'adéquation au réel d'un modèle a été abandonné. »

« Par formation, en effet, nous étions plus à l'aise dans une approche inductive, menée par la patiente collecte des faits sans cesse confrontés entre eux. Cette méthode a paru plus efficace pour saisir le phénomène milanais dans ses multiples nuances et pour déboucher sur cette description explicative et synthétique qui demeure un objectif primordial de l'étude géographique. Ceci confère à notre travail une certaine facture traditionnelle. Chemin faisant cependant, il a fallu sortir des voies habituelles en faisant appel à des recherches et à des méthodes relevant de disciplines voisines telles que l'histoire, l'économie ou la sociologie mais en les adaptant à nos préoccupations. »

Quatre parties suivent, qui envisagent après les facteurs de la puissance milanaise, les étapes de la conquête économique, Milan métropole régionale, Milan capitale économique, l'adaptation de la ville à ses fonctions.

Autres temps, autres mœurs, désormais apparaîtraient certainement la production du cadre bâti et l'approche à dominante économique, les critères de localisation des activités économiques et les stratégies de créations d'emplois, les données relevant de l'économie urbaine (économie a bien été employé trois fois à dessein). Avec le besoin de traiter la ville dans ses réseaux de domination, d'échanges, de dépendance et de rattachement. De même tout ce qui relève de l'aménagement et de la planification, de l'urbanisme et du cadre de vie : ruptures et fractures du social, mobilités et discontinuités dans l'espace. Il y a fort à parier que seraient mieux prises en compte les grandes échelles, au niveau de l'habitat et la façon dont il est à la fois perçu et pratiqué, et toute la mythologie sur la ville. « L'espace vécu », vocable à la mode dans les années 1980, s'est imposé comme réalité d'analyse et les « images de la ville » recoupent la volonté de discourir sur un objet placé au centre des désirs de communication des différents « pouvoirs urbains ».

6

QU'APPORTENT LES FONCTIONS URBAINES ?

Il ne faut point voir ici une quelconque manie fonctionnaliste, mais le souci de rappeler une approche longtemps pratiquée, de façon étroite, et que l'on retrouve encore dans certains manuels. Elle est empruntée à Georges Chabot qui, au milieu du XXe siècle, classe ainsi ses villes (les titres qui suivent sont extraits de son ouvrage **Les Villes*****, publié en 1948). En 1970, le*** **Traité de géographie urbaine** ***de J. Beaujeu-Garnier et G. Chabot consacrera un livre second aux « fonctions urbaines ».***

POUR EN SAVOIR PLUS...

Militaire. – La forteresse, le port de guerre, Le Havre de Grâce en 1517, Toulon, Besançon, toutes les villes de garnison frontalières en font partie. Les premières entrent dans l'histoire avec Troie en Méditerranée, en France Alésia, Gergovie. La petite ville du Nord ou de l'Est qui se demande si sa garnison ne va pas partir, la sous-préfecture que montre le cinéma des *Grandes manœuvres* et des beaux dragons, Bar-le-Duc de Courteline, Belfort, Metz, Toul et Verdun, Brest, Toulon, Cherbourg en précisent l'image.

Commerciale. – Le marché, l'emporium dans sa forme ancienne (ou actuelle de ville franche), le port de commerce, cela peut être, depuis 1666 Lorient (l'Orient) et Sète. « Au marché de Brive-la-Gaillarde... une douzaine de gaillardes... ». On ne s'aventurera pas dans une liste, chaque ville possédant son équipement commercial qui peut en faire parfois une raison d'exister. Au Moyen-Age, les foires de Champagne, les villes des Flandres pèsent lourd sur les routes du commerce, ce que montrera ultérieurement Guichardin pour Anvers. On les trouve aux carrefours de chemins et de routes, ponctuant les rubans ferroviaires (Tchéliabinsk et l'ancienne Kharbine, Moukden et Vladivostok chères à Joseph Delteil), aux frontières-limites, postes de douanes ou de rupture de charge (Modane, Vintimille, les ports pyrénéens...) triomphantes ou victimes de leurs fonctions (qui connaît les Aubrais ou Saint-Pierre-des-Corps face à Orléans et Tours ?).

Portuaire. – « Les ports sont des points de cristallisation urbaine » (J. Beaujeu-Garnier). Ville et port sont étroitement imbriqués en front de mer ou en estuaire, précédés ou non d'un avant-port, à la tête d'un hinterland qui fait la puissance. Londres a contrôlé le monde par son port, la Nouvelle-Amsterdam commerce les peaux et fourrures avant de devenir New York ville mondiale et porte d'entrée de Ellis Island. Escales de Dakar et du Cap sur les routes des Amériques et des Indes, villes-ports face à face, de part et d'autre des détroits (Messine et Reggio, Calais et Douvres...), ports de la Hanse et de l'Italie qui gèrent commerce et territoire, ports du charbon (Cardiff), du bois (Libreville), du pétrole (Koweit) et de la pétrochimie, ports de pêche (Boulogne, Fécamp) ou de guerre (Brest), les types sont nombreux et la liste loin d'être épuisée. Et puis Hambourg, Anvers, Bruges et Gand, et Amsterdam où « les marins boivent et reboivent... et chantent les rêves qui les hantent... dans la chaleur épaisse des langueurs océanes » (Jacques Brel)

Industrielle. – La mine, l'atelier, l'usine sont vecteurs de villes, mais n'ont parfois enregistré que des échecs définitifs comme Villeneuvette en Clermontois (bas-Languedoc) à l'heure du colbertisme et sans autre extension depuis. Mazamet délaine, Lyon tisse, Longwy et Le Creusot coulent la fonte, comme dans la Ruhr ou dans le Lancashire. Les Eldorados du diamant, de l'or, du pétrole, du fer, du cuivre donnent les *ghost-towns* des Etats-Unis lorsque les gisements sont épuisés ou n'ont pas tenu leur promesse et que chacun repart. La désignation est une indication... « -les-Mines »...

De villégiature. – Grâce au tourisme, à la thérapeutique balnéaire, à la cure, la plaisance, le sport. C'est Vichy, les *Bagnères*, Cauterets, Plombières. Il y faut un lancement que l'on réserve à un grand personnage, comme Deauville ou Biarritz sous le second Empire. Parmi les malades ou villégiateurs célèbres Madame de Sévigné est à Royat, Montaigne soigne sa goutte à Plombières, Aix-les-Bains accueille Lamartine. Cannes le dispute à Montreux et Miami à Lugano. Les Anglais ont leur promenade, à Nice, depuis le début du XIXe siècle.

Intellectuelle. – Ville d'art, ville universitaire, ville religieuse, ville musée. Parmi elles Florence, Rome, Bénarès, Venise émergent. Jérusalem rejoint la Mecque, Louvain, Oxford, Bayreuth, Vérone et Princeton, la Silicon Valley laissant Sophia-Antipolis loin derrière.

Administrative. – La fonction administrative très ubiquiste ne joue comme signe distinctif qu'à un certain niveau de la hiérachie urbaine. Elle prend sens dans les capitales, vraies ou fausses, Brasilia, Ankara, Madrid. Vaduz est la capitale du Lichtenstein, et de pas mal de firmes. Genève n'est pas capitale de la Suisse comme on le croit volontiers, mais de beaucoup d'organismes internationaux.

« Ces fonctions peuvent évoluer, se remplacer les unes les autres ou se superposer. Le port appelle l'usine, le centre administratif devient vite un marché. Et il arrive même que certaines agglomérations finissent par concentrer sur elles toutes les fonctions ou à peu près ; il se crée ainsi un type nouveau, ce que l'on appelle la Grande ville ou la Métropole... ». (G. Chabot)

Les mêmes noms de ville ne sont-ils pas alors évocateurs de nouvelles images lorsque se diversifient les fonctions et que l'accumulation prend le pas sur la monofonctionnalité ?

QUELLE IMAGE DE LA CITÉ ?

La descendance des premiers écrits est maintenant large. Tout ce qui touche aux images de la ville découle en bonne part des travaux de Kevin Lynch dans son approche théorique, et de manière plus générale des travaux de Merleau-Ponty (*Phénoménologie de la perception*, 1945) et de J. Piaget (*La représentation de l'espace chez l'enfant*, 1947).

POUR EN SAVOIR PLUS...

Kevin Lynch (*The image of the city*, MIT, 1960) est traduit en français en 1969 (*L'image de la cité*, Dunod). Le livre traite de l'apparence et des qualités visuelles des villes à partir d'exemples tirés de Boston, Jersey-City et Los Angeles. Sa méthode, à l'origine de pas mal d'études en France, permet d'aborder les problèmes de la composition urbaine. Lire la ville, c'est interpréter les représentations mentales de ceux qui la pratiquent ; sa lisibilité représente la facilité avec laquelle on décrypte le paysage urbain en une opération de va-et-vient incessant entre l'observateur et le milieu urbain.

Cela pose de façon plus large le problème de l'aisance avec laquelle on se déplace dans la ville, s'égarer totalement étant une expérience quasiment impossible à mener, quelle que soit la dérive entreprise. Car un repère permet toujours, à un moment ou à un autre, de s'orienter. Là un fleuve, la pointe d'un monument visible de partout, là une pente, en montée ou en descente, là une église, un carrefour, un bâtiment remarquable... La peur naît de la désorientation.

Tout cela est transférable : « Des souvenirs communs de leur ville natale ont souvent servi, pendant la guerre, de premier et de plus facile point de rapprochement entre des soldats solitaires ». Car pour chaque ville existe une image collective ou des repères sur lesquels chacun est d'accord, ce que l'on désigne comme « le... que tout le monde connaît ». L'Eros de Piccadilly à Londres, la flèche de la cathédrale de Strasbourg, la Tour Eiffel, un campanile. Une masse de couleur plâtreuse et c'est Montmartre, des clignotants multicolores et c'est Broadway.

Lynch propose un classement en cinq éléments, transférables à n'importe quelle image urbaine.

1. Les voies. – Elles coulent comme des chenaux qui conduisent toujours vers des images fortes, comme le canal (Saint-Martin), les allées (d'Etigny), la rue piétonne, la voie que parcourt le bus. L'ensemble de l'environnement urbain s'organise tout au long de ces trajets.

2. Les limites. – Les solutions de continuité, coupures, murs, « barrières » offrent des obstacles plus ou moins franchissables. Mais aussi des clés de lecture de la ville. Une grande place à traverser, un espace vert clôturé, un grand immeuble en font partie.

3. Les quartiers. – Sous-ensembles de la ville, ils sont toujours plus ou moins dénommés et caractérisés, en bien ou en mal, en faux ou en vrai. Les voies les desservent pour les pénétrer, on y butte contre des limites que l'on ne mesure jamais à la perfection. Chelsea ou Soho, Harlem, Saint-Sulpice, le Barrio Chino (quartier « chinois » de Barcelone), Storyville à New-Orleans en sont. On recense aisément les quartiers « chauds » des grandes villes. « Je suis un gosse du Bronx, j'ai grandi dans un dédale de rues pauvres, un ghetto nommé Morrisania qui avait son quartier noir à Boston Road... » (Jérome Charyn, Métropolis. 1991)

4. Les nœuds. – Lieux stratégiques, ils focalisent la décision quand deux voies se croisent, quand on butte sur une limite. Ils peuvent résumer un quartier. On compte parmi eux le centre du quartier où chacun peut se retrouver, le « Bar des Amis », le « Café du Commerce », le square, la station de métro ou la gare routière.

5. Les points de repère. – C'est la référence la mieux partagée, pour l'autochtone comme pour l'arrivant. Une enseigne de restaurant ou de boutique, une statue, un immeuble, généralement le plus haut ou en rupture avec ses voisins, « le repère » de San Marco à Venise récupéré et largement popularisé par Dufy, par Canaletto. La statue s'y prête bien, la ville ayant toujours produit son général, plus rarement son savant. Le clocher, le « building » – tour, signal moderne – se détachent, la tache colorée attire comme le dôme doré des Invalides, celui du Panthéon ou de la mosquée de Lahore.
La combinaison de tous ces signaux fait l'image de la ville. Quelle qu'elle soit, on peut toujours l'aborder ainsi, dans ses richesses, ses nuances, ses compositions, les symboles pouvant aller jusqu'à la mythologie.

8

PARLER VILLE, MAIS COMMENT, EN GÉOGRAPHIE URBAINE ?

L'approche de la ville par le géographe est à peine centenaire, dans un monde aux pesanteurs rurales où la ville n'était au mieux qu'un sous-produit de la récente « révolution » industrielle, ou une capitale « historique » et marchande visitée périodiquement. On sait maintenant que l'essentiel de l'organisation de l'espace et de ses dynamiques vient de la ville.

POUR EN SAVOIR PLUS...

Jusqu'au seuil du XXe siècle, la ville se trouve chez le romancier et « Les chercheurs rodent inlassablement autour des textes de Balzac comme si les informations qu'ils peuvent communiquer étaient inépuisables... On pensait demander à Balzac soit des descriptions sur tel ou tel quartier, telle ou telle habitation, tel ou tel intérieur à la recherche d'un système caractéristique de renvois entre les lieux et les groupes sociaux qui fournirait l'image fidèle et réaliste de la structure socio-spatiale de Paris. » (F. Paul-Lévy, *La ville en croix,* Méridiens, 1984).

En géographie, pendant longtemps, la ville restera l'appendice final de la thèse, comme une sorte d'excroissance fournissant peu d'explications du monde. Puis elle jouera un rôle plus important comme le Clermont-Ferrand de la Grande Limagne (Max Derruau). Ensuite, par un renversement total de paradigme, on partira de la ville pour expliquer une région. C'est le cas des thèses « modernes » de géographie urbaine, Jean Labasse en Lyonnais, Raymond Dugrand en Bas-Languedoc, Alain Chauvet en Choletais.

Traditionnellement on considère que c'est Raoul Blanchard, avec trois écrits sur Grenoble (1911, *Etude de géographie urbaine*), Nice et Annecy (1916, *Esquisse de géographie urbaine*) qui ouvre une liste qui s'est considérablement enrichie depuis jusqu'à avoir pignon sur rue. Mais le temps des balbutiements se termine au seuil des années 1950 quand sont posées les premières ébauches théoriques.

On retiendra cinq étapes, commodes.

Avant 1940, la géographie française cultive le genre monographique, parfois avec talent, quand Christaller travaille sur les hiérarchies et que Park, Burgess, McKenzie, Wirth et leurs disciples de l'Ecole de Chicago pensent la ville « comme modèle social, spatial et comme ordre moral », c'est-à-dire comme société et culture.

Dans les **années 1950**, on passe à une double hiérarchie, qui repose à la fois sur le niveau d'activité et le rayonnement de la ville comme centre de service. Mais l'objet géographique prend consistance avec Max Sorre et Jean Tricart autour de l'idée de « structure sociale des villes ».

En 1960 on traite des activités comme les économistes, de la société comme les sociologues, des concepts de réseaux et de flux, des rapports villes-campagnes (Hautreux-Rochefort, 1964) et du système urbain (Berry, 1964).

Dix ans plus tard, des typologies se dégagent, construites sur les relations hiérarchiques et les échanges fonctionnels au sein des réseaux (D. Pumain, Th. Saint-Jullien). Antoine Bailly introduit une réflexion sur « la perception des paysages urbains ».

Depuis les années 1980 on ne parle guère de villes sans en référer à leurs images et leur savoir-faire, tendance qui devient celle de l'étude des images de marque et de leur faire-savoir.

Faut-il voir là une sorte d'effet induit des codes de la société de consommation au travers de la dimension du bien-être, prenant le relai de la ville qui produit ? Les images, dernière annexion de la géographie urbaine car dernière manifestation de l'urbain ? En 1957 l'architecte danois Jorn Utzon remporte le concours de l'opéra de Sydney. En 1996 la crête de son toit, symbole de la ville, sera le logo des Jeux olympiques. Et la carte postale de Sydney ne manque pas de le montrer, détronant ainsi dans l'image du front de mer le pont qui date de 1932.

Et l'on se reportera aux thèses classiques de géographie sur les grandes villes, en prêtant attention à la démarche, à la méthode et à l'écrit, en tenant compte de leur caractère monographique. Le Paris de Chombart de Lauwe avait ouvert la voie en 1952, Claude Chaline publie Londres en 1968, Etienne Dalmasso Milan en 1971, Robert Ferras Barcelone en 1976 et Guy Burgel Athènes en 1981, précédant les travaux d'Anne-Marie Seronde sur Rome, Roland Courtot sur Valencia…

9

QUELLE(S) DÉMARCHE(S) ?

Démarche ou plutôt démarches? Elles constituent très vite un chapitre d'histoire, tellement l'évolution est rapide. On enregistre toujours des séquelles de la métaphore organiciste dans une bonne part de la réflexion sur la ville, dans la morphologie, la pathologie urbaine. Or la ville c'est, d'abord, un point sur une carte, un point plus ou moins gros en taille et en importance, un point à contenus tous différents.

POUR EN SAVOIR PLUS...

Il y a une organisation urbaine des territoires, elle repose sur une hiérarchie, elle s'appuie sur des interdépendances entre villes. Etudier un système urbain, c'est mettre l'accent sur les hiérarchies (poids, scores) qui relient les villes entre elles au sein des réseaux de fonctions. Ce qu'écrivait, déjà, Brian Berry en 1964 : « Les villes sont des systèmes imbriqués dans des systèmes de villes ». Et « s'il fallait retenir une seule caractéristique pour définir la vie urbaine, même dans le cas de la ville la plus férocement et fermement indépendante, c'est bien la dépendance » (P. Hohenberg et L.H. Lees, *La formation de l'Europe urbaine*, PUF, 1992).

Longtemps la ville se réduit à ses « pourtraicts », généralement des perspectives cavalières où les portes sont signalées par des numéros, les lieux remarquables par des lettres. En fond des reliefs, en premier plan des troupes, partout des clochers donnant une ligne de ciel très hérissée. Une belle description due à la fois au graveur et à l'urbaniste naissant, mais seulement une description, stéréotypée, jouant avec la réalité, recherchant l'équilibre plus que la véracité.

La cartographie, et donc la stratégie, dépassant les symboles proposés par Cassini (mais déjà présents dans la Table de Peutinger), permettra de sortir de la description pour proposer quelques codes un peu plus stricts. A petite échelle c'est généralement un cercle dont le rayon est proportionnel à l'importance du phénomène représenté ou d'un nombre d'habitants. La sectorisation renvoie aux diverses sortes d'activités, jusqu'à l'illisible. Dès 1826, Von Thünen a défini les rapports ville/campagne par la position des places de marché avant que Marx n'en traduise les dimensions théoriques. La prise en compte des distances et des effets de commandement, du jeu des forces économiques et sociales permettent à Christaller en 1933, à Lösch en 1940 de préciser la hiérarchie urbaine et l'organisation spatiale qui en découle en fixant la théorie des lieux centraux. Il s'agit alors de comprendre les interactions tissées entre villes selon leurs différentes dimensions et leurs fonctions, leur distance relative, leurs réseaux et d'en donner une représentation théorique.

Le réseau urbain va bientôt primer sur la ville. Foin des sites et des situations pour expliquer la croissance et la prospérité des villes, des carrefours pères de toutes les chances, des ponts et passages, des buttes défensives, des piémonts de rupture de charge et autres sources – de vie, bien entendu. Les réseaux sont faits de pôles, visibles, de hiérarchies que l'on peut visualiser, de trames plus fluantes comme les aires d'influence, qui se connectent ou s'affrontent, qui composent et recomposent l'armature urbaine.

Puis l'éventail s'élargit encore, et aborde la planification et le management des villes, les structures du politique et des pouvoirs, le partenariat public et privé dans la conduite des « stratégies opérationnelles ». L'organisation spatiale de la ville, sa morphologie sont mises en relation avec les dynamiques sociales, les formes de l'habitat et les modes de consommation. La ville n'est que la manifestation spatiale de l'organisation sociale : elle en reste un « produit social ». Et à terme, la réflexion conduit aux problèmes de métropolisation en relation avec l'idée d'un « système-monde ». Mais toujours selon la logique d'une pensée dialectique que résume bien Guy Di Méo dans sa construction du concept de « formation socio-spatiale » : « Notre démarche se veut, au contraire, résolument dialectique, c'est-à-dire fondée sur l'interaction permanente de l'espace réel (le monde des phénomènes construits dans le processus de la connaissance) et des sujets sociaux (êtres pensants et connaissants, socialisés) ». (*L'homme, la société, l'espace*, Anthropos, 1991).

On lira :

Castells (M), Godard (F), *Monopolville : l'entreprise, l'état, l'urbain*, Mouton, 1974
Auriac (F), *Système économique et espace, Economica*, 1983
Dauphiné (A), *Espace, région et système, Economica*, 1983
Di Méo (G), *L'homme, la société, l'espace, Anthropos*, 1991
Durand (M. F), Lévy (J), Retaillé (D), *Le monde, Espaces et systèmes,* Dalloz, 1992

QUELLE (S) MÉTHODE (S) ?

On fera l'économie de méthodes qui n'en sont pas, du type « méthode comparative », reposant sur la mise en regard de monographies peu comparables. On s'interrogera sur d'éventuelles méthodes propres à l'étude de la ville.

POUR EN SAVOIR PLUS...

Entre histoire, économie, sociologie, y aurait-il une méthode vraiment propre à la géographie pour aborder la ville, sinon la représentation cartographique et celle des comptages peut-être plus précis qu'à l'accoutumée parce qu'exécutés à grande échelle ? Ainsi le prix de la parcelle de terrain à bâtir permet de tracer des courbes d'isoprix qui mettent en valeur les quartiers résidentiels, soulignent les centralités. La représentation cartographique est longtemps restée essentielle pour figurer les changements, percées, extensions, développements, nouvelles voies, ce que l'on définit souvent comme croissance urbaine. La photographie aérienne, sous toutes ses formes, a pris le relais en terme d'images, et l'arrivée des représentations ouvre le corpus des dessins et des textes sur la ville. L'aspect *marketing*, dans une fausse naïveté publicitaire soigneusement voulue, constitue aussi une mine. La géographie navigue ainsi entre les approches quantitative et qualitative, entre la mesure et l'appréciation.

La ville est un tout, une réalité sociale et spatiale éclatée. Elle est assemblage de textes, sorte de livre ouvert, illustration d'une civilisation. Elle implique interprétation, occasion de dépasser la division du savoir scientifique. Le géographe continue à la voir d'abord comme forme, accumulation de formes qu'il tente d'expliciter par le biais d'une analyse de la morphologie. Forme, architecture, composition, patrimoine, mais aussi sens et processus, contradiction et régulation. L'espace urbain ne saurait être autre chose que support, témoin, produit des processus sociaux. La ville devient enjeu, de pouvoir, d'appropriation, de mode de vie.

L'approche « fonctionnaliste » qu'elle situe la finalité économique de la ville dans l'ordre de la reproduction simple (assurer sa survie) ou élargie (augmenter sa productivité) implique le recours à une véritable chaîne conceptuelle associant la forme (processus d'aménagement), la distance (espace-temps), les pratiques sociales (le cadre de vie, les luttes urbaines) et les modes de production. Les indicateurs d'analyse sont nombreux, souvent polysémiques ; certains, banalisés, n'offrent plus grand

sens (le téléphone, le télex, le fax, la voiture...) dans les pays à haut développement économique et fort niveau d'urbanisation.
Sur un autre registre, l'enquête de terrain surseoit à l'absence de statistiques ou à leur inaccessibilité. Elle rapproche aussi la géographie de l'anthropologie urbaine. L'approche mathématique de la mesure de l'espace urbain par l'analyse factorielle se prête bien, par exemple, à des typologies de quartiers selon leur composition sociale, professionnelle, familiale. On a aussi souvent mis en relation la taille de l'organisme urbain et sa place dans une hiérarchie régionale, nationale, sous forme de courbes croisant le rang et la taille. L'organisation de l'espace fait référence, entre autres critères, à la mesure de la distance horaire entre les diverses unités urbaines, à leur classement hiérarchisé selon leurs fonctions économiques. L'approche systémique tend à démontrer que l'on peut aborder la ville par n'importe quelle entrée, chacune en relation avec les autres.
On situe souvent le système urbain comme le reflet du système social. Le terme est d'emploi récent, pendant de l'anglais *urban system*, englobant les concepts de réseau et d'armature. On sait désormais que la ville, malgré tout ce qu'elle cumule de « centralité », ne peut être étudiée en soi mais en relation avec d'autres villes et avec l'espace sur lequel elle rayonne. Deux volets, donc, la ville comme unité en soi, fortement déterminée par des pratiques sociales et des processus de gestion, la ville comme maillon d'un ensemble dont les composantes sont à rechercher dans des principes de localisation, de hiérarchie et de mobilité.

En 1976 Etienne Juillard et Henri Nonn distinguaient au sein du système urbain de l'Europe :
– **le système rhénan** à urbanisation dense, avec des infrastructures de transports multiples amenant une forte intégration, une organisation partagée entre de nombreuses villes de taille moyenne, souvent coalescentes, sans prédominance nette, avec effacement progressif de la campagne. Les Midlands, la Suisse, la France de l'est étaient à ranger dans cette catégorie.
– **le système parisien**, intensif et lâche à la fois, avec une structuration forte autour d'une ville largement dominante (capitale) et un espace périphérique plus rural que dans le cas précédent. Le modèle se trouve reproduit à Paris, Londres, Rome, Madrid, mais aussi à Naples, Milan, Lisbonne, Vienne.
– **le système périphérique** enfin, à faible structure urbaine, à travail agricole fort, marqué par des réseaux de villes médiocres, anémiques et incomplets. La Catalogne, le Pays Basque, l'Ecosse et le Pays de Galles l'illustraient au mieux.

Plus récemment, les chercheurs de l'équipe PARIS (Pour l'avancement des recherches sur l'interaction spatiale) associée au CNRS ont étudié les interdépendances entre les villes d'Europe pour mieux cerner leurs capacités et leurs chances face aux nouvelles conditions du développement économiques, pour mesurer les effets probables de leur mise en réseau. A partir d'une batterie d'indicateurs, les villes sont replacées dans un système de référence de type métropolitain et, de manière prospective, dans une typologie des trajectoires possibles. Les résultats soulignent la complexité des hiérarchies urbaines, les tendances à la métropolisation accélérée, la diversification des situations en fonction du degré de centralisation des Etats. (voir Cattan (N), Pumain (D), Rozenblat (R) et Saint-Julien (T), *Le système des villes européennes*, Anthropos, 1994).

QUELS INSTRUMENTS ?

Viennent à l'esprit le chiffre et la lettre, avec des dénombrements de plus en plus fouillés et désormais promptement traités, des textes abondants et divers, peu à peu exhumés pour les plus anciens, souvent mal connus et mal utilisés. Comment se documenter ? La démarche scientifique prend appui sur un volumineux corpus, mais ne saurait faire l'impasse de la presse quotidienne, inépuisable sur la ville.

POUR EN SAVOIR PLUS...

Les thèses soutenues sont répertoriées dans un catalogue paraissant depuis 1884. Ce Bulletin signalétique « sciences humaines » analyse 3 500 revues par an (dans le cadre du CNRS). La BGI, Bibliographie Géographique Internationale, figure dans les bibliothèques universitaires. Le fichier Francis est consultable, on peut s'y abonner. *L'Encyclopaedia universalis* reste une source classique qui bénéficie d'une mise à jour annuelle. Le département des cartes et plans de la Bibliothèque Nationale est très riche. L'INSEE gère la statistique officielle par le biais des recensements et des sondages, mais la maîtrise de la mesure s'est largement diffusée ainsi que la pratique des sondages. Pierre Merlin a publié chez Masson en 1973, *Méthodes quantitatives et espace urbain*, ouvrage nouveau en son temps en ce qui concerne l'usage des méthodes quantitatives, mais qui dressait aussi un inventaire raisonné des modèles urbains et de leur interprétation par les méthodes de la statistique. La presse quotidienne est une source d'accès commode pour la mise à jour des dossiers sur la ville.

Ce qui suit relève la trace de la ville dans l'information diffusée en une seule journée, un jour de février 1994, par les grands quotidiens nationaux, soit une douzaine d'articles (n'ont pas été conservés les articles redondants d'un journal à l'autre).

Décentralisation. – « Nantes rate la Caisse française de développement. L'établissement financier a préféré rester à Paris. Avec l'approbation des ministères... Nantes n'avait certes jamais été officiellement choisie pour accueillir cet établissement, sa candidature étant examinée au même titre que d'autres (Marseille et Bordeaux notamment)... Sur les six sites d'accueil examinés par la direction, pas un seul ne se trouvait au-delà d'une desserte par le métro parisien, et *a fortiori* en province.»

Dévitalisation. – « Au chevet des quartiers en crise. Réunis à Turin, les maires de vingt-sept villes d'Europe créent une association pour favoriser le développement urbain.»

Déplacements. – « Il faut promouvoir le vélo dans les déplacements urbains... étude de la société Uniroyal menée en Europe sur l'intégration des cyclistes dans la circulation urbaine.»

Désenclavement. – « Métrobus de Rouen : premiers essais. Les élus sont divisés sur les futures liaisons de transports en commun... Un projet répondant à un souci de désenclavement du campus de Mont-Saint-Aignan, situé sur une des collines qui entourent Rouen.»

Découverte. – « La renaissance de la gare de Méréville. Un groupe de jeunes a décidé de transformer cette ancienne station en lieu de découverte de la nature... une évasion qui fait découvrir aux visiteurs une faune et une flore préservées. »

Démolition. – « La démolition de dix tours aux Minguettes. Murées depuis dix ans, les habitations de ce quartier de Vénissieux vont laisser place au gazon et aux arbres.»

Dévaluation. – « " La rue va parler ", avertit le président de République centrafricaine... Ange-Félix Patassé, au cours d'une rencontre avec des responsables économiques locaux. Motif : l'ampleur des hausses de prix entraînées par la dévaluation du franc CFA. »

Délocalisation. – « Roubaix parie sur sa mémoire. Délocalisé dans une ville en détresse, le Centre des archives du monde du travail contribue à sa renaissance... Partout en ville on récupère friches industrielles et courées pour les transformer en bureaux, en établissements universitaires ou en logements convenables. »

Délimitation. – La municipalité de Toulon a entrepris de modifier la physionomie de certains de ses quartiers anciens. En 1990, le conseil municipal approuvait la délimitation d'un Périmètre de restauration immobilière (PRI) de 23 hectares dans la vieille ville.»

Décision. – « Techniquement au point, mais en attente de décision politique, le projet de rocade souterraine périphérique (RSP) qui doit doubler en sous-sol le périphérique sud, entre les portes d'Auteuil et de Bagnolet, illustre la complexité et la lenteur d'opérations de cette envergure. »

Débats. – « Les prémices du péage urbain. A Marseille, Lyon, Grenoble ou en région parisienne, les projets d'infrastructures urbaines payantes se multiplient, dans un environnement juridique encore inadapté. »

Des cimetières. – « Suk' Ki Hong soutiendra sa thèse de doctorat de géographie et d'aménagement : " Les cimetières d'Ile-de-France et de la région de Séoul-Kyngki ; étude comparée " ; le lundi 14 février 1994, à 9 heures, salle Louis-Liard, Université Paris-IV-Sorbonne. »

QUELS ENJEUX ?

La géographie de la ville ne peut être abordée de façon neutre. La prise en compte des différents agents et acteurs, l'explicitation des stratégies sur l'espace urbain, permettent de s'interroger sur des politiques municipales souvent contradictoires. On est bien loin de la comptabilité des équipements urbains, publics ou privés, de simples relevés de densités, ou de la description des formes.

POUR EN SAVOIR PLUS ...

La Question urbaine, de Manuel Castells (1972), marque une coupure nette dans la démarche adoptée, mettant, après Henri Lefebvre, l'accent sur les enjeux de l'urbain et ouvrant la porte aux sociologues de réflexion marxisante. Laissons le s'en expliquer dans *De la société urbaine à la révolution urbaine*, (p. 117). « L'idéologie urbaine a de profondes racines sociales. Elle n'est pas cantonnée dans la tradition académique ou les milieux de l'urbanisme officiel. Elle est avant tout dans la tête des gens. Elle va même jusqu'à pénétrer la pensée de ceux qui partent d'une réflexion critique sur les formes sociales de l'urbanisation... Une telle maniabilité dans la tonalité montre bien le caractère idéologique du thème de « la société urbaine », qui peut être « à gauche » ou « à droite » suivant les préférences, sans, pour autant, changer autre chose que le sentiment positif ou négatif qu'on y met... L'expression la plus éclatante de cette « version de gauche » des thèses idéologiques sur la société urbaine est sans doute la pensée urbanistique de celui qui a été l'un des plus grands théoriciens du marxisme contemporain, H. Lefebvre. Une telle puissance intellectuelle appliquée à la problématique urbaine devait nécessairement produire des effets décisifs dans ce domaine, non seulement en termes d'influence mais aussi de défrichage de nouvelles pistes, de détection de problèmes, de proposition d'hypothèses. »

Une des pistes les plus intéressantes qui prend en compte les agents de l'urbanisation et leurs stratégies sur l'espace est ainsi ouverte par la sociologie avec pour objectif de formaliser une théorie explicative du processus de transformation de l'espace urbain. Abandonner enfin le descriptif pour en venir à des hypothèses de travail et aux réponses qu'elles pouvaient susciter. R. Ferras dans sa thèse

Barcelone, croissance d'une métropole (1976), dénombre sous le titre « intervenants et stratégies » :
- les principaux agents producteurs de l'espace urbain
- les grands propriétaires
- les grandes entreprises
- les stratégies : l'utilisation de l'appareil juridique et administratif
- le niveau local
- la Commission d'Urbanisme, ...

Les enjeux de la ville sont de taille. Le débat ininterrompu sur les « problèmes » de la ville, les opérations de l'urbanisme dit « opérationnel » comme l'état de la « question urbaine » témoignent bien de leur importance. Croissance des banlieues, grands ensembles à réhabiliter ou détruire, centres à rénover, restaurer, quartiers en déshérence à équiper et faire vivre, en quelque sorte, refaire en permanence la ville. Le vocabulaire parle implicitement d'affrontements entre passé et présent dans le champ clos des centres « en devenir », quand tout relève d'un autre temps et d'un autre usage, avec l'alternative de la mise sous cellophane (muséification) ou de l'ouverture à de nouvelles pratiques, de nouvelles populations. Car, de descente en descente dans l'usage de l'espace urbain se sont succédé des populations de plus en plus défavorisées, marginalisées, dans un processus de taudification, voire de « ghettoïsation ». La réhabilitation remet en état, avec la conséquence première des montées de loyer et du départ forcé des plus défavorisés. La restauration apporte le discours du coup de patte léger mettant en valeur, entamant une reconquête d'un capital archéologique. Quant à la rénovation, remise à neuf radicale après destruction, elle débouche sur le problème immédiat de l'insertion d'un produit nouveau dans un tissu ancien, ce que montrait, un des premiers, le quartier de la Balance à Avignon, au pied du Palais des Papes.

Aux marges de la ville, la banlieue signifie banalement le « mal vivre » de la société urbanisée, une sorte d'image en négatif de la croissance et de l'expansion. Les années 1980 sont celles d'une prise de conscience du mal-être des banlieues et de l'élaboration d'une « politique de la ville » pour « gagner la bataille de l'exclusion urbaine » (Gilbert Bonnemaison, président du Conseil national de prévention de la délinquance en 1983). Roland Castro et Michel Cantal-Dupart vont animer la mission « Banlieue 89 », le premier ministère de la Ville est confié à Michel Delebarre en 1990, à qui succèdent Bernard Tapie en 1992 puis Simone Veil en 1993. Le portefeuille de la Ville est alors intégré au sein d'un grand ministère des affaires sociales et de la santé. La ville serait-elle malade d'un urbanisme du rejet, de ses banlieues qui « s'embrasent » ? Un plan d'urgence de cinq milliards de francs est lancé pour les banlieues.

« Les Français prennent conscience que les banlieues existent lorsqu'elles s'embrasent. Les Minguettes, Vaulx-en-Velin, Mantes-la-Jolie, Chanteloup-les-Vignes, Sartrouville, pour ne prendre que ces exemples et ces noms connus, sortent du trou noir lorsque brûlent les voitures, sont pillés les magasins, lorsque « jeunes casseurs » et forces de l'ordre s'affrontent sous les jets des grenades lacrymogènes et des lances d'incendie » (Jean Menanteau, *Les banlieues*, Le Monde poche, Editions Le Monde/Marabout, 1994).

13

QUELLES GRANDES QUESTIONS ?
QUELS THEMES SUR QUELLE VILLE ?

On jugera de la richesse d'une des spécialités les plus récentes de la géographie au relevé des thèmes en cours de recherche sur la ville. Il y a parfois double emploi avec les fiches qui précèdent, mais à l'inverse ces thèmes complètent aussi la liste des réponses non abordées.

POUR EN SAVOIR PLUS ...

On en a sélectionné quelques-uns qui servent de dénominateur commun à un ensemble de questions proches, comme les stratégies sur l'espace. Un agent immobilier, un maire avec son programme, une politique d'aménagement régional, des incitations financières pour attirer les implantations, enrichissent le thème. Comme l'histoire de l'art, sans verser dans l'esthétisme ou dans les crayonnages besogneux. Le tout renvoie à la société, car la ville reste un produit social. Ces thèmes sur la ville découlent de lectures courantes, sans nécessité de les rechercher dans des ouvrages très spécialisés :

– L'architecture industrielle
– L'emploi, chômage et marginalité
– L'enracinement des familles
– L'habitat urbain récent
– L'urbanisme
– La croissance périphérique
– La forme urbaine
– La planification urbaine
– La reconquête des centres
– La rénovation de l'habitat ancien
– La réhabilitation, la restauration des centres anciens
– La société urbaine
– Le développement des quartiers
– Le génie urbain
– Le logement social
– Le marché immobilier
– Le périurbain

– Le quartier de la gare
– Le secteur du bâtiment
– Les centres commerciaux
– Les espaces verts
– Les grandes surfaces commerciales
– Les migrations résidentielles
– Les modèles urbains
– Les paysages urbains
– Les politiques en matière de logement
– Les POS
– Les transports en commun
– Les villes de climatisme et de tourisme
– Les ZUP
– Sociabilité et pratiques sociales dans l'espace urbain…

De façon moins technique, chez nos voisins littéraires, l'écrit sur la ville est d'un usage très ancien, mais le texte n'est peut-être pas utilisé à sa juste valeur documentaire. Il y a tout à gagner à relever les thèmes dont ils traitent.

Lorsque Taine gagne l'Italie en 1864 il ne sait pas que quelques mois plus tard il succédera à Viollet-le-Duc comme enseignant aux Beaux-arts. On comprend mieux certaines de ses descriptions, telle cette arrivée à Rome : « L'aspect d'une ville de province, mal tenue, mal rangée, baroque et sale, avec des rues étroites et boueuses, avec des taudis, des galetas, des fritures en plein vent, du linge qui sèche aux cordes, et quantité de hautes maisons monumentales dont les fenêtres treillissées, les grillages énormes, les barreaux croisés, boulonnés, multipliés, donnent l'idée d'une forteresse et d'une prison ». A l'inverse sur le Colisée : « La beauté de l'édifice consiste dans sa simplicité. Les voûtes sont le cintre le plus naturel et le plus solide, avec une bordure unie. L'édifice s'appuie sur lui même, inébranlable, combien supérieur aux cathédrales gothiques avec leurs contreforts qui semblent les pattes d'un crabe ! » Et pour Saint-Pierre : « Bramante a pris les grandes voûtes du palais de Constantin, Michel-Ange le dôme du Panthéon, et de ces deux idées païennes, agrandies l'une par l'autre, ils ont tiré un temple chrétien ».

Angers. – «… J'avais qualifié la célèbre ville d'Angers « d'attrape-nigaud »… Angers appartient à cette désagréable catégorie de vieilles villes qui ont été, comme on dit, « retapées ». Ce n'est pas l'ancienneté du lieu, c'est sa nouveauté qui frappe le touriste nostalgique aujourd'hui, tandis qu'il flâne avec irritation sur les boulevards de deuxième catégorie, cherchant vaguement autour de lui quelque pignon inexistant. « Angers la Noire », en bref, est une victime des améliorations modernes, indigne de son admirable nom… Il est juste de dire que le château d'Angers vaut en lui-même le pèlerinage. Le seul inconvénient est qu'on en fait le tour en un quart d'heure. On ne peut rien faire de plus que le regarder, et un bon coup d'œil fait l'affaire. Il n'a ni beauté, ni grâce, ni détails, rien qui charme ou qui retienne. Il est simplement très vieux et très gros… Je n'ai pas d'autre souvenir d'Angers, à part le vieux café Serin, curieux établissement… remarquable par sa grande taille et son ambiance de splendeur passée, ses dorures ternies et ses fresques noircies par la fumée… Il ressemble peu à un endroit où l'on s'arrête mais, une fois qu'on l'a trouvé, il s'impose avec la cathédrale, le château et la maison d'Adam comme l'un des monuments historiques d'Angers » (Henry James, *Voyage en France*, Robert Laffont, 1987).

QUELLE MODÉLISATION ?

Question classique, depuis Hippodamos de Milet et sa codification quadrangulaire « hippodamique ». Chaque ville porte en elle son modèle, entre utopie et réalité, au sens immédiatement lisible du plan comme au niveau du contenu de la ville, moins évident. On lira, d'Antoine Bailly,* L'organisation urbaine, théories et modèles*, CRU, (1975).

POUR EN SAVOIR PLUS...

« A partir de maintenant ce sera Moi qui décrirai les villes, dit le Khan. Et toi, dans tes voyages tu vérifieras si elles existent ». Mais les villes visitées par Marco Polo étaient toujours différentes des modèles construits par l'Empereur. (Italo Calvino, *Les villes invisibles*, 1984). Ville rêvée, ville produite, ville modèle, le modèle comme produit de la pensée, construit, sorte de substitut à la ville existante, prenant ou non appui sur elle. Le cheminement n'est pas nouveau depuis le *De Architectura* de Vitruve et les courants de pensée que Françoise Choay a illustré dans son anthologie (*L'urbanisme, utopies et réalités*, 1979). Modèle pour dire les projections spatiales, les images de la ville future, mais aussi, selon une manière de voir plus proche du structuralisme, une structure abstraite, une construction théorique, une configuration discursive. Classiquement, on rangera sous cet ordre les modèles de Von Thünen, de Hoyt et de l'Ecole de Chicago, de Zipf, de Christaller. On en connaît les composantes, ils sont traités en tant que tels dans une autre fiche.

On distinguera quatre sortes de modèles, bien typés :
– **Le modèle pragmatique,** multiple, qui prend la ville telle qu'elle est dans sa diversité. Sans modèle d'ensemble préconçu.
– **Le modèle fonctionnaliste ou techniciste** soucieux d'un ordre qui peut aller jusqu'à la caricature (voir le texte de Saltykov ci-dessous). Chaque portion d'espace se voit assigner une fonction précise : travailler, se loger, se divertir. Ces attributions, commodes, sont vécues aussi comme contraintes.
– **Le modèle culturaliste** se fonde sur la conscience d'une appartenance du citadin à la cité, chaque individu apparaissant comme acteur de la vie urbaine à laquelle il participe largement.

– **Le modèle futuriste** ou évolutionniste songe à se soumettre à toutes les novations possibles, de façon souple.

Conclusion poussant à la modestie, *Le Tour du Monde dans Paris* de Nicolas de Belizat (Hervas, 1993) montre un Paris qui relève des modèles de villes si bien ancrés en nous. 385 photographies ont été choisies pour un montage en forme de farce réservée, certainement, aux meilleurs connaisseurs de la capitale, mais que chacun peut découvrir à sa guise. Londres, Berlin, Oslo, Tokyo, Rio, Bénarès, Le Caire, Istanbul y apparaissent, offrant monuments et sites familiers… tout à fait « caractéristiques ». Mais ceux qui sont présentés dans le recueil ont tous été photographiés dans Paris. La supercherie donne à réfléchir.

Au-delà du pastiche une leçon se dégage. L'exotisme est à domicile, la ville inépuisable en ses modèles, comme cette « Tour Eiffel » de béton coulée tout près de la splendide mosquée de Lahore (Pakistan), ces « grottes de Lourdes » en rocaille de nos banlieues conventuelles, ou ces rêves de pierre se situant entre le facteur Cheval et Gaudi des jardins privés. Cherchons.

Histoire d'une ville par M. E. Saltykov-Chtchédrine (1994) est l'histoire de Gloupov (Ville-les-Sots) parue en 1869, et qui propose son modèle de ville. « Bien avant sa venue à Gloupov, il avait mis au point, dans son délire systématique, les moindres détails de l'organisation future de cette cité infortunée. Voici à peu près comment se dessinait au fond de sa folie la ville modèle qu'il se proposait de construire. Il y aurait au milieu une place d'où rayonneraient toutes les rues, qu'il appelait des « compagnies »… Pas de rivière, de ruisseau, de ravin, de monticule, rien qui puisse entraver le libre déploiement de la marche au pas cadencé… Chaque maison a trois fenêtres qui donnent sur un petit jardin où poussent des immortelles, des croix de Malte, des betteraves et des lis maratagons. Toutes les maisons sont peintes en gris clair… Sur la place centrale, des édifices de pierre abritent les différents services publics : bureaux, « manèges » destinés à la gymnastique, à l'escrime, à l'ordre serré, aux repas collectifs, aux agenouillements communautaires, etc. Les bureaux s'appellent des « quartiers généraux » et leurs employés sont nommés « fourriers »… Chaque maison n'était finalement qu'une « unité de logement » possédant son commandant et son mouchard… L'unité supérieure est la « Ville »… Au-dessus de la ville, dans une nuée, plane le gouverneur commandant en chef des forces terrestres et navales de la ville… » (p. 228).

Le réseau urbain, autre façon de penser la modélisation, traduit aussi une hiérarchie des pôles, des niveaux de commandement, un maillage et un treillage de l'espace. Le temps introduit ses propres révisions, quand Draguignan « commande » Toulon, quand Aix « se place » face à Marseille, quand Nîmes récupère un appareil universitaire jusque là réservé à Montpellier et dont la jeune université d'Avignon pourrait souffrir. Raymond Dugrand avait donné dans les années 1960 une définition d'un réseau comme « système de centres hiérarchisés se relayant les uns les autres afin d'assurer le bon fonctionnement des mécanismes d'échanges » (*Villes et Campagnes en Bas-Languedoc*, PUF, 1963), mais sans aller jusqu'au concept de modèle. Les différents centres qui étayent un réseau ne participent pas de la même façon au système urbain.

15

QU'EST-CE QU'UNE NÉBULEUSE URBAINE ?

« La société industrielle est urbaine. La ville est son horizon. Elle produit les métropoles, conurbations... » (Françoise Choay,* L'urbanisme, utopies et réalités, *1979).

Alors que la monographie urbaine poursuit son bonhomme de chemin, les séries urbaines sont revues dans des approches de type systémique. Les mégalopoles ont de leur côté attiré l'attention sur la construction des grandes concentrations urbaines que J. Gottmann étudie dès les années 1960 (*Mégalopolis, The urbanized seaboard of the United States*, MIT Press, Cambridge, (Mass), 3ème édition, 1961).

POUR EN SAVOIR PLUS...

Les termes fleurissent pour tenter de désigner les formes nouvelles de la ville, des regroupements de villes, les agencements spatiaux, les configurations territoriales. On prend désormais en compte ces grandes traînées urbaines qui se rient des frontières, sur les deux rives des grands lacs américains, sur l'arc méditerranéen tendu entre Valence et Naples en passant par Barcelone, Marseille, Nice et Gênes, sur tous les finisterres possibles. La meilleure façon d'en rendre compte est encore de se référer à cette carte du monde établie la nuit par satellite où brillent les lumières de la ville, un peu comme dans le ciel les constellations (document américain, du DMSP – *Defense Meteorological Satellite Program* –, très largement diffusé, utilisé et réutilisé).

La nébuleuse européenne. – Ainsi apparaît la nébuleuse qui couvre l'essentiel de l'espace entre Londres et Milan par les villes du Rhin. L'accent est mis sur les agglomérations déja existantes comme le Randstad Holland, la Ruhr, la région parisienne, en formation comme la vallée du Rhône ou en confirmation comme sur le littoral azuréen et ligure. Les contours de « la botte » sont parfaitement dessinés, et aux côtes de l'Atlantique françaises, pâlotes, s'oppose le ruban continu du golfe du Lion où brillent quelques villes et s'étalent les stations balnéaires.

Cela a l'avantage de supprimer frontières et spécialisations pour ne laisser visibles que les axes urbains et les concentrations, le tout (165 agglomérations de plus de 200 000 habitants) ayant été soigneusement étudié sous la direction de R. Brunet pour la DATAR (*Les villes « européennes »*, 1989).

La nébuleuse européenne (18 % du territoire, 50 % de la puissance urbaine) met en valeur un isthme, non l'isthme dit « gaulois » entre Méditerranée et Atlantique que matérialise le Canal Royal du Midi mais un second isthme qui coupe la péninsule européenne entre Méditerranée et Mer du Nord, de l'Angleterre à la Lombardie (La « *dorsale européenne* »).

Le schéma d'ensemble est à peine contrarié par le système alpin fort de son piémont et de ses vallées. Le Pas-de-Calais ne constitue pas une vraie coupure, tunnel sous la Manche ou pas. C'est l'Europe des marchands et des financiers qui apparaît et qui s'est perpétuée sur certains pôles mais sans que soient matérialisés ces flux « invisibles » si difficiles à cerner et qui constituent l'essentiel des échanges entre pôles urbains. L'axe du Rhin devient l'épine dorsale d'un ensemble unique sur lequel clignotent les villes regroupées en trois grands bassins urbains, Angleterre, pays rhénans et Italie du Nord, et en périphérie proche l'agglomération parisienne, une nébuleuse à elle seule.

Reste que les critères retenus assurent un classement des villes et par la suite un regroupement des ensembles urbains en autant de sous-systèmes qui forment des « tissus de villes ». Au cœur de la mégalopole, le Randstad Holland et le triangle Zurich-Munich-Stuttgart ; au sud, « l'arc méditerranéen » moins englobant, plus distendu ; à l'ouest, le jalonnement des villes atlantiques ; et partout ailleurs, des villes plus ponctuelles et des espaces de réserve.

La nébuleuse nord-américaine : « Boswash ou tremplin vers l'Ouest ». – « Près de 80 millions de personnes vivent dans les villes du Nord-Est (américain) qui s'organisent en longs corridors parallèles. Le premier, de Washington à Boston, est célèbre depuis que le géographe J. Gottmann, en 1961, en a fait la *mégalopolis* même. Le second, plus discontinu, est associé sur les Grands Lacs à de gros noyaux urbains qui s'égrènent de la rive occidentale du lac Michigan (Milwaukee-Chicago) à Buffalo-Rochester... Un ensemble urbain de plus de 40 millions d'habitants s'allonge le long du littoral atlantique sur un millier de kilomètres entre le sud de la Nouvelle-Angleterre et la baie de Chesapeake. Il ne s'agit pas à proprement parler d'un espace urbain continu, mais d'une chaîne de cinq grandes agglomérations séparées par des espaces " ruraux " gagnés progressivement par des lotissements pavillonnaires, dont la répartition géographique n'a pas obéi à un autre ordre que le treillage d'un réseau routier dense. Il ne tient donc pas son homogénéité d'une quelconque solidarité naturelle ou historique, mais d'une remarquable situation de façade et de l'intensité des relations qui le soudent. » (Géographie Universelle, Direction R. Brunet, Gérard Dorel, *Les Etats-Unis,* Reclus, p. 123).

QU'EST-CE QU'UNE RÉGION URBAINE ?

Le terme est peu employé, on lui préfère celui de mégalopole qui l'a emporté sur mégapole, et dérive de mégalopolis, qui désigne la grande ville au sein d'une agglomération.

POUR EN SAVOIR PLUS...

La région urbaine type c'est toujours, sous-entendu, la Mégalopolis américaine décrite par Jean Gottmann (*Metropolis on the move, Geographers look at urban sprawl*, 1967), accumulation sur plusieurs centaines de kilomètres de grandes villes et d'un tissu intermédiaire qui s'étend de Boston à Washington et de Detroit à Chicago, habitée par près de 50 millions d'habitants. D'elle ont émergé New York, Philadelphie, Baltimore. C'est *Main street* à l'échelle de la nation américaine, et le pouvoir, l'argent, les hommes s'y pressent. Pas mal de décisions de niveau mondial en proviennent.

La Ruhr est à mi distance du premier port maritime et fluvial du monde, Rotterdam, et du pôle financier de Francfort, sur l'axe où s'additionnent ferroutage et trafic fluvial, le rail, la route et l'eau, les aéroports en plus. On y ajoutera les intersections avec l'axe urbain de Bâle à la mer et l'axe Aix-Hanovre. Dix millions d'habitants se répartissent en peu de kilomètres (4 000 km^2) selon un dense semis de villes dont Dusseldorf et Cologne sont les capitales. Villes et industries cohabitent, un système de planification territoriale effectivement entamé dès 1920, ayant pour objectif de coordonner sinon canaliser la croissance.

Le Japon de la Tokaïdo s'organise sur les points d'ancrage que sont Tokyo, Yokohama, Nagoya, Kyoto, Osaka, Kobé, Hiroshima, et dans l'île de Kiushu jusqu'à Fukuoka. L'ensemble est largement desservi par les trains à grande vitesse et les densités humaines y comptent pour le moins 500 hab/km^2 en continu. Toutes les villes citées sont plus que millionnaires. L'agglomération de Tokyo atteint les 30 millions et celle d'Osaka-Kobé s'achemine vers les vingt millions.

Dans les trois cas, selon les limites retenues, on dénombre plusieurs dizaines de millions d'habitants pour ce qui constitue les premières régions urbaines au Monde. Le jeu des échelles permet des comparaisons d'un grand intérêt avec la Catalogne littorale, l'Ouest des Etats-Unis, la région de Mexico, qui s'affirment aussi comme mégalopoles à venir.

En France, les régions urbaines, moins conséquentes, soulignent les points de cristallisation de l'industrialisation au XIXe siècle. Ce qui donne, en dehors de la région parisienne, l'ancien bassin minier du Nord et la région mosellane, l'Alsace, la Basse-Seine, le grand Lyon, le grand Marseille, quel que soit le degré atteint par la crise actuelle. Loin de tout horizon industriel, le modèle azuréen est le fruit d'une accélération du tourisme au cours du XXe siècle. Entre Côte d'Azur et Costa Brava, son pendant catalan, le couloir languedocien tente de faire la liaison par le biais d'un réseau urbain relativement dense et continu.

La notion d'échelle reste importante. A petite échelle les régions urbaines que l'on met souvent en regard pour évaluer leurs dimensions donnent une impression de continuité, les villes recouvrant le territoire. A grande échelle apparaissent les composantes, noyaux à forte densité, banlieues étalées en périphérie, points de concentration industrielle, commerciale, touristique, grandes infrastructures, parcs et forêts, « clairières » rurales et friches, industrielles, agricoles ou tout simplement d'anticipation. Ces agrégats ponctuent les arcs et les dorsales, version plus imagée et plus opérationnelle pour dire les régions dont ils sont issus.

Paul Claval dans son *Traité d'urbanologie, La logique des villes* (Litec, 1981) avance l'idée que « Régions, nations, grands ensembles sont les trois niveaux fondamentaux de l'organisation territoriale qui sous-tendent l'organisation économique et sociale du monde ». Il propose que « l'analyse (prenne) aussi en compte les oppositions qui naissent de la nature des éléments du réseau » et distingue trois niveaux d'organisation qui sont autant de modèles et de niveaux scalaires :

– « Le premier modèle est celui de la ville dense traditionnelle à foyer unique…

– Le second type est fait d'un tissu urbain indifférencié, juxtaposition d'unités qui ont perdu leur identité sans constituer réellement un organisme supérieur…

– La troisième catégorie est constituée par les aires étalées par la révolution des transports urbains. Largement étendues sur des milliers de km^2,… leur centre a cessé d'être facilement accessible : elles se présentent comme des constructions à foyers multiples ».

QU'EST-CE QU'UNE AGGLOMÉRATION ?

Entre « masse » et « distance », le concept d'agglomération est ambigu et énonce bien des incertitudes. C'est une grande ville, à partir du moment où la concentration d'habitants l'emporte sur la logique des découpages administratifs. Multipolaire, elle devient « conurbation ». Celle de Lille-Roubaix-Tourcoing fut longtemps exemplaire. A ses côtés, les statisticien ont fait naître l'idée de « Zone de peuplement industriel et urbain – ZPIU – » pour caractériser ces agglomérations d'hommes et de lieux.

POUR EN SAVOIR PLUS...

Agglomération ? Le terme s'est très rapidement banalisé. Déjà en 1963 (*Traité de géographie urbaine*) J. Beaujeu-Garnier et G. Chabot écrivent sous ce titre : « Entourée de ses satellites, intégrée dans la conurbation, prolongée par ses lieux de récréation, la ville n'est plus alors que le centre d'un système urbain dont elle est en quelque sorte le support. La ville proprement dite suppose une continuité d'espaces bâtis auxquels s'ajoutent les espaces réservés à la vie quotidienne de la population. Mais il arrive qu'autour d'elle gravite une population plus nombreuse que celle de la ville proprement dite et qui pourtant dépend d'elle étroitement. De cet ensemble urbain il est bien difficile de fixer les limites ; il se définit par son centre, par ses relations avec le noyau central, non par ses limites ».

Est-ce mieux ainsi ? L'agglomération n'a pas de limite et c'est pour cela peut-être que sont apparus les sigles fédérateurs de la Courly à Lyon, des OREAM de Marseille, Nantes et d'ailleurs, des Schémas Directeurs d'Aménagement et d'Urbanisme (SDAU), de ce qui permet sinon de maîtriser du moins de poursuivre le développement de l'agglomération. Entre le Paris historique bien délimité et le Bassin parisien s'intercale un Grand Paris, tout comme il y a un Gross Berlin. Il est difficile d'en connaître le nombre exact d'habitants car les limites sont difficile à cerner. C'est certainement plus commode pour Mézières-Charleville ou pour Rabat-Salé. Au plan mondial, une répartition par continents donne des exemples connus mais à replacer obligatoirement dans leur contexte. Et celui-ci nous rappelle le rôle des densités et des quantités d'habitants. Pourquoi ne pas réserver dès lors le terme d'agglomération, de manière restrictive certes, aux agglomérats d'hommes et de résidences qui ne forment pas encore une mégalopole ? Sachant que le point de départ pour la ville sera fixé par l'indicateur statistique de base (2 000 habitants en France).

L'exemple de l'agglomération de Montpellier nous permet de mieux en comprendre la construction. La ville unit d'abord les possessions de l'évêque et du comte en une commune clôture médiévale. Progressivement, elle s'adjoint et dévore les faubourgs de Lattes, de Nîmes, de Boutonnet, de Figuerolles, pousse ses établissements de soins en campagne, vers ce qui deviendra la zone hospitalo-universitaire, s'y offrant plus tard un campus. La commune de Celleneuve est annexée au seuil des années 1960 pour faire face à la croissance démographique, les grands ensembles comblent les vides des Cévennes ou du Petit Bard, la Paillade devient ZUP, la descente vers la mer franchit les Aiguerelles, lorgne vers Lattes par le Lez où voisinent Port-Marianne et Port-Ariane tout comme poussent vers l'est Polygone, Antigone et la nouvelle faculté de Richter. La mer est toute proche à Palavas comme à Carnon, la garrigue aussi par le Plan des Quatre Seigneurs, les zones d'activité d'Agropolis, d'Euromédecine. Castelnau-le-Lez première banlieue du dimanche prolonge la ville au-delà du Lez. Plus loin, Clapiers, Jacou, Le Crès s'urbanisent, Maurin naît, Montferrier-sur-lez et Saint-Clément-de-Rivière ne font plus qu'un, Saint-Gély s'offre une voie rapide, Grabels s'insère au pied des tours de La Paillade, Saint-Jean-de-Védas contrôle les zones d'activités économiques, disperse ses pavillons et rénove son centre... Ainsi se construit une agglomération d'une cinquantaine de communes qui dépasse maintenant les 350 000 habitants. Et, changeant d'échelle, si on va de Sète à la vallée du Rhône par Nîmes, sans solution de continuité certes, mais dans une « ambiance » qui ne cesse d'être urbaine, on franchit le demi million d'habitants.

Le terme traduit donc de plus en plus un état d'urbanisation dont l'organisation spatiale est difficile à lire, même si un ou plusieurs centres sont au cœur de son fonctionnement. A l'agglomération des hommes correspond souvent l'agglomération des moyens de production. Les effets de taille et les avantages qui en résultent sont nommés « économies d'agglomération » car « l'existence d'une agglomération géographique favorise le développement économique par les économies qu'elle dégage » (Hubert Béguin, *La géographie économique,* in *Les concepts de la géographie humaine*, Masson, 1984).

QU'EST-CE QU'UNE VILLE MOYENNE ?

Comme l'élève « moyen » qui obtient des résultats « moyens », comme la moyenne climatique, ou comme un individu manquant de moyens, on sent que le terme renvoie à une certaine tonalité, terne, sans envergure. Dans le discours sur la ville il n'en est rien. La ville moyenne est apparue un jour comme gage de qualité, d'art de vivre et de bien-être.

POUR EN SAVOIR PLUS ...

La ville moyenne rassure, réconforte ; c'est la petite ville plus tout ce qui lui manque et que l'on trouve ici, la masse minima de 20 000 habitants assurant déjà un certain nombre d'équipements. Idéologiquement idéale, ni trop grande ni trop petite, on en imagine les détails à la lumière de « l'échelle humaine ». Bancs publics dans les squares, boutiques du coin, kiosque à musique pour les fêtes, boulevards réservés aux hommes célèbres du cru. Et une ville sans histoire. Mais une ville sans histoire peut-elle prendre place dans un ordre urbain qui ne valorise que l'excellence ? La statistique confirme cette version : au cours des cinquante dernières années, les agglomérations de plus de 200 000 habitants ont doublé en nombre et regroupent l'essentiel de la population urbaine.

Le scénario pour les villes moyennes prévu en France au début des années 1970 (*Schéma général d'aménagement de la France* publié en 1974) préconisait un certain nombre de recommandations qui se sont perpétuées dans le discours de et sur la ville moyenne :

« Critères de développement :
- bonne position sur des réseaux de communication régionale
- équipement universitaire spécialisé et technique
- environnement industriel immédiat, dynamique
- présence de cadres moyens et de cadres supérieurs novateurs
- tertiaire d'accompagnement de bon niveau
- absence de ville concurrente très proche
- complémentarité fonctionnelle avec les villes voisines ».

Comme pour dire que le tertiaire, nouvelle panacée, doit prendre le relai d'une industrie déjà défaillante, même si celle-ci a longtemps servi de base et de support au développement « tranquille » des villes moyennes. Mais le texte tend à mélanger les genres sans l'avouer réellement : qu'est-ce qui va, à terme, distinguer la ville moyenne de la grande ville sinon la plus faible population, lorsque les fonctions de celle-ci se retrouvent dans la ville moyenne ?

La façade méditerranéenne, en raison de l'importance de ses villes moyennes distribuées en un réseau dense et diversifié, permet à partir du diagnostic mené il y a vingt ans, de faire le point. Tous les types de localisation s'y trouvent, que l'on peut ramener à trois principaux : dans une zone urbaine dense comme Aix, Martigues ou Salon, ce qui n'implique pas une perte de personnalité ; en chaîne sur les axes de communication comme le chapelet Nîmes, Montpellier, Béziers, Narbonne, Perpignan ; isolées dans leur pays comme Gap ou Carcassonne.

La ville moyenne est alors pensée comme un des chaînons indispensables à l'aménagement du territoire mais à l'échelle des ensembles « sous-métropolitains ». Pour l'an 2 000, « l'aménageur » qui se dit parfois « urbaniste » avance que « les modifications du système de villes résultant très directement du développement de l'aire métropolitaine marseillaise et de son affirmation en tant que grand complexe industrialo-portuaire européen »... seront bénéfiques à tous, car « la région marseillaise offre au Languedoc la proximité d'un espace économique présentant une forte capacité d'entraînement...» Et ces propositions se terminent par l'idée que doit émerger le couple Béziers-Narbonne, prototype de la ville moyenne sous le vocable d'un Biterrois, d'un Narbonnais, d'un Biterrois-Narbonnais ou d'un Narbonnais-Biterrois selon le lieu d'où porte le regard.

Pierre Bruneau a étudié *Le rôle des villes moyennes au Québec* (Presses de l'Université du Québec, 1989) et montré comment celles-ci (19 unités) s'intègrent progressivement, par le biais d'un redéploiement spatial des activités économiques, dans le système socio-spatial global, ici national. « Longtemps produit de sa région, l'espace de la ville moyenne s'intègre de plus en plus dans une mosaïque d'espaces où prédominent les relations extrarégionales. Retournement, nouvelle problématique qui laissent entrevoir les nouveaux mécanismes de la production d'espace... la logique de développement des villes moyennes (est) fondée sur le principe d'intégration et sur le triple processus de la spécialisation, de la banalisation des fonctions et de la hiérarchisation des villes moyennes au sein d'un vaste système socio-spatial. » Elles sont un point d'appui important dans le réarrangement spatial du Québec, mobilisent à leur profit des flux économiques, mais doivent, de plus en plus, être pensées « comme spécialisées au sein des hiérarchies urbaines aboutissant aux grandes métropoles du monde industriel » plus que comme « des centres d'obédience régionale ». Une façon bien nouvelle – du Nouveau Monde – de penser la ville moyenne dans la nouvelle division spatiale du travail !

QU'EST-CE QU'UNE PETITE VILLE ?

Un Français sur dix réside dans une petite ville, bien plus si l'on ne comptabilise que les citadins. Ici se croisent l'effet de taille d'une ville à l'échelle humaine et un élément social, le désir de participer à la vie d'une collectivité qui offre encore les avantages de l'équipe sportive ou de la salle de spectacle, ce que l'on dénomme convivialité. On entre vite dans le domaine de l'idéologie : « small is beautiful ».

POUR EN SAVOIR PLUS...

La désescalade dans le discours sur l'approche des villes selon leur taille est évidente. Depuis la capitale et ses antidotes, les métropoles d'équilibre, en passant par la ville moyenne, on atteint le dernier maillon de la chaîne, la ville lointainement « provinciale » qui n'a même pas l'essentiel des attributs reconnus à la ville moyenne et que l'on dénomme petite ville. Cela peut donner dans les slogans étalés sur les murs : « Pézenas, petite ville du Grand Siècle ».

Statistiquement, et pour une définition qui n'en est pas une, elle se situe entre 5 000 et 20 000 habitants.

Jusqu'aux travaux de J.P. Laborie qui étudie pour la première fois quelque 500 petites villes sur la base du recensement de la population de 1968, elle n'a pas suscité grand enthousiasme. Fleurons de l'approche monographique, on recensait seulement quelques titres publiés sur Saint-Claude, Mauléon, Auxerre ou Ganges.

R. Specklin, dans les années 1950, présentant *Altkirch* (sous-titre : « *type de petite ville* ») démarre ainsi son introduction : « Premier contact. LA VILLE : c'est un rocher étroit allongé sur lequel se dresse une église, se pressent des maisons. Sur ses pentes abruptes on voit des vergers, des parcs, des promenades. Et au bas une ceinture de maisonnettes l'entoure, détachant des tentacules dans les vallons voisins. Dans la Haute Ville ce sont de hautes bâtisses de pierre aux toits aigus recouverts de petites tuiles moussues. On y trouve une petite place bien calme... ». Le texte, vieux d'un demi siècle, est très largement descriptif : « on voit, on trouve »... Il n'échappe pas aux clichés, l'église qui se dresse et les maisons qui se pressent, la pente toujours abrupte et la tuile moussue.

En regard, l'introduction de J.P. Laborie (*Les petites villes*, 1979) relève d'un ton différent. « Dans la liste des mesures inscrites dans les politiques d'aide au développement régional, les actions spécifiques en faveur des petites agglomérations urbaines n'interviennent qu'en 1975-1976. Pourtant, les menaces d'élimination des petites villes, annoncées par la majorité d'analyses afférentes à la croissance des métropoles et à la concentration parisienne ont été démenties par l'évolution démographique favorable des petits centres urbains... ». Ici l'aménageur sort ses griffes d'entrée de jeu, pourfendant les mesures prises et prêt à démystifier tout ce qui est dit.

Au-delà d'un saupoudrage quasi général du territoire, les petites villes accompagnent les fortes concentrations urbaines, ourlent les grands axes de passage (le Rhône, la Loire…). Semblent s'opposer deux types, antinomiques.

La petite ville qui bénéficie d'un effet de métropolisation, et qui, dans l'ombre de la banlieue, participe à la croissance urbaine.

Et à l'opposé celles qui s'étiolent (quitte à redémarrer le cas échéant), lorsque disparaît l'activité dominante, fermeture d'une usine, condamnation d'un puits de mine, mutation d'une garnison, abandon d'un établissement tertiaire spécialisé. La presse n'est pas avare de toutes ces cessations d'activité qui sont autant de fractures dans le champ du social. Car les petites villes sont inséparables de leur environnement régional. Elles somnolent, connaissent des éclipses passagères au rythme des séquences historiques, participent à la dynamique des espaces touristiques ailleurs, se laissent entraîner par la croissance des capitales lorsque celles-ci déversent sans mesure leurs surplus de population sur leurs périphéries. Le phénomène ne date pas d'aujourd'hui, l'étude de l'urbanisation de la France au XIXᵉ siècle montre bien « qu'un processus de sélection permit une croissance vigoureuse pour certaines, alors que d'autres se laissaient toujours davantage distancer, disparaissant même parfois de la liste des villes » (Paul M. Hohenberg et Lynn Hollen Lees, *La formation de l'Europe urbaine, 1000-1950*, PUF, 1992).

QU'EST-CE QU'UNE VILLE « PRIMAIRE », UNE VILLE « SECONDAIRE » ?

Rappelons ce type de terminologie fonctionnaliste qui ne signifie pas grand chose mais permet de mesurer les évolutions récentes. La ville « primaire » c'est la fausse ville des pays méditerranéens gonflée jusqu'à l'absurde dans les Pouilles ou à Murcie tout en abritant une population travaillant dans l'agriculture. La ville « secondaire » c'est le dernier témoin de la grande poussée industrielle du XIXe siècle qui a fait Alès, Le Creusot, Saint-Etienne, Longwy, Liévin, Lens ou encore Roubaix.

POUR EN SAVOIR PLUS...

Toute ville est désormais et avant tout tertiaire, équipée comme dans les pays développés en administrations et en fonctionnaires, ou suréquipée de tout un secteur informel comme dans les pays en voie de développement.

Ville primaire. – A priori les deux termes semblent antinomiques. Il n'en est rien car subsistent des accumulations humaines en forme de villes dont les habitants travaillent la terre. Ce fut longtemps le cas du sud des pays de l'Europe, en Calabre ou en Andalousie. Dans sa huerta, Valencia a changé de statut en même temps que d'activités. Il y a quelques décennies seulement les *barracas* décrites par Blasco Ibañez généraient un mouvement incessant de carrioles jusque dans la ville. Désormais on a là une des plus grandes villes de l'Espagne, de moins en moins dépendante de son proche environnement rural, de plus en plus intégrée dans le réseau national des métropoles, point d'appui des villes de l'arc méditerranéen.

La ville d'Afrique, dans bien des cas, conserve tout un secteur primaire fondamental, dont une agriculture vivrière importante, un élevage souvent présent, qui fait qu'on a pu parler de système agro-urbain, comme à Bangui. Les maisons de type rural enserrent au cœur de leurs murs en pisé ou en torchis, une cour intérieure lieu de travail d'une bonne partie de la famille. Se reconstituent ainsi, aux portes de la ville, les structures du village. Poto-Poto à Brazzaville est caractéristique de cette forme d'urbanisation. Les villes yoruba au Nigéria allient le marché, le palais, les maisons des artisans, des commerçants et celles des agriculteurs en un seul noyau urbain.

L'habitat « autoproduit » des périphéries urbaines ne dit-il pas aussi la permanence des cultures traditionnelles des campagnes ? (Géographie universelle, Direction R. Brunet, *Les Afriques au sud du Sahara*, Belin-Reclus, 1994).

Ville secondaire. – Serait-on en pleine redondance ? Non, pendant deux siècles le passage d'une économie agricole à une production manufacturière a donné l'image de la ville industrielle. Ou tout simplement de la ville avec des industries donnant l'apparence (l'illusion aussi) d'un horizon de travail plus large que dans les campagnes. Bécassine vient de Bretagne, la nourrice des beaux quartiers vient du Morvan et le ramoneur de Savoie.
« Les nomades du prolétariat se recrutent dans les campagnes, mais leurs occupations sont en grande partie industrielles. C'est l'infanterie légère du capital, jetée suivant les besoins du moment tantôt sur un point du pays, tantôt sur un autre. Quand elle n'est pas en marche, elle campe » (Karl Marx, *Le capital*, Garnier-Flammarion, 1969)

Les maçons de la Creuse le disent dans leur Chanson (Jean Petit, 1810/1880) :

« Voyez le Panthéon
Voyez les Tuileries
Lo Louvre et l'Odéon
Le Palais de l'Industrie.
De tous ces monuments
La France est orgueilleuse ;
Elle doit ces ornements
Aux maçons de la Creuse. »

Paris fascine, et en même temps pervertit. A la fin du XVIIIe siècle Restif de la Bretonne *(La paysanne pervertie*) nous met en garde à travers l'exemple de deux jeunes gens,

« Bons, innocents, beaux dans l'enfance,
En ce village on les a vus,
Mais bonté, charmes, innocence
A la ville se sont perdus. »

La ville c'est-à-dire la manufacture, l'usine, le monde ouvrier, le travail des enfants, l'estaminet et l'assommoir. Ainsi s'oppose souvent dans la littérature édifiante la bonne campagne et la mauvaise ville, la sécurité des champs et la crainte de la manufacture. Avec l'urgence pour le patronat industriel et minier de penser la « nouvelle ville » selon la logique de « la boîte à habiter » : « Le houilleur collectif enfin constitué, l'attention des féodalités minières se déplace de l'usine vers la ville, de la mine vers le coron... A cet égard, les cités ouvrières, et particulièrement celle des compagnies minières, ont fait œuvre de pionniers : la séparation des lieux de résidence du lieu de travail, c'était en effet, d'un même mouvement, la formation de l' " habitat " et la constitution de cet espace clos du travail, l' " usine ".» (Lion Murard et Patrick Zylberman, *Le petit travailleur infatigable*, Recherches 25, 1976).

Sous le dénominateur commun de l'usine, chaque centre industriel ne « pèse » pas le même poids. Les villes de grande taille ont plus qu'une activité productive. Les services restent beaucoup plus réduits dans les centres très spécialisés, villes de la mine, du textile, du caoutchouc, de la chimie...

QU'EST-CE QU'UNE VILLE « TERTIAIRE » ?

Services, commerces, transports, gestion, commandement, tourisme, les activités tertiaires assurent, pour l'essentiel, le poids d'une ville. Hier, relancer l'activité d'une ville c'était mettre son espoir dans l'industrie. Désormais le tertiaire a pris le relais, à travers le tourisme en particulier, et la ville redevient la ville, avec ses services, d'abord.

POUR EN SAVOIR PLUS...

Le tertiaire urbain occupe une large place dans les écrits des géographes, et la finance, le commerce, le transport, les échanges sont pour eux des choses familières. Il est généralement associé aux notions de réseau et d'armature urbaine. En 1955, Jean Labasse souligne le rôle du tertiaire dans l'organisation du territoire (*Les capitaux et la région, étude géographique*, A. Colin) et en 1971, *L'organisation de l'espace* publié chez Hermann dit bien le poids des services rares dans la métropolisation et la constitution des hiérarchies urbaines. « Au sommet de cette architecture viennent les sièges sociaux. On sait ce qu'ils impulsent dans les plus puissantes métropoles quand ils relèvent de multinationales... Ils identifient les capitales et un certain nombre de places prestigieuses... ».

(Jean Labasse, *L'Europe des régions,* Flammarion, 1991)

« Les activités de commandement sont avant tout la direction des entreprises. En effet, dans le système capitaliste actuel, la concentration financière fait que, très souvent, l'entreprise économique est divisée spatialement entre le lieu où se trouve la direction de l'entreprise et les lieux où se localisent les établissements de cette entreprise. Distinction très importante si l'on veut faire une géographie, c'est-à-dire une relation entre économie et espace. L'économie s'inscrit dans l'espace par des lieux où se fait la production, que ce soit la production primaire (ainsi pour le caoutchouc, les plantations d'hévéas), la production industrielle (c'est-à-dire la localisation de l'usine, où s'opère la transformation de matières premières en produits finis), la production tertiaire (c'est, par exemple, l'endroit où, physiquement est implantée l'agence bancaire filiale qui reçoit le client) ».

Michel Rochefort, *Les activités tertiaires, leur rôle dans l'organisation de l'espace*, CDU, 1976)

Désormais des distinctions subtiles commencent à s'établir entre les différentes activités tertiaires, services aux entreprises, tertiaire supérieur, voire quaternaire. Les activités les plus prestigieuses (high-tech) sont soigneusement promues par les villes et on voit de plus en plus mal comment la distinction établie par Colin Clark pourrait se perpétuer, quand la frontière entre fabrication et services est de plus en plus floue.

Comme le dit Guy Burgel, « Quasi inconnue il y a trente ans, la notion de « services aux entreprises » supplante dans la statistique et dans l'opinion, le contenu fondateur des « services aux particuliers » (coiffeur, pressing). Cette substitution sanctionne les indéterminations de classement de plus en plus fréquentes entre industrie et secteur tertiaire. »

(Guy Burgel, *La ville aujourd'hui*, Hachette, 1993)

La tertiarisation, néologisme affreux mais si commode, accompagne l'essor de l'urbanisation, élargissant ainsi la fonction première de marché. Entre le village-centre et la capitale régionale, entre celle-ci et la métropole de niveau mondial, se hiérarchisent des réseaux de villes que la recherche contemporaine relie vite aux activités tertiaires. Il en résulte un certain nombre de concepts, d'un maniement délicat, parfois indécis selon l'auteur qui en use :

- système urbain, car la ville ne peut être étudiée en soi et pour elle même, hors de sa région, au sens le plus large, et des autres villes qui composent entre elles une pyramide sans cesse remise en question ;
- maillage urbain, chaque ville bénéficiant d'une partition de l'espace en cellules juxtaposées ;
- réseau urbain, hiérarchisé, sous le commandement d'une métropole régionale et de la capitale ;
- armature urbaine, ensemble hiérarchisé des centres dans un espace national ;
- place centrale et aires de marché, une théorie qui reste attachée à Lösch et Christaller.

Ces termes sont largement usités. Ils définissent la polarisation de l'espace par les villes sur la base d'un système économique, social et spatial. A l'inverse, B. Kayser a traité de l'espace non métropolisé du territoire français, réfutant l'idée communément admise que chaque arpent de territoire entrait dans le jeu des réseaux. Une large fraction de l'espace échappe aussi aux capitales régionales.

QU'EST-CE QU'UNE VILLE « QUATERNAIRE » ?

Le terme n'est pas souvent employé, en tout cas pas ainsi, mais il renvoie au « high tech », au tertiaire supérieur et autres formules caractérisant un emploi très spécialisé tout de matière grise et de commandement. Il y faut certes une université, mais surtout un réseau d'aides aux entreprises au plus haut niveau. Ce sont « les villes d'affaires » qui répondent le mieux à la définition, là où se retrouve la société mobile, liée aux pouvoirs, qui va de ville en ville. A l'auto-proclamation d'allant et de dynamisme répondent des formules, pas toujours éculées, qui expliquent une bonne part de l'attrait des villes d'affaires, réel ou forcé.

POUR EN SAVOIR PLUS...

La revue *Parcours* que connaissent bien tous ceux qui empruntent les transports aériens, publie en un numéro intitulé « Villes d'affaires », un guide pratique des escales d'affaires. La liste en est impressionnante, avec vers le bas, Arcachon, Bastia, Béziers, Draguignan, Sablé-sur-Sarthe, Six-Fours-les-Plages, qui étalent au maximum leurs possibilités.

S'y retrouvent en grandes rubriques la démographie, les prix du mètre carré de bureau et de logement, les activités, les équipements, les dix plus grosses entreprises, les numéros utiles des différentes « chambres », d'agriculture, de commerce, des métiers, d'industrie, et les différentes liaisons aériennes. De manière très simple, songer à attirer c'est d'abord proposer un slogan qui suit le nom et une ligne pour caractériser la ville, le tout en forme condensée. Pour dire l'essentiel en quelques mots, et séduire !

Aix-en-Provence, *la ville de vos désir*
Ajaccio, *investir au soleil*
Amiens, *en route pour l'an 2000*
Angers, *effort et développement*
Antibes, *toutes voiles dehors*

Arcachon, *une ville pleine d'allant*
Avignon, *lever de rideau pour l'industrie*
Bastia, *la locomotive corse*
Bayonne, *sur la Nive et sur l'Adour*
Biarritz, *luxe, calme et volupté*

Béziers, l'*indépendante*
Brest, *la main de la Bretagne*
Calvi, *la protectrice*
Cannes, *sous les palmiers les entreprises*
Dijon, *au cœur de l'Europe*
Dunkerque, l'*élan du Nord*
Hyères, *une oasis de paix*
Le Havre, *le temps et l'espace en plus*
Limoges, *ville bien-être*
Metz, *d'âme et de pierre*
Nice, *les affaires au soleil*
Nîmes, *entre présent et futur*
Reims, *autour de la cathédrale, l'expansion*
Toulon, *une économie qui tourne autour de l'eau*
Tours, *l'entre deux fleuves.*

Il s'agit d'extraits seulement, pour bien montrer les catégories de villes qui se montrent sous le discours.

La ville archétypale, soleil à Nice et à Ajaccio et version cannoise des palmiers. La vieille référence venue du XIXe siècle pour Avignon qui attend les industries. Le port, de voiles pour Antibes, d'eau (certes !) pour Toulon. Les attraits faits de désirs à Aix, de paix à Hyères, de bien-être à Limoges. Les situations sont centrales en Europe pour Dijon. Passé-présent donne la pierre et la modernité à Reims, la pierre et l'âme à Metz. Pour Béziers, Calvi, Le Havre, Nîmes, la prétendue originalité n'enlève rien au fait que tout cela est parfaitement interchangeable. Bayonne et Tours vendent enfin leurs deux rivières.

Tout est bon, et Maubeuge qui n'est pas ville d'affaires, vend son clair de lune en cartes postales. Tout ce florilège se retrouve dans les publications municipales, où l'on apprend par exemple que « A Tours, la matière grise prend des couleurs ». Car toute ville qui veut « converser » au plus haut niveau se doit de disposer d'une infrastructure « quaternaire » de biens, d'équipements et de services. Logique cumulative qui porte « la ville quaternaire » vers l'internationalisation croissante, vers une concentration grandissante des services de qualité supérieure, des activités d'innovation et de recherche (fonctions de conception, gestion, direction...). Sans oublier de revenir sur les « industries » de la communication et du « marketing » urbain, pour pouvoir construire une image de marque qui puisse s'imposer et demeurer dans un monde de la mobilité et de l'éphémère. L'exemple de Montpellier illustre parfaitement la mécanique de production de l'image « technopolitaine ». L'ensemble des fonctions dites « nobles », « l'urbanisme, la recherche, l'enseignement, la formation, la culture et le sport sont indissociables de l'économie » (G. Frêche, 1986, *Congrès international des technopoles*) et concourent à autonomiser la ville dans son développement et à la doter de certaines « aménités ».

On lira :

Métropoles en déséquilibre ? DATAR, Plan urbain, Commissariat du Plan Economica, 1994.

Brunet (R.), Grasland (L.), Garnier (J.P.), Ferras (R.), Volle (J.P.), *Montpellier Europole*, RECLUS, 1988.

QU'EST-CE QU'UNE CAPITALE ? UNE MÉTROPOLE ?

Vieux débat, l'une commande et l'autre finance, les deux sont parfois confondues comme à Londres, démultipliées comme en Allemagne avec Berlin, Bonn, Francfort, Hambourg, Munich et Stuttgart, d'autres n'existent plus comme Vienne anciennement des Habsbourgs. Là on partage, en Italie, en Espagne, au Portugal, ici on fait semblant comme à Abidjan, ou l'on parade comme dans les Emirats arabes.

POUR EN SAVOIR PLUS...

L'étymologie est bien commode, *caput*, la tête, l'exprime. C'est la ville qui commande, parfois avec quelques rivales que sont des métropoles de poids sans cet attribut administratif octroyé ou hérité. Abouja est une capitale, comme Yamoussoukro, Canberra, Ankara, Brasilia, Washington, de par le fait du prince qui les a choisies face à Lagos, Abidjan, Sydney, Istanbul, Rio, New York, ce qui permet de mesurer le chemin à parcourir entre une décision et une réalité urbaine.

Un élément de réponse apparaît dans les formules lapidaires : France, capitale et métropole Paris, métropole Lyon ; Espagne, capitale Madrid, métropole Barcelone ; Italie, capitale Rome, métropole Milan. La métropole, face à la capitale ou confondue avec elle, regroupe les instances de commandements financiers et bancaires plus qu'administratifs. Rome et Milan, Madrid et Barcelone, Lisbonne et Porto au Portugal, mettent l'accent sur des rivalités plus que sur des complémentarités, même si cela n'est jamais aussi schématique.

Un des avatars du terme est la référence aux métropoles d'équilibre. On se souvient de tout le discours tenu à l'encontre de la fameuse formule de Jean-François Gravier, *Paris et le désert français*, (1947), au début des années 1960. On décide d'ériger une dizaine de métropoles d'équilibre destinées à contrebalancer le poids de la capitale. Les études fournies alors ont au moins l'avantage de nous fournir à l'heure actuelle des éléments de comparaison. Lyon deuxième ville de France et Toulouse, métropole du sud réussiront ; Lille, Bordeaux et Nantes, Nancy et Strasbourg enregistreront des résultats mitigés. Marseille doute toujours. Notons qu'entre Toulouse et Marseille, Montpellier ville de niveau inférieur tirera bientôt son épingle du jeu.

Où en est Lille ? *Le Monde*, 30 janvier 1994, sous le titre « Le Nord doute de sa métropole », rend compte d'une consultation lancée par le Conseil général et montre que « les habitants de la région se méfient de la politique lilloise de développement ». Pierre Mauroy, maire de Lille, affirme : « Tout le monde parle de la métropole, par nécessité, envie ou crainte, sans faire le constat de la dynamique qu'elle peut insuffler à toute la région. » Eternel débat entre les trois pouvoirs, la grande ville, le département et la région. « La région, pour assurer sa mutation, a besoin d'une locomotive, la métropole lilloise et sa turbine tertiaire, Euralille, un ensemble de bureaux et de commerces... ».

Sous le faux débat métropole-capitale, il reste à noter le poids des places financières mondiales, produits du capitalisme et de la concentration de la décision financière. Il s'agit de Zurich (qui l'emporte sur Genève), Milan, Toronto (et pas Montréal), New York, Francfort (premier aéroport d'Europe), Tokyo, Londres (ancienne capitale d'empire restée capitale des compagnies d'assurances). Amsterdam l'a été, Anvers et Bruges en d'autres temps, Nuremberg, Barcelone et sa *taula de canvi*, Gênes et Pise en liaison avec le grand commerce des grandes compagnies.

D'autres restent des métropoles incomplètes, valorisées ou minorées au gré des politiques planétaires, villes d'un seul produit commercialisé, d'une activité majeure, Rio pour le café, Hambourg pour les produits « coloniaux », Winnipeg pour le blé, Anvers pour la laine, Chicago ou Minneapolis.

Mais le monde bouge. Et comment classer Moscou, Saint-Pétersbourg-Léningrad, Kiev, Pékin, Chang-Hai, Singapour, Sydney, Osaka, Buenos-Aires ou Johannesbourg?

QU'EST-CE QU'UNE TECHNO-POLE (-PÔLE) ?

Les difficultés d'ordre sémantique commencent avec l'accentuation, pôle est un noyau, un point singulier de l'espace qui « polarise » les activités ; pole, de polis, est une ville, plus tout ce qu'on lui propose pour la valoriser. Qui n'a pas l'un ou l'autre ou ne le prétend, au masculin ou au féminin ?

POUR EN SAVOIR PLUS...

« A quoi rêvent les technopolitains ?
A la Silicon Valley...
Historiquement sont d'abord apparues les zones de réponse à la croissance, ayant pour but de créer un espace nouveau pour absorber et valoriser des activités mal intégrées dans l'urbanisme existant : c'est le cas aux Etats-Unis de la Route 128 près de Boston et de la Silicon Valley en Californie, expansions peu planifiées mais en lien évident avec les complexes universitaires de la côte est (Harvard, MIT...) ou ouest (Berkeley, Stanford, Cal-Tech...). C'est aussi le cas de Tsukuba au Japon... créé dans le même but de désengorger Tokyo ». (Jacques de Certaines, *La fièvre des Technopoles*, Syros, 1988). Technopôle-prétexte ou technopôle-remède ? Un (e) technopôle (pole) pour créer des emplois ? Pour rendre plus dynamiques les secteurs économiques innovants ? Pour mieux penser la ville de demain ? Ou simplement comme indispensable pour se « maintenir dans la course » ?

Le vocabulaire spécialisé, c'est-à-dire détourné de ses significations premières suivra rapidement, envahissant, sur papier glacé et en quadrichromie. Fleurissent alors de nouveaux termes, les synergies, fertilisations (croisées bien entendu), joint-venture, transferts (de technologies), hautes technologies (high tech), nursery (nurserie) et pépinières, Science-parc, Europarc (d'activités, mais en renvoyant implicitement à la verdure donc au cadre de vie) et ce qui en découle, parc-club et mini-parc par manque de moyens. Le tout cadre la ville dans sa croissance et sa modernité toujours aux consonances britannisantes (même si synergie est hellénisant). Sans oublier le « coquetèle » qui a pour but de tisser des réseaux et d'attirer les entreprises.

J.-P. Garnier conclura : « Sans doute est-ce la peur de se retrouver à l'écart du grand axe industriel, financier, commercial et technologique qui court de Londres à Milan, qui a incité un nombre croissant de municipalités à se lancer dans la course aux technopôles. Avec le risque de voir se multiplier des technoparcs vides comme étaient restées vides, il y a vingt ans, de nombreuses zones industrielles. »

Montpellier technopole (Voir, R. Brunet, R. Ferras, J.P. Garnier, L. Grasland, J.P. Volle, *Montpellier Europole*, RECLUS, 1988).

En sous-titre la technopole montpelliéraine offre cinq orientations. Euromédecine qui s'appuie sur la très ancienne tradition médicale avec de nombreux laboratoires et entreprises de pointe. Agropolis qui fédère une vingtaine d'établissements d'enseignement et de recherche centrés sur l'agronomie et tout particulièrement la tropicale. L'informatique regroupe également robotique et intelligence artificielle, à partir de l'ancienne splendeur d'IBM et de sa politique d'essaimage. Les nouveaux médias sont spécialisés dans la création et la transmission de l'information : c'est le pôle Antenna. Heliopolis, son nom le laisse prévoir, renvoie au tourisme presque aussi vieux ici que la médecine, les frères Platter, venus de Bâle, l'ont montré il y a quelques siècles.

Sous les titres, interviennent les institutions qui font la force de la technopole et montrent son rôle dans le tissu économique régional :
- les Universités,
- le CNRS,
- les Instituts de recherche, (INRA pour l'agronomie, INSERM pour la recherche médicale, ORSTOM pour la coopération...),
- les Ecoles supérieures d'Agronomie, de Chimie, des Mines (à Alès, mais en réseau!), des Eaux et Forêts, de Commerce...
- les institutions publiques de recherche dont l'IAM, (Institut Agronomique méditerranéen), le GIP RECLUS (Maison de la géographie),
- le CNUSC (Centre National Universitaire Sud de Calcul)...

Mairie et District de Montpellier par le biais de leurs bureaux et services spécialisés sont les initiateurs du mouvement, mais indirectement, la technopole valorise d'autres institutions départementales et régionales.

Montpellier en retire une image de qualité, assise sur deux valeurs sûres et immémoriales, le cadre de vie et la concentration de matière grise. Ce qui ne s'improvise pas. Les retombées sur le plan urbain sont évidentes, la ville s'étant définitivement dégagée de sa gangue de provincialisme pour s'ouvrir aux grandes manifestations culturelles et scientifiques. Des indicateurs en témoignent, en matière de croissance démographique, d'accueil d'entreprises.

QU'EST-CE QU'UNE VILLE RELIGIEUSE ?

On dit aussi ville de pèlerinage, fonction première quasi inséparable de ce qu'elle entraîne comme activités commerciales et pas seulement dans le domaine de l'objet de piété ou du « souvenir de... ». Cela se perpétue depuis Saint-Jacques de Galice, La Mecque ou Bénarès. D'autant que tout « jacquet » se doublera très vite d'un touriste, et Lourdes est bien placée dans les Pyrénées.

POUR EN SAVOIR PLUS ...

C'est d'abord une ville inséparable d'un événement qui conforte une religion, à Lourdes ou Fatima ; d'un personnage historique canonisé, Thérèse d'Avila ou de Lisieux ; d'un personnage légendaire, Saint-Jacques de Compostelle, Sainte-Foy de Conques, Saint-Guilhem du Désert, qui fixent des étapes de pèlerinage. Au sommet se situent La Mecque (Djeddah), Rome (le Vatican), Bénarès sur le Gange.

Michel Chadefaud a écrit *Lourdes, un pèlerinage, une ville*, Edisud, 1981. Quelques extraits permettent d'en mesurer la construction sociale et économique, la place respective de « l'acte de foi » et du phénomène touristique, du sacré et du profane, de la ville du pèlerinage et de celle du rugby.
« Satan capitule le printemps venu. La cité religieuse ressuscite avec les premiers bourgeons. Pensions et hôtels, commerces croulant de bondieuseries hétéroclites et colorées rouvrent leurs portes aux cohortes de pélerins ». « Le monde entier vient à Lourdes » clament les dépliants publicitaires. Deux rythmes annuels. Presque deux modes de vie. Deux villes. Celle de Jean Prat l'hiver, celle de Bernadette Soubirous l'été, disent de méchantes langues »

■ Pourquoi Lourdes ?
« Le pèlerinage a toujours été et demeure un acte de foi. Comme Notre-Dame de la Salette ou Lisieux, au même titre que les multiples sanctuaires de la Vierge tombés dans les oubliettes du passé, Lourdes est un phénomène religieux... Seule Rome la dépasse, même si, par ses grands malades, Lourdes reste le premier pèlerinage catholique du monde. Encore aujourd'hui la cité de Bernadette Soubirous attire plus de fidèles que La Mecque ».

Le nombre de pèlerins reçus depuis 1858 s'acheminerait vers les 300 millions.

■ Les foules
« Symbiose du profane et du sacré, du spirituel et du temporel. Enchaîné très tôt dans la combinatoire des déplacements de masse et à longue distance, le pèlerinage lourdais allait désormais vivre et se développer aux rythmes combinés des stratégies des organisations écclésiastiques et des impératifs économiques d'entreprises capitalistes de tailles diverses, intéressées dans le transport, l'hébergement, l'accueil des fidèles. Le marchand profane poussa le religieux, lequel adopta, plus ou moins inconsciemment, une démarche mercantile...
Les artères maîtresses rappellent les origines du « fait de Lourdes » : Boulevard de la Grotte, Avenue Bernadette Soubirous. Tel magasin de bondieuseries arbore le nom de Saint Patrick, favori des Irlandais, tel autre se pare du titre étonnant de « Fournisseur du Vatican » ! L'hôtel se nomme Saint-Sacrement, Christ Roi, Golgotha, Madonna, Galilée, Mont Thabor, Nazareth, Santa Lucia....
En haut le noyau permanent d'une petite ville avec sa poste, son église paroissiale, ses halles, sa mairie, ses banques, ses bazars et commerces quotidiens, son « Café de la Poste », rendez-vous du « Tout Lourdes »...
Gardien immuable, le Château Fort sépare de son imposante masse, ces deux mondes. Car ils paraissent s'affronter. Sèchement. Brutalement. Ils coexistent, face à face, cohabitent, comme un vieux couple qui n'aurait plus rien à se dire. Sans transition, on passe de la médaille à la cochonnaille. Du commerce des vierges colorées et des gourdes en plastique à celui des réfrigérateurs. Des croix et chapelets aux articles de sports »...

■ De la bourgade porcatière à la cité mariale
« Comme tous les matins, la corne sonnait par les rues de Lourdes. Le porcatier municipal réunissait tous les porcs de la ville pour les conduire au quartier de la Merlasse ou à la rive de Massabielle. Il les ramenait tous les soirs. On était en 1858.
La même année, par un mois de février comme les autres, une enfant de quatorze ans, fille d'un meunier déchu, déclarait qu'une « Belle Dame » lui était apparue dans une cavité de la Montagne des Espelugues. Dans la grotte de Massabielle. Là, au bord du Gave.
Au printemps 1866, une locomotive poussive entrait dans Lourdes. En foule, les habitants s'étaient portés aux abords de la Gare pour jouir du spectacle si longtemps désiré. Le destin de la bourgade, plus rustique que citadine, allait basculer. »

■ Et pour conclure :
« Ces motivations profondes, on les retrouverait à Fatima, bien sûr, mais aussi à La Mecque, à Bénarès... dans les antiques rituels des sources. La cure, dans les Pyrénées gallo-romaines, se confondait avec un pèlerinage dans une ville thermale qui représentait tout à la fois un lieu de divertissements et de culte aux divinités de la cité. »

QU'EST-CE QU'UNE VILLE BALNÉAIRE ?

Acceptons l'idée que son intérêt, au-delà de la fonction pure, est architectural et social. Comme musée de formes représentatives des goûts d'une époque, qui se perpétuent à travers les bâtiments des thermes, les casinos, les hôtels, les places publiques, les fantaisies résidentielles. L'aristocratie, clientèle fortunée, a créé les villes de villégiature.

POUR EN SAVOIR PLUS...

C'est une ville de génération récente, même si parfois est reprise la vieille tradition de villes d'eau antiques comme Aix (les Bains, en Provence, la-Chapelle) venues du toponyme aqua. De la même façon Bath en Angleterre, Spa en Belgique, Baden en Allemagne ou Bains-les-Bains dans les Vosges évoquent la même origine. Tout simplement « eaux », Eaux-Chaudes, Eaux-Bonnes, « thermes » (Ax) ou Bagnères (de Luchon, de Bigorre).

Sans oublier les bains de mer qui ont donné Deauville, Biarritz, ou Palavas-les-Flots. D'où la dualité perpétuée entre villes de cure, généralement en altitude, possédant un établissement thermal et un contrôle médical, et les stations autrefois « climatériques » qui sont devenues plages à la mode et où l'on ne soigne plus par exposition au soleil (établissements héliomarins) les tares disparues, comme rachitisme ou maladies des os.

« Toutes ces villes s'apparentent. Dans les villes de cure on vient souvent pour se reposer ou se distraire autant que pour suivre un traitement : le soleil de Nice est un traitement pour les uns, un agrément pour les autres ; Vichy est une ville de cure, mais aussi une station mondaine ». (G. Chabot, 1958).

Bath, sous Georges III, est un produit de l'initiative de promoteurs. Il suffit de lire les plaques des cours, des allées, des avenues de chacune d'elles pour y retrouver le nom du créateur. Brighton, Hastings deviendront lieu à la mode. Eastbourne fut une création des Cavendish jusqu'à son accession au rang de municipalité en 1883 avec l'agent du duc comme maire. De même à Folkestone les comtes de Radnot étaient les principaux propriétaires fonciers.

Vichy, durant la deuxième Guerre mondiale, a abrité le gouvernement de l'Etat français. Une sorte de conjonction tout à fait exceptionnelle est proposée avec Pau, dont les qualités climatiques sont reconnues par les Britanniques, Lourdes dont la vogue comme pèlerinage débute sous le second Empire, Argelès-Gazost en Lavedan, Cauterets déjà connue au Moyen-Age pour la « balnéation », et Barèges plus tard, pour les « eaux d'arquebusades » qui soignent les blessures de guerre.

L'idéal est bien de s'attacher le souvenir d'un personnage historique, si possible une tête couronnée, dans un cadre agréable et des environs propices aux excursions (ce qui ne manque pas en montagne). La qualité des eaux suivra, et l'embouteillage pour Saint-Yorre, Vittel ou Contrexéville qui prolongent dans le temps et l'espace les bienfaits de la cure. Lamartine a servi à la fois Bagnères de Bigorre et Aix-les-Bains. Montaigne a précédé Napoléon III et Cavour à Plombières. Edouard VII et Clémenceau fréquentent Carlsbad. Madame de Sévigné a laissé son nom attaché à Royat, une maison à Vichy, et des écrits sur le Mont d'Or (Le Mont-Dore). Il faudra deux choses pour que Bains-d'Arles devienne Amélie-les-Bains, un traitement des maladies des voies respiratoires et un établissement militaire, il faudra surtout deux personnages, la reine du même nom épouse de Louis-Philippe et le général de Castellane.

La publicité fait le reste, aidée par quelques prescriptions médicales, et un retour à la mode de la ville de villégiature. En moins d'un siècle les villes de cure se sont préservées d'une fréquentation massive en étalant « la saison », les stations balnéaires ont cumulé sur quelques semaines un certain nombre d'inconvénients, l'entassement, la moindre qualité des plages et des bains de mer, y compris des records plus inattendus comme ceux relevant de la criminalité. Mais la publicité ne met que rarement l'accent sur l'atout essentiel de ces créations, leur architecture en un véritable musée de formes. La maison de pêcheur, préservée quand elle existe encore ou le casino, quand il n'a pas été totalement remanié offrent plus d'intérêt que toutes les pyramides à touristes du monde. Les vacances de Monsieur Hulot ne pourraient se dérouler à l'ombre d'un « geste architectural ».

Le littoral du Languedoc-Roussillon, aménagé par les urbanistes, est un musée de formes architecturales lorsqu'elles ont été préservées. Mais les paillotes du Bourdigou n'en ont pas bénéficié, pas plus que les grandes résidences bourgeoises du front de mer comme à Palavas (villa Bianca) ou ailleurs, rasées ou débitées en appartements.

QU'EST-CE QU'UNE VILLE-PORT, QUELLE MER, QUEL FLEUVE ?

Il n'y a pas de ville-port, au sens étroit, mais généralement de grandes villes situées sur les littoraux ou le long des voies de pénétration vers l'intérieur. On peut considérer que Paris est aussi un port, que Londres est encore port de mer autant que d'estuaire. Les grandes villes sont inséparables d'un paysage d'eau en front de mer ou sur rives de fleuve.

POUR EN SAVOIR PLUS...

New York, Rotterdam, Sydney, Buenos-Aires, Hambourg, Yokohama, San Francisco, Vladivostok figurent dans la liste comme ports. Sur des estuaires, généralement là où s'arrête l'influence de la marée, Rouen, Nantes, Londres, Hambourg entraînent une génération d'avant-ports. Ajoutons autour d'anses prolongées de jetées et abritant une navigation de plaisance, Cannes, Miami, et sur des passages obligés, les détroits qui leur accordent une importance stratégique, Istanbul, Helsingör, à l'échelle historique. Les deltas ont été moins favorables, pour Calcutta en voie d'ennoyage, mais Rotterdam est le premier port du monde, Saint-Pétersbourg est « la Venise du Nord ». Venise est une ville de lagune, Stockholm d'archipel, Marseille et Gênes de riviera avec des bassins naturels, pour la première le Lacydon plus ou moins commode mais bien connu comme « vieux port ». Singapour, Bombay, Hong-Kong, sont tournées vers le large en bordure d'un continent mal accessible par eau.

Ces villes méritent un arrêt dans la mesure où elles ont servi de point d'ancrage, d'échange, de découverte d'un continent, d'écrémage de produits. La littérature s'en est largement emparée, avec Carco, Mac Orlan, Loti, et la mythologie aussi quand il s'agit de Rio de Janeiro. Il leur reste, en plus des tonnages déchargés ou embarqués, l'aspect touristique, soigneusement mis en valeur, se combinant au port tout en s'en démarquant. Quartier du port et patrimoine archéologique s'alimentent l'un l'autre comme à Barcelone : *Barrio chino et Barrio gótico.*

Ne réservons pas au fleuve un déterminisme particulier, mais mettons l'accent sur ce que le Danube, la Tamise ou la Seine apportent à Budapest, Londres ou Paris. On se gardera d'oublier les variantes, méandre pour Besançon, passage à gué pour Oxford, confluences de Lyon, Manaus, Coblence (*Confluentes*) ou Saint-Louis, barrage sur l'Amstel qui donne Amsterdam. Et les villes du Rhin, de la Volga, du Nil, de l'Indus et du Gange, du Tigre et de l'Euphrate. Saragosse de l'Ebre, Québec du Saint-Laurent et Bordeaux de la Gironde ou de la Garonne à la fois. Le fleuve oriente la ville, lui laissant la dissymétrie des rives, la rive haute mieux habitée, la rive basse conquise plus tard, lui offrant un amont et un aval, ou comme à Paris une « rive droite » et une « rive gauche » bien plus chargées de significations que d'orientation.

La présence de l'eau dans la ville pose l'éternel problème de la façade ou de la rupture, car chaque rive peut former une unité, et donner ces doublets urbains vite spécialisés, sur le Rhin ou sur le Rhône. Quand le gabarit du fleuve le permet le pont qui est lancé est gage d'urbanisation, quand la croissance de l'organisme urbain le réclame les berges sont confisquées, encombrées d'entrepôts, corsetées de voies sur berge, ou tout simplement privatisées par les riverains qui s'en réservent seuls l'accès. Dans certains cas il ne restera plus qu'à recouvrir le fleuve d'une dalle de béton réservée à la circulation automobile.

A l'inverse rappelons combien de villes, par leurs places publiques s'ouvrent au fleuve et sur le fleuve. D'autres récupèrent comme à Londres d'anciens docks et entrepôts délabrés, ce qui devient rapidement habitat de luxe, et les guinguettes faussement 1900 refleurissent. Comme à Lyon qui redevient peu à peu ville-fluviale, les fleuves constituent à nouveau un atout comme décor, référent identitaire, patrimoine et image de marque.

Le pont de pierre a laissé place au pont de fer qui s'est doublé de quelques réalisations techniques, et au pont suspendu à l'épure de béton. De plus en plus la voie d'eau, sans même l'alibi d'installations portuaires désuètes redevient un trait d'union.

ET ENTRE LES DIEUX ET LES HOMMES, QUELLE VILLE ?

J.B. Racine (*La ville entre Dieu et les hommes*, Anthropos, 1993) se demande quels modèles ont été imaginés, et si l'on peut encore penser quelque alternative à la mégapole anarchique et polluée. Réflexion menée sur l'idée de modèle de ville et sur sa symbolique jusqu'à atteindre la dimension du sacré, cet ouvrage pose comme évidence que, dans l'histoire, l'homme a créé ses villes dans un rapport privilégié au sacré.

POUR EN SAVOIR PLUS...

La géographie s'interroge sur l'état du monde et sur son urbanisation. Car « la ville a gagné le monde... et plus particulièrement le fait urbain qu'elle a engendré au sein de la société tout entière. » Et Jean-Bernard Racine de prolonger l'interrogation selon le mode de la thèse et de l'antithèse, passant de la ville « lieu de liberté, de créativité, d'innovations, de découvertes » à ce monde de conflits, de la dégradation de l'environnement, de la misère et de l'opulence qui dit aussi « la fin des villes », et semble nous « annoncer l'avènement de nécropolis ».

L'ouvrage s'organise autour de quelques idées forces :
– la ville « comme horizon de notre destin »
– la ville « faite autant d'idées et de culture que de pierres et d'habitants »
– « l'enjeu du dilemme urbain : civilisation ou barbarie » qui pose la question de la place du religieux, du sacré et de leur rapport avec la ville.

Le sacré n'est-il pas « lié au besoin de différenciation et d'enracinement », n'est-il pas « créateur de discontinuités et de consécrations, processus primordial d'organisation de l'espace ? »

La Bible ne contient-elle pas « une théologie de la ville » ?
« l'idée de ville que l'on savait si proche de la dialectique du sacré et du profane, est toute proche aussi du référentiel psychanalytique »

J.B. Racine s'appuie sur deux thèses qui donnent sens à son ouvrage : « l'homme vise la ville de l'homme à travers l'idée qu'il se fait de la ville de Dieu, tandis que la prophétie biblique enseigne que Dieu donnera aux hommes cette ville qu'ils attendent et n'ont jamais réussi à réaliser ».

Trois parties se succèdent : « Retour aux origines : du cœur divin du monde au World Trade Center », « Les imaginaires de l'espérance ? Les leçons et les échecs de l'utopie urbaine », « La foi dans la ville ? des expériences communautaires à l'attente de la cité de Dieu ». L'ensemble forme un tout, d'où il est difficile d'extraire des passages. Les citations retenues le sont pour éclairer et renforcer les repères qui précèdent, sur trois villes seulement. Mais il reste à voir par soi même comment J.B. Racine parle de Calcutta, de Brasilia, du Caire, de la ville « de l'est », et bien entendu de Jérusalem.

New York. – « New York, ville des villes ? Rome d'aujourd'hui et de demain ? Condamnée au même destin ? On pense à « Rêve de singe » du cinéaste Marco Ferreri. Qui ne se souvient de ces images de New York vue des bords de l'Hudson, et de sa musique visuelle née de l'harmonie des buildings « chantant comme les tuyaux d'un orgue bleu et gris, posé sur l'horizontalité d'une grève fluviale » (J L. Bory). Tout en nous imposant l'image de buildings invivables, de sirènes d'ambulance, de police, de rumeurs des rues, de cris, d'un gigantisme urbain inéluctable, immédiate présence du futur. »

Venise. – « Tout se passe en effet comme si, à la différence d'autres capitales, Venise avait su orchestrer thèmes et sortilèges d'un charme qui n'en finit pas, et qui prolonge et fond dans le mythe tous les aspects de l'Age d'or. Une cité mythique en effet, tant écrite et décrite, sous les couleurs les plus variées. Une cité parfaite aussi... Et pourtant l'image de Venise ne s'imposera au monde que tardivement, qu'une fois la catégorie du pittoresque inventée par les Anglais, au point qu'on a pu dire que la Venise qui traîne dans la tête du monde occidental n'est pas un produit vénitien, ni même italien, mais un produit anglais, dont Lord Byron fut l'un des principaux maîtres d'œuvre. Peintres et poètes ont balisé la voie du fantasme depuis longtemps, inconcevable en regard d'une ville italienne dépourvue de toute ruine classique et associée aux images de galères, aux soupirs de la prison, aux tortures de l'Inquisition, à la luxure généralisée, à la décadence et à la pestilence. »

Tokyo. – « Et que dire de la mégalopole du Tôkaidô qui ne commence et ne finit nulle part – cinq cents kilomètres de banlieue – et par dessus tout, Tokyo, qui en est la tête. Tokyo l'immaîtrisée, l'immaîtrisable mégalopole, la ville sans ordonnance, la ville aux prix fonciers délirants, mais aussi la ville la plus riche et la plus puissante du monde, la ville qui marche pourtant et qui a imposé depuis une dizaine d'années d'y voir un ordre spécifique, et même de la beauté là où, naguère, on ne voyait que désordre et laideur ? Un paradigme annonciateur de l'urbanité du XXIe siècle ? »

Pour conclure :
« Apparemment la Bible ne contredira pas l'utopiste : si le paradis du passé était bien un jardin, celui de l'avenir s'annonce bien comme une ville. »

QUEL VOCABULAIRE URBAIN ?

Il n'est pas question de revenir sur une définition hasardeuse et problématique de la ville, même si ceci peut apparaître comme un souci louable. Mais quelques termes signifiants du « vocabulaire de la ville » peuvent de façon commode éclairer ce concept. Certains de ces termes sont développés ci-après.

POUR EN SAVOIR PLUS...

Agglomération. – Ensemble urbain composé d'un centre urbain principal et d'unités adjacentes. L'agglomération de Barcelone regroupe plusieurs millions d'habitants et enserre dans un tissu continu Hospitalet, Badalona, Santa Coloma, qui comptent plusieurs centaines de milliers d'habitants chacune, ce qui les place dans les premières villes du pays, mais les laisse dans l'ombre de Barcelone.

Banlieue. – Plus ou moins éloignée, plus ou moins spécialisée ou résidentielle, phénomène ancien, très développé au XIXe siècle, et qui, depuis, tend à s'émietter dans la campagne. On en parle beaucoup – serait-elle alors surmédiatisée ? – lorsqu'elle s'enflamme, on l'oublie trop souvent jusqu'à la rejeter. Comment y recréer de véritables espaces de vie : « ne pas désespérer la banlieue ».

Bidonville. – Concentration d'habitat précaire, en auto-construction et sans propriété bien claire du terrain. Ce sont les favellas au Brésil, les barriadas péruviennes,... Les premiers sont faits de tôles et de planches, de bidons (d'où le nom) à Casablanca avant guerre. On a parlé à leur propos de « culture de la pauvreté ». Le souci des gouvernements est de les résorber.

Faubourg. – A l'extérieur des murs, coupure à la fois physique et juridique (*foris burgus*), une individualité rassemblée souvent autour des portes d'accès. Ils ont généralement gardé longtemps leur personnalité avant d'être rattrapés par la ville.

Grands ensembles. – Groupements de logements qui se sont multipliés surtout après la deuxième guerre mondiale en périphérie des villes. On les a crus de bonne architecture avant de les charger de tous les maux. Tous ne sont pas en ZUP.

Lotissement. – division en lots d'une propriété avec mise en place des arrivées de fluides et délimitation des rues, paysage particulier que l'on voit le mieux en découvrant une ville du ciel. C'est une procédure de l'urbanisme opérationnel.

Noyau. – En anglais *core*, allemand *stadtkern*, c'est la partie ancienne de la ville, d'où l'expression plus fréquente de noyau historique.

Plan. – Répartition des masses bâties et des voies dans une représentation à grande échelle, à partir du 1/25 000 on passe à la carte.
Position. – coordonnées géographiques d'une ville qui se marquent par une longitude et une latitude, mais désigne en d'autres termes relevant de la description, sa situation.
Quartier. – Unité intra urbaine, découlant d'une ancienne paroisse ou d'une simple décision administrative. Tous ne sont pas anciens ni centraux, tous ne sont pas pourvus de fonctions économiques, beaucoup sont strictement résidentiels. Le critère ethnique est souvent discriminant. Le discours urbanistique actuel prend régulièrement appui sur le quartier comme base de l'organisation de la vie sociale.
Rénovation. – Mot à mot remise à neuf, après destruction. Les grands travaux d'Haussmann sont de ce type. A ne pas confondre avec restauration et réhabilitation, même si les interventions sur les centres anciens associent souvent ces techniques.
Réseau urbain. – Disposition des villes d'une région, avec des relations de hiérarchie entre elles. Réseau, hiérarchie et armature urbaine sont associés.
Site. – Emplacement originel qui a fixé la première installation humaine. Généralement l'état actuel ne lui doit plus rien et en fait une sorte de rite maintenu pour parler de la ville. Considéré aussi comme naturel, de type marais, hauteur, confluent, etc.
Situation. – Deuxième volet du rituel, pouvant être remis en question par des axes de circulation renouvelés, des échanges différents.
Urbanisation. – Développement des villes, de leur croissance et de tout ce qui lui est lié. C'est un processus.
Urbanisme. – Choix d'organisation ou d'aménagement des villes, pouvant apparaître sur les plans du même nom. C'est une technique.
Ville-champignon. – Mot à mot *mushroom* city, *boom town* en anglais, à propos des villes en croissance rapide des pays neufs mais anglo-saxons dans les anciens manuels. On donnait Chicago comme exemple.
Villes nouvelles. – *New town* ou *neue stadt* et toutes leurs variantes, marquent au lendemain de la deuxième guerre mondiale, d'abord en Europe du Nord, des créations *ex nihilo* dans le cadre d'un équilibrage du territoire ou de son aménagement dans l'orbite des grandes métropoles.
ZUP. – Les ZUP (Zone à urbaniser en priorité) n'ont plus cours, mais on en parle encore ! Elles sont nées du décret du 31 Décembre 1958, la dernière est décidée en 1969. Depuis 1976, elles ne sont plus à part dans le plan d'occupation des sols et ne bénéficient plus de crédits spécifiques. Quelque 200 ZUP contiennent près d'un million de logements.
ZAC. – Instituée par la loi d'orientation foncière de 1967, la zone d'aménagement concerté s'est substituée aux ZUP dans la conduite de l'urbanisme opérationnel. Le caractère dérogatoire des ZAC a permis bien des abus. De nombreux textes officiels ont tenté de mieux codifier cette procédure qui concerne des milliers de sites, plusieurs centaines de milliers de logements, de mètres carrés de bureaux ou d'autres activités économiques.

QUEL ÉVENTAIL DE PUBLICATIONS ACTUELLES ?

Volontairement, le catalogue qui suit est établi sur les vingt dernières années et de façon éclectique plus qu'exhaustive pour montrer la grande diversité des publications sur la ville. On s'est contenté de retenir pour chaque année deux titres pouvant sembler importants, seulement utiles, ou très vite dépassés. Il ne s'agit pas d'un inventaire bibliographique mais d'un choix récent et personnel, positif ou négatif. On peut aller y voir.

POUR EN SAVOIR PLUS...

Vingt ans en quelques titres quand des centaines d'ouvrages ont été publiés sur la ville depuis le milieu des années 1970. Seule dérogation à la norme fixée, nous avons retenu quatre ouvrages pour les trois dernières années. Pour mieux prendre l'air du temps !

1976 Lynch (K), *L'image de la cité*, Dunod.
1976 Bauer (G), Roux (J. M), *La rurbanisation*, Seuil.
1977 Bailly (A), *La perception de l'espace urbain*, CRU.
1977 Lojkine (J), *Le Marxisme. l'Etat. la question urbaine*, PUF.
1978 Bertrand (J. M), *Pratique de la ville,* Masson.
1978 Pumain (D), Saint-Julien (T), *Dimensions du changement urbain*, CNRS.
1979 Verret (M), *L'espace ouvrier*, Colin.
1979 Derycke (P. H), *Economie et planification urbaines*, PUF.
1980 Bastié (J), Dézert (B), *L'espace urbain*, Masson.
1980 Chaline (C), *La dynamique urbaine*, PUF.
1981 Claval (P), *La logique des villes*, Litec.
1981 Duby (G), *Histoire de la France urbaine*, Seuil.
1982 Chombart de Lauwe (P), *La fin des villes*, Calmann-Lévy.
1982 Cauquelin (A), *Essai de philosophie urbaine*, PUF.
1983 Hannerz (U), *Explorer la ville, Eléments d'archéologie urbaine*, Minuit.
1983 Dir Duby (G), *Histoire de la France urbaine. t. 4 – La ville de l'âge industriel*, Seuil.

1984 Guéry (F), *L'idée de la ville*, Champ Vallon.
1984 Dir Pesce (R), Commission nationale pour le développement social des quartiers. *Bilan et perspectives. 1981-1984*, Documentation française.
1985 Feltz (C), Ritchot (G), *Forme urbaine et pratique sociale*, Col. Science et Théorie, Le Préambule, Montréal. Ciavo. Louvain-la-Neuve.
1985 Bairoch (P), *De Jéricho à Mexico, villes et économie*, Gallimard.
1985 Frey (J.P.), *La ville industrielle et ses urbanités*, Mardage.
1986 ADEF, (collectif). *40 ans de politique foncière en France*, DAEI.
1987 Lévy (J.P.), *Centres-villes en mutation*, CNRS.
1987 Benevolo (L), *Histoire de la ville*, Parenthèses.
1988 Brunet (R), Dir, *Montpellier Europole*, RECLUS.
1988 Lepetit (B), *Les villes dans la France moderne*, Albin Michel.
1989 Pelletier (J), Delfante (C), *Villes et urbanisme dans le monde*, Masson.
1989 Laborde (P), *Les espaces urbains dans le Monde*, Nathan.
1990 Ferras (R), *Ville, paraître, être à part*, RECLUS.
1990 Roncayolo (M), *La ville et ses territoires*, Gallimard.
1991 Croize (J.P.) et al., *Typlogies et types architecturaux*, l'Harmattan.
1991 Dupuy (G), *L'urbanisme des réseaux*, Colin.
1992 Roncayolo (M), Paquot (T), *Villes et civilisation urbaine*, Larousse.
1992 Pinson (D), *Des banlieues et des villes*, Editions Ouvrières.
1992 Pinson (D), Pionçon-Charlot (M), *Quartiers bourgeois, quatiers d'affaires*, Payot.
1992 Bailly (J.C.), *La ville à l'œuvre*, Jacques Bertoin.
1993 Roman (J), *Ville, exclusion et citoynneté*, Esprit.
1993 Racine (J.B.), Dir, *La ville entre Dieu et les hommes*, Anthropos.
1993 DATAR, Commissariat général du Plan, Plan urbain, *Mutations économiques et urbanisation*.
1993 Actions et Recherches Sociales, *Où va la ville*, N° 1, *Lieux de cité*, N° 4
1994 Cahiers du LERASS, *La ville en question. Politiques et discours urbains.*
1994 (Collectif) Dir C. Ghorra-Gobin, *Penser la ville de demain. Qu'est-ce qui institue la ville*, L'Harmattan.
1994 Préel (B), *La ville à venir*, Descartes et Cie.
1994 Plan urbain, *Les villes européennes de tradition industrielle*, P. U. Lille

Le choix bibliographique de Guy Burgel dans son dernier ouvrage *La ville aujourd'hui*, Hachette, 1993, commence ainsi, et il faut bien en être conscient :
« Les titres sur la ville sont innombrables, (on compte) plus de 10 000 livres et près de 200 revues au Centre de documentation spécialisé du Laboratoire de géographie urbaine de l'université de Paris X... ».

QUELLES REVUES ?

Plusieurs centaines de revues, en toutes langues, traitent de la ville. Elles peuvent porter sur l'esthétique, les projets utopiques et se parent de belles images, plus techniques, elles sont spécialement réservées aux « techniciens de la ville » (architectes. géomètres. ingénieurs...). Certaines se consacrent aux débats et ouvrent de larges pans de réflexion théorique sans esquisses ni papier glacé. Mais beaucoup sont de durée éphémère malgré de très grandes qualités comme **Urbi*****, disparue après quelques numéros.***

POUR EN SAVOIR PLUS...

Les Annales de la Recherche Urbaine. – Le dernier (n° 62/63 - Juin 1994) porte en titre *Universités et territoires* comme un retour sur image. Revue publiée par le Secrétariat permanent du Plan Urbain, Direction de l'Architecture et de l'Urbanisme, Ministère de l'Equipement.

L'Architecture d'Aujourd'hui. – « Revue internationale d'architecture contemporaine » à son origine, avec Sir Peter Abercrombie, Alvar Aalto, Marcel Breuer, Michel Ecochard, Walter Gropius, Le Corbusier, Claudius Petit, Franck Lloyd Wright... dans son comité de patronage. Elle fêtera en 1995 son trois centième numéro.

Autrement. – Une des meilleures collections sur les villes du monde partagée en plusieurs séries Monde, France, Mémoires,...). Voir la rubrique *Monographies urbaines.*

Cahiers de l'IAURIF. – Cahiers de l'Institut d'Aménagement et d'Urbanisme de la Région Ile-de-France lorsque le cadre territorial de référence a été renommé. Créés en 1964, publient des synthèses notes, comptes rendus, résumés, brèves...

CDU. – Centre de Documentation sur l'Urbanisme. Premier numéro en 1976.

Diagonal. – Dirigé par Jean-Eudes Rouiller, ce bi-mestriel, revue des Equipes d'urbanisme, est publié par le ministère de l'Equipement, des Transports et du Tourisme.

Espaces et Société. – « Revue critique internationale de l'aménagement, de l'architecture et de l'urbanisation ». Henri Lefebvre et Anatole Kopp en furent les fondateurs. Raymond Ledrut ancien directeur. Le numéro un est publié en novembre 1970.

Etudes foncières. – Depuis 1978, le bulletin trimestriel de l'ADEF (Association des Etudes Foncières) contribue à une information réciproque entre chercheurs, praticiens et responsables de l'urbanisme.
Métropolis. – Une des rares revues non réservée uniquement à des praticiens ou à des universitaires. Le premier numéro date de 1974, le centième porte sur « 20 ans de réflexion ».
Moniteur des Travaux publics et du Bâtiment (Le). – Revue très technique, longtemps réservée aux professionnels du bâtiment et de l'urbanisme (marché des travaux et appels d'offres), lancée par l'imprimeur Louis Dubois en 1903, la première feuille hebdomadaire de quatre pages (format 46 x 63 cm) porte le numéro 65 car elle est une suite de « l'Entreprise et l'Industrie ».
Murs. Murs. – En sous-titre, **Le magazine des villes**. Une vie trop brève pour cette revue des années 1980. Une dimension grand public qui associait des articles de fond, des études et dossiers sur la culture, l'économie, la politique des villes, des notes, des brèves, et des chroniques sur l'actualité de la vie dans les villes. Une mise en page donnant l'impression d'un produit de luxe.
RERU. – La Revue d'Economie Régionale et Urbaine (5 numéros par an) est publiée par l'Association des Directeurs d'Instituts et des Centres Universitaires d'Etudes Economiques régionales, l'ADICUEER avec le concours scientifique de l'Association de Science Régionale de Langue Française. Parmi ses membres fondateurs, Philippe Aydalot, Paul Carrère, Robert Badouin ; Claude Lacour en est le rédacteur en chef, Bernard Guesnier et Bernard Planque les rédacteurs adjoints.
Urbanisme. – Fête ses cinquante ans en 1982 et titre maintenant sur « 60 ans d'histoire de la ville ». Un classique de l'architecture et de l'urbanisme qui tire à plus de 10 000 exemplaires, souhaite participer « aux grands débats qui bouclent et structurent la ville » (en sous-titre, « Le magazine international de la ville »), avec des dossiers thématiques. Des numéros hors-série complètent la collection.
Urban Studies. – Dès le premier numéro en 1964 les choix thématiques sont affirmés : une dimension internationale à partir de l'Université de Glasgow, associant les universités britanniques et américaines (Cambridge, Londres, Harvard, Boston, Californie), un champ qui s'étend de la ville au « regional planning », une ouverture sur la géographie, l'économie, la sociologie, la politique, les transports, l'aménagement...
Urbi. – Article de tête de Fernand Braudel sur « Les villes et Etats de l'Europe du IXe au XIIIe siècle ». Dans la rédaction Michel Foucault, Michel Conan, Maurice Agulhon, Marcel Roncayolo, Bernard Lassus. Pour trop peu de temps.
Pouvoirs locaux. – La revue trimestrielle de l'Institut de la décentralisation ouvre en 1989 sur « La ville dans tous ses états ». On y trouve des articles signés Guy Burgel, Marcel Roncayolo, Roget Brunet, Isaac Joseph, Pierre Sansot entre antres.
Villes en parallèle. – Fondée par Guy Burgel à Nanterre en Janvier 1978 («Sans préjuger de sa régularité, Villes en Parallèle fera au moins paraître un second numéro en 1978 », c'est certainement la seule revue universitaire française entièrement centrée sur les villes. Elle veut aussi privilégier des approches complémentaires du temps (processus historique), de l'espace («espace-fait, espace-preuve », des classes et des rapports sociaux pour « tester dans la ville le poids de toute organisation des hommes en société... et la diversité des systèmes socio-politiques ».

AUTREMENT. QUELLES MONOGRAPHIES URBAINES ?

La revue* Autrement *publie régulièrement des numéros monographiques sur des villes. plus rarement sur des ensembles de villes. On reprend simplement ici dans son catalogue quelques titres utilisables dans l'enseignement. Les têtes de chapitres sont révélatrices d'autant de mots-clés.

POUR EN SAVOIR PLUS...

On a là des évocations de qualité à travers des titres d'allure journalistique qui se veulent accrocheurs. Un vocabulaire géographique universitaire très réduit et une large place aux évidences. Du passe-partout bien entendu. Mais aussi des trouvailles et un choix de textes qui accordent une grande richesse aux volumes concernés. Nous proposons un choix de titres parmi d'autres et des sous-titres pour accompagner.

Avignon. 1990.
Une double identité. Elle et lui. Fragments de mémoire. Avignon-la-scène. Petites musiques de vie. Avignon-la-ville. Petites musiques de nuit. Le temps des marcheurs.

Barcelone. 1992
La belle et la bête ou les années trompeuses. L'état des choses. Traverses.

Berlin. 1983
Une ville. Un mur. La mémoire de l'Europe. Comment peut-on être Berlinois ? Entre Karajan et la Schaubühne. La capitale de la « deuxième culture ».

Budapest. 1988.
Buda et Pest. deux villes en une, une ville en deux. Le temps détenu. Vivre et survivre. Vivre et rêver.

Buenos Aires. 1983
Babel horizontale. Du rio à la Pampa. En descendant le fleuve argent. Entre immigration et exil. Les trottoirs du rêve.

Jérusalem. 1983
L'obsession du centre. Les pièges de l'éternité. La cité des portes. La ville exclusive.

Lisbonne. 1988

Lisbonne est un songe. L'état des choses. La ville après les séismes. Personnages de Lisbonne. Les rues qui ne mènent nulle part. Les nuits longues. Finis terrae.

Madrid. 1987

50 ans après la mort de Franco. Des écrivains parlent. L'espace de tous les jours. Le temps de vivre. Le temps de créer. Le royaume des images, quelques portraits.

Marseille. 1989

Au fait. la mer, elle ne vous gêne pas ? Géologie d'une ville. Des villages en mal de centre. Tu me fends le cœur. Créer. Escale à Marseille.

Marrakech. 1985

Roumi, jette ta magana. Lieux et dérives. L'une parle l'autre pas. Savants mystiques et magiciens. Entre rive et noyade.

Mexico. 1986

La castillane tatouée d'aztèque. De l'ère du Ve soleil à l'an 2000. La dissidence institutionnalisée. La maman, la putain et le macho. La vie est un art. Sauve qui peut la ville.

Munich. 1986

Plats clichés et baroques reliefs. Traces. L'Etat-libre, le pré et les tours d'angle. L'âme au foehn. Le grand dérèglement. L'Allemagne de l'an 2000.

New York contre New York. 1992.

Une mosaïque éclatée. Prologue : corps et commotions, un symbole à terre. Un miroir déformant.

Rome. 1988.

Rome pêché capitale. Protagonistes. Scénographies. Intermède. Machinerie. Stratagèmes

Shanghaï. 1987

Un rêve cassé ? Travelling sur la ville. Arrêt sur image. Shanghaï la courtisane. Galerie de tableaux. Des pattes de phénix dans un bouillon de culture. C'est aujourd'hui demain.

Téhéran. 1987

Lever de soleil sur Téhéran. Jeunes, ambitieux et parfois islamistes. La ville qui engendra une révolution. L'ombre d'Evine et de la guerre. Et l'Islam dans tout ça ? La cendre et les épines. Les roses.

Tokyo. 1984

Des villes nommées Tokyo. La cité planète. Comment peut-on être Tokyoïte. Tokyo-transfert. Formes et styles. Une société de communication. Zones interdites. Zones d'ombre.

Venise. 1985.

Alors Venise ? Anatomie du labyrinthe. La maman et la putain. La presqu'île. Les nippes du carnaval. Vénitianités. Fellini Vénézia. E una citta civilissima...

La collection comprend une quarantaine de titres dans la série Monde.

Au total un ensemble d'une richesse exceptionnelle. On se reportera aussi à la série Mémoires riche d'une trentaine de titres qui traitent de l'histoire des villes. On y retrouve un Londres victorien, un Madrid de la résistance populaire, un Oxford de l'entre-deux guerres, une Fès médiévale, une Venise du cinquecento, une Tolède musulmane, une banlieue rouge (années Thorez, années Gabin)...

QUELS GRANDS ÉCRITS SUR LES VILLES DE FRANCE ?

Quels écrits, quelles publications, quelles thèses ont marqué l'avancée des connaissances sur la France des villes ? Le classement est géographique, la thématique historique, l'origine universitaire. Volontairement ont été laissées de côté les nombreuses monographies produites sur les villes par la Documentation Française pour ne conserver que les « écrits » sur la ville.

POUR EN SAVOIR PLUS...

Généralités

Carrière (F), Pinchemel (P), *Le fait urbain en France*, Colin, 1963

Coquery (M), *Mutations et structures du commerce de détail en France*, Le Signe, 1977

Barrère (P), Cassou-Mounat (M), *Les villes françaises*, Masson, 1980

Laborie (J. P), de Roo (P), *Atlas de l'aménagement du territoire*, DATAR, 1988

Lepetit (B), *Les villes dans la France moderne*, Albin Michel, 1988

Magri (S), Topalov (C), *Villes ouvrières*, l'Harmattan, 1989

Rémy (J), Voyé (L), *La ville : vers une nouvelle définition ?* L'Harmattan, 1992

Montigny (G), *De la ville à l'urbanisation*, L'Harmattan, 1992

Pinson (D), *Des banlieues et des villes*, Les Editions ouvrières, 1992

Paris et région parisienne

Gravier (J-F), *Paris et le désert français, le Portulan*, 1947

Chevalier (L), *Classes laborieuses, classes dangereuses.* Plon, 1958

Bastié (J), *La croissance de la banlieue parisienne*, PUF, 1961

Babonaux (Y), *Villes et régions de la Loire moyenne*, SABRI, 1966

Lojkine (J), *La politique urbaine dans la région parisienne, 1945-1971*, Mouton, 1972

Brunet (J.P.), *Saint-Denis, la ville rouge, 1890-1939*, Hachette, 1980

Rouleau (B), *Villages et faubourgs de l'ancien Paris, histoire d'un espace urbain*, Seuil, 1985

Centre, Rhône-Alpes

Durand (A), *Aurillac, géographie urbaine,* Imprimerie moderne, 1946

Labasse (J), *Les capitaux et la région,* Colin, 1955

Armand (G), *Villes, centres et organisation des Alpes du Nord*, Allier, 1974

Garden (M), *Lyon et les lyonnais au XVIIIe siècle*, Flammarion, 1975

Bonneville (M), *Naissance et métamorphose d'une banlieue ouvrière, Villeurbanne*, PUL, 1979

Devillers (C), Huet (B), *Le Creusot, naissance et développement d'une ville industrielle, 1782-1814*, Champ Vallon, 1981

Vant (A), *Imagerie et urbanisation, recherches sur l'exemple stéphanois*, Centre d'études foréziennes, 1981

Gras (P), *Lyon 2010, Une ville pour vivre et pour rêver*, Syros Alternatives, 1994

Est

Rochefort (M), *L'organisation urbaine de l'Alsace*, Les Belles Lettres, 1960

Nonn (H), *Strasbourg, des densités aux structures urbaines*, Faculté des Lettres de Strasbourg, 1965

Ouest

Perrot (J. C), *Genèse d'une ville moderne, Caen au XVIIIe siècle*, Mouton, 1975

Lacour (C), Le Monnier (J), *Prospective Arc Atlantique*, DATAR, 1992

Lussault (M), *Tours : images d'une ville et politique urbaine,* Collection Sciences de la ville. 1993

Sud

Kayser (B), *Campagnes et villes de la Côte d'Azur.* Editions du Rocher, 1958

Dugrand (R), *Villes et campagnes en Bas-Languedoc*, PUF, 1963

Béringuier (C), Boudou (A), Jalabert (G), *Toulouse*, Stock, 1972

Piolle (X), *Pau, les citadins et leur ville*, Privat, 1979

Chadefaud (M), *Lourdes, un pèlerinage, une ville*, Edisud, 1981

Bernier-Boissard (C), *Nîmes, le choc de la modernité*, L'Harmattan, 1993

D'autres approches, plus théoriques ou de type systémique ont été développées par les chercheurs du GIP RECLUS. Citons *Montpellier Europole,* ouvrage collectif, *Les villes « européennes »* sous la direction de R. Brunet.

Les monographies historiques font souvent appel aux géographes pour rédiger introduction, situation contemporaine et conclusion, par exemple B. Vielzeuf et J.P. Volle sur *Montpellier*, R. Ferras sur Perpignan dans la collection « Histoire des villes » dirigée par Philippe Wolf chez Privat, Toulouse.

QUELS REGARDS SUR UNE HISTOIRE RÉCENTE ?

La liste qui suit, non exhaustive, souligne simplement des livres qui ont marqué une étape dans la connaissance et les avancées de la géographie urbaine depuis les années 1950 sur un quart de siècle. Ce sont des références de base pour d'autres choix, d'autres lectures, d'autres bibliographies.

POUR EN SAVOIR PLUS...

Arbitrairement on a retenu un à deux titres par an afin de conserver l'essentiel. On rappellera à titre de « manuels plus anciens » quelques productions scientifiques qui ont marqué les premiers temps de l'analyse de la ville.

Fustel de Coulanges (N. D.), *La cité antique*, Durand, 1864
Meuriot (P), *Des agglomérations urbaines dans l'Europe contemporaine*, 1897
Maunier (R), *L'origine et la fonction économique des villes*, 1910
Weber (M), *La ville.* Aubier, 1921
Park (R), Burgess (E. W), Mc Kenzie (R. D), *The City.* University of Chicago press, 1925
Poète (M), *Introduction à l'urbanisme*, 1932
Christaller (W), *Rapports fonctionnels entre les agglomérations urbaines et les campagnes, Congrès International de Géographie*, Amsterdam, 1938
Lavedan (P), *Histoire de l'urbanisme*, 1926-1936
Lavedan (P), *Géographie des villes*, 1936
Wirth (L), Urbanism as a way of life. *American Journal of Sociology, XLIV*, 1938.

Depuis la fin de la deuxième guerre mondiale, nous retiendrons :

1945 Harris (Ch. D), Ullman (E. L), *The nature of cities*, Annals of the American Academy of Political and Social Science, CCXLII
1947 Bardet (G), *Le nouvel urbanisme*, Vincent Fréal
1948 Chabot (G), *Les villes*, A. Colin
1951 Smith (T. L), *The sociology of urban life*, New York
1952 George (P), *La ville, le fait urbain dans le monde*, PUF
1952 Chombart de Lauwe (P. H), *Paris et l'agglomération parisienne*, PUF

1954 Robson (W. A), *Great cities of the world*, Londres
1954 Tricart (J), *Contribution à l'étude des structures urbaines*, Revue de Géographie de Lyon
1955 Balandier (G), *Sociologie des Brazzavilles noires*, Paris
1956 Alexandersson (G),*The industrial structure of American cities*, Stockholm, Londres et Lincoln
1957 Le Corbusier, *La charte d'Athènes et des CIAM*, Editions de Minuit
1958 Chabot (G), *Les villes*, Colin
1959 Lavedan (P), *Géographie des villes*, Gallimard
1959 Chardonnet (J), *Les métropoles économiques*, Colin
1960 Lavedan (P), *Les villes françaises, Vincent*, Fréal
1961 George (P), *Précis de géographie urbaine*, PUF
1961 Gottmann (J), *Megalopolis*, MIT, New York
1962 Mumford (L), *La cité à travers l'histoire*, Seuil.
1963 Buchanan (C), *Traffic in towns, the Buchanan report*, Penguin Books
1963 Bardet (G), *L'urbanisme*, PUF
1964 Beaujeu-Garnier (J), Chabot (G), *Traité de géographie urbaine*, Colin
1964 Charrier (J. B), *Citadins et ruraux*, PUF
1965 Choay (F), *L'urbanisme, utopie et réalités*, Seuil
1965 Hall (P), *Les villes mondiales*, Hachette
1966 Rémy (J), *La ville, phénomène économique, Vie ouvrière*, Bruxelles
1966 Guerrand (R.H.), *Les origines du logement social en France*, Les Editions Ouvrières
1966 Haumont (N), *Les pavillonnaires*, CRU
1967 Kopp (A), *Ville et révolution*, Anthropos
1968 Ledrut (R), *Sociologie urbaine*, PUF
1968 Lefebvre (H), *Le droit à la ville*, Anthropos
1969 Merlin (P), *Les villes nouvelles*, PUF
1969 Ledrut (R), *L'espace social de la ville*, Anthropos
1970 Granelle (J-J), *Espace urbain et prix du sol*, Sirey
1970 Derycke (P-H), *Economie urbaine*, PUF
1971 Berry (B), *Géographie des marchés et du commerce de détail,* Colin
1971 Laborit (H), *L'homme et la ville*, Flammarion
1972 Castells (M), *La question urbaine*, Maspero
1972 Le Corbusier, *Manière de penser l'urbanisme*, Gonthier
1973 Jones (E), *La ville et la cité*, Mercure de France
1973 Rimbert (S), *Les paysages urbains*, Colin
1974 George (P), *Précis de géographie urbaine*, PUF
1974 Castells (M), Godard (F), *Monopolville*, Mouton
1975 Bailly (A), *L'organisation urbaine, théories et modèles*, CRU
1975 Barrel (Y), *La ville médiévale*, PUG
1975 Ragon (M), *L'homme et les villes*, Albin Michel

Pour la suite, le recensement d'une cinquantaine de titres allant de 1976 à 1994, on se reportera à la fiche numéro 30.

QUELLE VILLE DANS LA BANDE DESSINÉE ?

Le thème est inépuisable. Depuis la ville antique, car la Rome de César ne manque aucune occasion de s'opposer au petit village gaulois du fin fond de l'Armorique, jusqu'aux productions multiples sur les banlieues et leurs aventures, d'une actualité immédiate.

POUR EN SAVOIR PLUS...

Barcelona by night (Cesepe, 1982) est un recueil tout de violence, surréalisme et couleurs mêlés. *Barcelonight* (A. Goetzinger, 1990) est bien daté par un panneau qui précise « terrenys per a la construccio de la vila olimpica al Poble Nou », et une des premières bulles précise « y a pas le feu d'ici 92 ». *Felina ou les Mystères de Barcelone* (V. Mora, 1982) déroule tous les hauts lieux, Liceo, Ramblas, Montjuic. Trois exemples parmi d'autres. La nouvelle bande dessinée, essentiellement « urbaine » est née à Barcelone durant l'agonie du franquisme, et on reparlera vite de certains de ses initiateurs comme Mariscal.

Paris est encore mieux loti, souvent représenté en ses deux extrêmes, le pavillon et le grand ensemble, ville de jour et ville de nuit, ville des beaux quartiers et ville des périphéries, la banlieue plutôt que le centre, le comptoir plus que la salle des fêtes, le solitaire et la « bande ».

L'ancêtre est encore une fois New York comme parangon de la ville américaine qui ne manque pas de surprendre avec ses gratte-ciel et ses bornes d'incendie rutilantes. Bicot et les membres de son « Club » évoluent dans le décor urbain des années 1930. Un demi siècle plus tard survient une sorte de consolidation parfois désespérée, à travers le bistrot, « l'hachèlème », le loubard et autres stéréotypes. A la jungle de Tarzan et de Jim la jungle, venue des Etats-Unis, répond la jungle de l'asphalte des grandes villes de l'Europe.

Neuvième art ou décadence culturelle ? Le débat n'est plus là, et de toute façon il reste la ville en une sorte de mine d'or inépuisable. Et la bande dessinée devient un témoignage qui dit l'essentiel, schématisant sans caricaturer, retranscrivant un espace social, proposant l'utopie d'une ville autre, sans cesse recherchée, soulignant tout ce qui fait de l'espace urbain un lieu de conflits.

Plusieurs revues pourvoient en documents, *L'Echo des savanes* (1972), *Métal hurlant* (1975), *A suivre* (1978), avec des références plus anciennes *Pilote*, des personnages repris par la chanson comme Gérard Lambert.

Quelques titres peuvent être utilisés
- *Ricky banlieue*, Margerin, Métal hurlant, 1980
- *Le vaisseau de pierres*, Bilal, Dargaud, 1976, ou l'art de se dresser contre une ville nouvelle qui doit être édifiée sur le littoral breton
- *La croisière des oubliés*, Bilal, Dargaud, 1976
- *La ville qui n'existait pas*, Bilal, Dargaud, 1976
- *Scènes de la vie de banlieue*, Caza, Dargaud, 1977
- *L'Hachèlème que j'aime,* Caza, Dargaud, 1978
- *La foire aux immortels*, Bilal, Dargaud, 1980
- *Banlieue sud*, Teule, Echo des savanes, 1981
- *Marseille,* la ville préservée après une catastrophe atomique (Crespin, 1979)
- *Warschau* (Varennes, 1981)...

Les thèmes tournent autour de la ville tentaculaire, futuriste, industrielle, pavillonnaire, des nuisances que sont le bruit, la pollution, la circulation, le chapardage, la déshumanisation. « Elle entendait des bruits de banlieue... des bruits d'autobus qui passent... là-bas... des bruits de gens qui travaillent... au loin... des bruits d'radios... ou de mômes qui chialent. » (*Banlieue sud*, p. 52).

La vignette se prête bien au cadrage du pavillon familier que chacun pensera reconnaître, trottoir, murette et grille avec portail, jardinet, entrée à auvent, toit pentu, fenêtres symétriques à rideaux crochetés, façade de meulière et désignations comme « Mon rêve », « Petit paradis » ou « Nous deux ». Et à l'opposé le building, monstrueux, forteresse fascinante, tout de noir dressé et de lumières scintillantes dans la nuit New Yorkaise, signe de puissance et de destin irrémédiable, de solitude et de splendeur, quand la rue devient culture de la congestion et du crime.

Le bar est propice à toutes sortes de scénarios. « Rencontre de pochard, fraternité du zinc. Ca va durer toute la nuit, je vois ça d'ici ! Mon Dieu, quel fléau, l'alcoolisme. » (*Le secret de la Salamandre*, p. 33).

Les dialogues vont dans le sens du chômage comme mode de vie avec toutes les conséquences d'une vie à la dérive et les palliatifs. « Huit heures du matin. Les gentils enfants vont à l'école, les gentils papas vont au bureau, et les gentilles mamans vont tapiner sur le parkinge du super-marché. » (*Scènes de la vie de banlieue*, Caza).

QUELLE LISTE DE FILMS « DE BASE » SUR LA VILLE ?

Tout film en extérieurs est susceptible de montrer la ville, tout film usant de reconstitutions en studio montre de même une idée de la ville ce qui n'est pas sans intérêt. Sans oublier quelques chefs-d'œuvre allant bien au delà comme* Metropolis *ou* Blow up*. On s'évertuera à repenser ce qui est montré à travers les titres qui suivent. Tout d'abord des classiques, vus de tous, une liste sans originalité qui sera reprise par thèmes.

POUR EN SAVOIR PLUS...

Alphaville, la megalopolis du futur vue par Godard.

America, America, arrivée d'un Grec aux Etats-Unis au début du siècle vue par Elia Kazan

Américain à Paris (un), la ville réinventée en couleurs et en poésie par Vincente Minnelli.

A propos de Nice, le « point de vue documenté » de Jean Vigo en 1929, avant Agnès Varda.

Asphalt jungle, de John Huston, références aux origines à travers la ville, en noir.

Rosemary's baby, l'été accablant de New York chez Roman Polanski.

Blow up, grisaille londonienne, parcs bruissants, banlieues et Antonioni.

Chanteur de Mexico (le), Le type même de titre abusif à citer, où la métropole n'apparaît même pas en toile de fond pour chanteur d'opérette. De Richard Pottier.

Chiens de paille (les), Sam Peckinpah place Dustin Hoffman face à la violence des sociétés contemporaines.

Citizen Kane, ou Chicago-mégalopolis à travers un magnat de la presse, et Orson Welles.

Désert rouge (le), Antonioni dans le complexe industriel de Ravenne.

Dolce vita (la), Tout l'art de Fellini pour camper la Rome intellectuelle et mondaine de manière satirique et poétique à la fois.

Du côté de la côte, Agnès Varda sur la Côte d'Azur.

Elle court, elle court la banlieue, tout un programme de métro, de boulot et de dodo.

Hiroshima mon amour, Tension, passion, Alain Resnais et des extraits d'actualité

Homme de Rio (l'), magie du titre que confirme le dépaysement à la commande.

Macadam cow-boy, John Schlesinger ou le play-boy rural à la ville.

Main basse sur la ville, Francesco Rosi dénonçant la promotion immobilière qui règne sur Naples. Un titre souvent repris en forme d'articles car toujours d'actualité.

Metropolis, gouvernement fasciste et révolte des exploités vus par Fritz Lang. Enorme machinerie, métaphore de la ville souterraine.

Mon oncle, Monsieur Hulot-Tati dans un quartier résidentiel aseptisé et la maison-gadget.

Mort à Venise, Visconti et l'emploi d'une Venise hivernale, grise, décadente.

Mourir à Madrid, Frédéric Rossif, quand la ville n'est plus qu'une main crispée sur un fusil, une apocalypse qui anticipe sur Hiroshima.

Olvidados (los), en contrepoint violent aux mexicaneries, Luis Bunuel dans les colonias miserias, ceinture de bidonvilles autour de la ville.

Orange mécanique, à partir du roman d'Anthony Burgess, Stanley Kubrick dévoile la violence glacée des gouapes britanniques dans un Londres futuriste.

Orfeu Negro, de Marcel Camus, à voir avec l'Homme de Rio, pour comparer.

Passeport pour Pimlico, Henry Cornelius et une page d'humour sur Londres dans un quartier fort de son individualité.

Playtime, Tati, un univers glacé et fonctionnel, absurdité résignée des bureaux-design.

Rocco et ses frères, Luchino Visconti, 1960, et les émigrés du sud à Milan.

Fellini, Roma, un sommet, à confronter à d'autres sur la même ville.

Sur les quais, Elia Kazan et Brando, la ville et le port sous la coupe de la pègre contrôlant le syndicat des dockers.

Traversée de Paris (la), Claude Autan-Lara, comique ? Paris de l'occupation, couvre-feu et marché noir.

Vacances romaines, William Wyller. Audrey Hepbrun dans la Ville Eternelle.

West side story, Robert Wise et l'utilisation des territoires urbains à New York.

QUEL CINÉMA FAIT LA VILLE ?

Ce qui suit relève d'un certain nombre de choix, simples mais raisonnés, parmi des films connus et accessibles. Sans références encombrantes, d'excellents dictionnaires remplissent leur office, et sans prétention.

POUR EN SAVOIR PLUS...

La ville fait du cinéma

Prudence, les spécialistes disent que depuis les années Lumière 200 000 films auraient vu le jour, dont la moitié de parlants. Ils le savent, eux, qui pour citer un film donnent toujours le titre et le réalisateur donc l'auteur, comme si *La Grande Illusion* n'était pas de Renoir (de Jean, ni Auguste, ni Pierre), comme si l'on disait *Les Lettres de mon moulin* et d'Alphonse Daudet à la fois, *Le Tartuffe* de Molière, *Le Cid* de Corneille ou *Les Misérables* de Victor Hugo.

Le spécialiste possède d'autres volets, celui des acteurs, du producteur, du dialoguiste, de l'illustrateur sonore et de tous ceux qui déroulent en fin de projection des noms que chacun met à profit pour quitter sa place. Prudence aussi sur les films étrangers, quand *Waterloo bridge* (M. Le Roy, 1940) devient *La valse dans l'ombre*. Quand *The Asphalt Jungle* de J. Huston, 1950, (qui rappelle le *Blackboard jungle*, *Graine de violence* de R. Brooks, 1955), devient *Quand la ville dort* et voit son titre ainsi édulcoré. A l'inverse, *L'étrangleur de la place Rillington* (1971, R. Fleischer) en rajoute au titre inital, *10, Rillington Place*. *Les Demoiselles d'Avignon* de Picasso ne parlent ni de demoiselles ni d'Avignon, et il en va de même de pas mal de films dont l'intitulé n'est pas garant du contenu en matière d'images de villes.

On ne considèrera pas *Son nom de Venise dans Calcutta désert* (M. Duras, 1976) comme un film sur ces deux villes. On pourra considérer que le premier grand film sur la ville est *Métropolis*, ville double, du haut et des maîtres, du bas et des esclaves (F. Lang, 1927).

24 images-seconde ou la vie d'une ville

La ville au cinéma, sujet inépuisable, mérite de longs développements. Ce qui suit met l'accent sur cette richesse, au prix de quelques surprises. *Les séquestrés d'Altona* (V. de Sica, 1962) dont personne ne sait plus qu'il s'agit d'un faubourg de Hambourg, pourrait se passer n'importe où ailleurs. On connaît la boutade : « – Je vous ai vu quelque part... – possible, j'y vais parfois... » qui s'applique si bien à la ville qu'offre le cinéma. Telle rue dont même l'atmosphère perce l'écran n'est que décor en studio, telle place si bien filmée sonne faux et semble de carton pâte, et l'Hôtel du Nord sur le canal Saint-Martin avait été reconstruit comme décor à une échelle un peu différente de la réalité.

Les deux premiers films des Lumière dont on croit toujours ne voir qu'un extrait car ils ne durent respectivement que 38 et 50 secondes, sont des films « urbains », déjà. *La sortie des usines* est de 1894, *L'arrivée d'un train en gare de La Ciotat*, de 1895.

Nous laisserons de côté toute la partie documentaire sur la ville, pour n'évoquer que la ville dans la fiction. Avec parfois des traits de génie se situant entre les deux et donc inclassables comme *A propos de Nice* (J. Vigo, 1929) qui offre ce portrait « documenté » de la Promenade des Anglais et des quartiers populaires à la fois.

La gare et ses trains proposent une bonne façon d'aborder une ville, celles de Londres, celle de Milan que l'on dit la plus grande d'Europe, celle de Lyon (qui est à Paris) en sont la preuve. Bien des intrigues s'y nouent ou s'y terminent. La marine et l'aviation élargissent les possibilités qui donnent *Escale à Hollywood* (G. Sidney, 1945), ou *Escale à Orly* (J. Dréville, 1955). On pourra aussi essayer d'y voir la ville.

Le titre qui sonne si bien est souvent un leurre, car quoi de commun entre la ville et le titre dans *Le chanteur de Mexico* (R. Pottier, 1956), ou *La belle de Cadix* (R. Bernard, 1953) qui a pourtant tant fait pour le tourisme et pour Cadix, jusqu'à lui faire dépasser, dans l'imaginaire, Grenade et Cordoue, égaler Séville. *Les chemins de la haute ville* (J. Clayton, 1958), *Les parapluies de Cherbourg* (J. Demy, 1964) ont tissé beaucoup la renommée de la ville malgré son climat, tout comme *Chinatown* de R. Polanski, en 1974 dans un autre contexte. Mais bien souvent il n'y a rien à voir, sinon des recompositions comme pour ces cérémonies de couronnement qui, autrefois, étaient rebâties en studio et entre sosies. Jusqu'à ces titres qui ne veulent carrément rien dire, *Aux frontières de la ville,* (B. Beresford, 1986), *Alphaville*, (J.L. Godard, 1965), *Alice dans les villes* (W. Wenders, 1973), ou qui prétendent tout dire : *Elle court, elle court la banlieue*, (G. Pirès, 1972).

L'important c'est faire que l'image, de la reconstitution en studio au tournage sur le motif, appartienne à notre imaginaire. C'est bien ainsi que nous abordons le thème de la ville, peu importe le flacon, venu de Billancourt, de la Victorine à Nice ou de Cinecitta... pourvu qu'on ait la ville. Ainsi, *L'immortelle* de Robbe-Grillet (1963) c'est aussi et quand même Istanbul, où se mêlent réalité et légende. Viennent à l'esprit deux ou trois titres, inquiétants ou courageux comme *Main basse sur la ville* (F. Rosi, 1963), quand l'effondrement d'un immeuble vétuste, est plus qu'un simple fait divers malheureux, amenant une dénonciation de la spéculation immobilière et de ses rapports avec la politique. Prétexte de la ville pour dénoncer les structures de la société et son fonctionnement.

LA VILLE DANS LE FILM. VILLE-PRÉTEXTE ? EXOTIQUE ? INTERLOPE ?

L'exotique commence à nos portes avec l'Orient et le Sud, leurs villes blanches aux toits en terrasses, leurs senteurs et leur accent. Cet exotisme s'élargit ensuite au monde entier, de préférence vers les îles, les pays en voie de développement.

POUR EN SAVOIR PLUS...

La ville est prétexte et, avec elle, le titre prend une autre signification.

« **L'homme** » est fréquent, *... aux colts d'or ou ... aux gants blancs, ... de Londres ou ... de Rio, ... des hautes plaines et ... des vallées perdues.* C'est aussi *L'homme de Berlin* de C. Reed, 1953, plus connu comme réalisateur du *Troisième homme* (1949) pour lequel Vienne joue sa propre partition. Ils sont parfois deux (*Deux hommes dans la ville*, J. Giovanni, 1973).

« **La dame** » est riche, qui peut être *... de Shanghaï* (O. Welles, 1948), *... de Constantinople* (J. Elek, 1969), *... de Malacca* (M. Allégret, 1937).

« **La belle** » également ... *de Moscou* (R. Mamoulian, 1957), *... de New York* (Ch. Walters, 1952), *... de San Francisco* (J. Kane, 1945), *... de Saïgon* (V. Fleming, 1932), ou tout simplement *... romaine* (L. Zampa, 1954).

« **Les amants** » aussi *... de Vérone* (A. Cayatte, 1949), comme on pouvait s'en douter, *... de Salzbourg* (D. Sirk, 1957), *... de Teruel* (R. Rouleau, 1962), ou ... *du Pont neuf* (L. Caraix, 1991) avec un décor entièrement reconstitué pour les besoins de la cause au bord des étangs du Lunellois en Bas-Languedoc.

« **La cité** » n'est pas mal non plus *... des dangers* (R. Aldrich, 1975), *... disparue* (H. Hathaway, 1957), *... de la violence* (S. Sollima, 1970), *... de la joie* (R. Joffé, 1992), sur les bidonvilles de Calcutta *... des femmes* (F. Fellini, 1980), *... sans voiles* (J. Dassin, 1948) où l'enquête menée est prétexte à un portrait de ville, New York, le genre policier se prêtant bien à l'exploration des lieux.

« **L'aventure** » est bien galvaudée qui *... commence à Bombay* (C. Brown, 1941), ou qui se déroule *... à Paris* (M. Allégret, 1936).

L'Afrique a peu donné, mais ses grandes villes sont présentes au catalogue avec Le Caire ou Abidjan (*Moi, un noir*, de J. Rouch, 1959) sur la jeunesse de Treichville, avec Alger, plus récemment *Bab El Oued City* (M. Allouach, 1993). La caméra de Jean Rouch est un véritable instrument de travail de l'ethnologue qui laisse une large part à l'improvisation pour mieux révéler les scènes de la vie quotidienne. C'est ce que l'on appellera le « cinéma-vérité » qui influencera beaucoup la « Nouvelle Vague ».

About love Tokyo (M. Yanagimachi, 1992) montre la ville, *Okasan* (M. Naruse, 1952) un quartier ouvrier, *L'ange ivre* (A. Kurosawa, 1948) les faubourgs, dans le Japon misérable de l'après-guerre, faubourgs tout aussi misérables d'avant-guerre dans *Gosses de Tokyo*, (Y. Ozu, 1932). Sur le même thème, *Les gamins d'Istanbul*, (O. Kavur, 1978).

Alexandrie pourquoi ? (Y. Chahine, 1978) et du même *Gare centrale* (1958), *A l'est de Shanghaï* (A. Hitchcook, 1932), *Alerte à Singapour* (R. Aldrich, 1954), *Beyrouth la rencontre* (B. Alaouie, 1981) cadrent le thème, sans descendre dans la série B, où le genre de production « urbaine » abonde. Songeons à tout ce qui a été filmé à Hong Kong ou à Bangkok.

Calcutta de L. Malle (1969) le dispute à *Calcutta, ville cruelle* de B. Roy (1953), et pour Pékin, *Le dernier Empereur* (B. Bertolucci, 1987) aux *55 Jours de Pékin* (N. Ray, 1962). Toujours en Asie, *Hiroshima mon amour* (A. Resnais, 1959), à *Les enfants d'Hiroshima* (K Shindo, 1954). La confusion des titres n'entache en rien le contenu des films !

La ville d'Amérique du sud appelle aussitôt le Brésil avec *L'homme de Rio* (Ph. de Broca, 1963), ou mieux *Orfeu Negro* (M. Camus, 1959) palme d'or au festival de Cannes. Mexico de L. Buñuel, c'est *Los Olvidados* (1950).

Casablanca (M. Curtiz, 1943) inaugure la série des villes blanches autres que la Casbah d'Alger qui avait donné *Pépé le Moko* (J. Duvivier, 1937) comme repaire d'un gangster. Ce sera aussi *Casbah* (J. Cromwell, 1938), remake du même, ou *Dans la ville blanche* (A. Tanner, 1982) et *La môme vert-de-gris* qui traite aussi de *Casablanca* (B. Borderie, 1953). *La bataille d'Alger* (G. Pontecorvo, 1966) répond à *La bataille de Naples* (N. Loy, 1962).

Interlope, le port est d'une grande richesse, pas forcément là où on l'attend. *Jamais le Dimanche* (J. Dassin, 1960) c'est le Pirée. Le Bar de la marine c'est la scène (de théâtre) réduite qui ne montre à peu près rien de Marseille hors d'un Vieux port à peine esquissé (*Marius*, A. Korda et M. Pagnol, 1931). Les titres ne manquent pas avec *Justin de Marseille* (M. Tourneur, 1934), *Gilda* (Ch. Vidor, 1946) dans les bas-fonds de Buenos-Aires et *Dédée d'Anvers* (Y. Allégret, 1948) : le port, la nuit, les boîtes à matelots et Simone Signoret. Port aussi dans *Les bas-fonds de Frisco* (J. Dassin, 1949) et *Les bas-fonds New Yorkais* (S. Fuller, 1960). *Un homme marche dans la ville* (M. Pagliero, 1950) c'est le Havre en reconstruction, tout comme pour *Quai des brumes* (M. Carné, 1938). *Sur les quais* (E. Kazan, 1954) met en scène des luttes syndicales, *La Pointe courte* (A. Varda,1956) décrit le petit peuple des pêcheurs en étang d'un quartier de Sète.

LA VILLE DANS LE FILM. QUELLES VILLES MONDIALES ?

Le cinéma naissant utilisera volontiers la grande ville du moment, Londres, New York et Paris, plus tard Berlin, Rome, Le Caire et Shanghaï, Tokyo ou San Francisco. Pour ses « atmosphères », pour ses paysages, pour ce qu'elle représente de modernité.

POUR EN SAVOIR PLUS...

Sur **Londres**, beaucoup de films ont été produits. D'abord ceux qui, hérités de Jack l'Eventreur ou de Sherlock Holmes, utilisent volontiers les rives de la Tamise, le fog et son complément, le lampadaire, la venelle sombre, l'arcade si possible, et des files de façades répétitives : escaliers en sous-sol, frontons et colonnes, marteaux de porte. Les chefs-d'œuvre abondent comme *Blow up* (M. Antonioni,) où tout part d'un parc londonien, *Passeport pour Pimlico* (H. Cornelius, 1949), ou *Monsieur Ripois* (R. Clément, 1954). Dans un genre tout différent, *Les as d'Oxford* (A. Goulding, 1940) ultime réussite de Laurel et Hardy.

En réponse, **Paris**, autre capitale, est encore plus filmée. Parmi les plus connus, *Hôtel du Nord* (M. Carné, 1938), et, du même, *Les enfants du Paradis* (1945) où Garance, si naturelle, évolue dans les décors du boulevard du Crime. Plus tard (1962), A. Varda que *La Pointe courte* avait révélée signe avec *Cléo de cinq à sept* une œuvre maîtresse tournée en temps réel où l'obsession du temps le dispute à l'ambiance citadine. Dans les lieux publics si utilisés, notons la guinguette *de Casque d'Or* (J. Becker, 1952), le bistro, dans *Le café du cadran* (H. Decoin, 1947), ou *Café de Paris* (Y. Mirande, 1938). La traversées de Paris (C. Autant-Lara, 1956) est celle du marché noir et des convoyeurs de cochon interdit.

Le film « parisien » est inépuisable sur fonds commun de découverte d'un quartier, d'une rue, d'un immeuble, servi par de grands interprètes souvent revus et corrigés façon « peuple ». Les titres abondent qui comment par Paris, *Paris ... au mois d'Août* (P. Granier-Deferre, 1965), *... 1990*, montages de Nicole Védrès portant sur la période entre la Belle Epoque et la Grande Guerre (1948), *... brûle-t-il ?* (R. Clément, 1966), *... nous appartient* (J. Rivette, 1961). L'été a donné *Quatorze Juillet* (R. Clair, 1933) quand la ville elle-même est l'acteur essentiel avec ses rues, ses quartiers, ses « types » de « Parisiens », et *Rendez-vous de Juillet* (J. Becker, 1949) à

Saint-Germain des Prés. « l'artiste », *Porte des lilas* (R. Clair, 1957). Pas de quartier : *Play time* de J. Tati, 1967.

Allo Berlin, ici Paris ! (J. Duvivier, 1931) joue sur les deux. Mais **Berlin** est mieux utilisée comme ville en ruines dans *Allemagne, année zéro* (R. Rossellini, 1947), ville détruite et occupée, dans la ligne du néoréalisme. Ajoutons *Berlin Affair* (L. Cavani, 1985), *Berlin express* (J. Tourneur, 1948) et *Ballade berlinoise* (R. A. Stemmle) également en 1948. Chef-d'œuvre glauque, *L'œuf du serpent* d'Ingmar Bergman est de 1977.

Les autres pays d'Europe offrent leur variété. *Amadeus* de M. Forman (1948) à **Prague** avec Mozart, les enfants dans les rues de **Porto** qui dès 1942 annoncent le néoréalisme italien avec *Aniki Bobo* de M. de Oliveira (1942). **Madrid** et **Barcelone** ont été largement utilisées, avant, pendant et contre le franquisme à travers leurs quartiers. **Vienne**, volontiers associée à l'opérette et à ses décors, se taille une belle part avec *Le troisième homme* de C. Reed (1949), Vienne en extérieurs et en trafics de toutes sortes, Vienne dans ses égouts. Sans oublier **Rome,** *Ville ouverte* (R. Rossellini, 1946) avec Anna Magnani.

King Kong (1933) de C.B. Shoedsack et M. Cooper terrorise **New York** depuis ses gratte-ciel qui deviendront un jour lieu d'un film catastrophe à grand spectacle (*La tour infernale*, 1975, J. Guillermin). Liza Minelli et Robert de Niro dansent, chantent et jouent New York et sous la forme d'une comédie musicale mise en musique par Léonard Berstein l'histoire de Roméo et Juliette (*West side story*). J. Carpenter fait de Manhattan une immense prison dans son film d'action et de science-fiction *Escape from New York* (1981) dont la traduction (*New York 1977*) réduit singulièrement les dimensions.

QUELLES VILLES D'AMÉRIQUE DU NORD ?

Aux* Mystères de New York *répondent les* Mystères de Paris*, dans ces « serials » qui n'en finissent pas de ne pas montrer la ville à laquelle ils se réfèrent. Ces séries sont produites très tôt. Mais la ville d'Amérique, « américaine », n'est en fait que la ville des Etats-Unis.

POUR EN SAVOIR PLUS...

Scarface (de H. Hawks, 1932) inaugure ou presque ce que l'on appellera les films de gangsters (en France on dit film « policier »). La ville fournit tous les ingrédients à l'action, dont l'inévitable poursuite, les décors sordides, les rues humides mal éclairées. Films qui partiront généralement du **Chicago** de la prohibition comme *Les nuits de Chicago* (J. von Sternberg, 1927), *Le Petit César* (Le Roy, 1931) avec Edward G. Robinson, *Les carrefours de la ville sur un scénario de Dashiell Hammett*, (R. Mamoulian, 1931). Une veine inépuisable, prolongée de tous les « Incorruptibles » et de tous les règlements de comptes possibles.

Au niveau du quartier identifié, c'est le port, ses tavernes, ses entrepôts ; les quartiers du centre cernés de building ; les beaux quartiers où s'étalent verdure et pavillons de luxe (*Le flic de Beverley hills*, M. Brest, 1984). **New York** l'emporte avec l'East side et la Petite Italie, *Mean streets*, M. Scorsese, 1973, Central park de *Marathon man* (J. Schlesinger, 1976), Harlem du *Meurtre dans la 110e rue* (B. Ghear, 1972). Brooklyn est bien représenté, *A l'ombre de Brooklyn* (R. Walsch, 1933), *Anna de Brooklin* (V. de Sica, 1958), *Le lys de Brooklyn* (E. Kazan, 1945). *Un après-midi de chien* (S. Lumet, 1975) décrit un cambriolage de banque en plein Brooklyn. Manhattan va de même, avec *Drame à Manhattan* (W. S. Van Dyke, 1934), *Deux hommes dans Manhattan* (J. P. Melville, 1959), *Aventure à Manhattan* (E. Ludwig, 1936), *Manhattan* (W. Allen, 1979), *Harlem story* de S. Clarke (1963). Autre aventure à Manhattan, *Rose Mary's baby* de R. Polanski en 1968. *Fenêtre sur cour* (A. Hitchcook, 1954) cadre Greenwich Village, ainsi que *Le Pape de Greenwich Village* (S. Rosenberg, 1984). Broadway est inépuisable avec *Débuts à Broadway* (B. Berkeley, 1941), *Broadway Dany Rose* (1984) de W. Allen (1984), *Broadway en folie* (G. Seaton, 1945), *Broadway melody* (H. Beaumont, 1929), *Broadway qui danse* (N. Taurog, 1940), *Les pièges de Broadway* (R. Mulligan, 1960).

La fille de la cinquième avenue (G. La Cava, 1939), ou *Panique à Needle Park* (J. Schatzberg, 1971), ou encore *Klute* (A. J. Pakula) ont également choisi New York pour faire valoir Jane Fonda et Donald Sutherland. De façon plus générale, notons *Macadam cowboy* (J. Schlesinger, 1969) *Beau fixe sur New York* (S. Donen, 1955), *Taxi driver* (M. Scorsese, 1975), ou, sur les années 1970, *Ragtime* (M. Forman, 1981). Cela fait de la ville plus qu'un décor, un cadre, source d'inspiration et passage obligé à la fois selon l'action qui s'y développe, la rue, l'hôtel, l'escalier de service, les pieds et autres éléments de la poursuite, quand ça n'est pas l'Empire State building pour les scènes finales de *King Kong* (M.C. Cooper, 1933).

D'autres villes des Etats-Unis prolongent ce rôle essentiel qui semble dévolu à **New York**. Grande ville de toutes les trames politiques, **Washington**, de la pègre à l'ancienne, **Chicago**, de la côte ouest, **Los Angeles** et **San Francisco**. Ville repérable dès le titre avec *L'inconnue de* **Las Vegas** (L. Melestone, 1960) et *La flambeuse de Las Vegas* (D. Siegel, 1982). *L'incendie de Chicago* (H. King, 1937), *Atlantic City* (L. Malle, 1979). *Nashville* de R. Altman, 1975 marquent aussi des étapes importantes.

Grand canyon montre **Los Angeles** (L. Kasdan, 1991), de même *Les contes de la folie ordinaire* (M. Ferreri, 1981) d'après le roman de Charles Bukowski ou *Boulevard du crépuscule* (*Sunset boulevard* de B. Wilder, 1950). Mais Los Angeles, c'est avant tout **Hollywood**, ville du cinéma dans la ville : *Abbott et Costello à Hollywood* (S. S. Simon, 1945), *Hollywood cowboy* (H. Zieff, 1976). C'est aussi la fiction de l'an 2019 avec *Blade runner* qui descend de Métropolis (RE. Scott, 1982), ou, plus inattendu, *Murs, murs* d'Agnès Varda (1980).

San Francisco, largement utilisée, est répétitive sur l'île, le pont, la colline. Elle a donné *Gentleman Jim* (R. Walsh, 1942) et sa vision de la fin du XIXe siècle, *Bullit* (P. Yates, 1969) dans lequel la voiture dispute la vedette au flic Steve McQueen dans les rues pentues pour la énième poursuite de voitures dont les roues décollent si bien au sommet des côtes.
Panique dans la rue (E. Kazan, 1950) mêle étrangement peste et crime. Jack Palance y rencontre Richard Wildmark dans les décors de **La Nouvelle-Orléans**.

QUELLES VILLES *MADE IN FRANCE, MADE IN ITALY* ?

Au cinéma, hors Paris et Marseille, omniprésentes, la France des villes est le plus souvent celle de la petite ville provinciale, observatoire d'une société traditionnelle où le regard devient déterminant. Villes typées ou plus neutres, elles servent de toile de fond et parfois prennent part à l'action, à Nice, La Rochelle, ou Cherbourg. L'Italie a ses fleurons, Rome et Naples, Venise et Florence, Vérone, Milan.

POUR EN SAVOIR PLUS...

La grande ville qu'est **Lyon** se découvre avec *L'horloger de Saint Paul* (B. Tavernier, 1974) dans le quartier du même nom. **Marseille** a donné une infinité de films (*Borsalino*, J. Deray, 1970, pour les années 1920) partageant avec **Toulon** tout ce qui tourne autour de la pègre style Chicago des années 1930, des « gars de la marine » et de l'opérette à accent.

Le ruban azuréen et ses fleurons, **Cannes, Nice, Monaco** sont inépuisables. *La baie des Anges* (J. Demy, 1963), *Du côté de la Côte* (A. Varda, 1958) ou Jean Vigo lui même (*A propos de Nice*, 1930) en témoignent.

C'est la **petite ville**, dans sa moiteur sociale, ses rites et ses pompes, qui alimente le mieux le cinéma. *Le corbeau* (H.G. Clouzot, 1943) conserve une telle valeur d'exemple qu'on dit qu'il aurait été distribué en Allemagne sous le titre « Une petite ville française ». D'après Simenon, *Le voyageur de la Toussaint* (L. Daquin, 1943) met en scène la ville et ses notables. *Les inconnus dans la maison* (H. Decoin, 1942) sue l'intrigue et montre la fin d'une quiétude et d'une époque à la fois. On peut descendre jusqu'à la rue quand *L'assassin habite au 21* (H. G. Clouzot, 1941), au *558, rue Paradis* (H. Verneuil, 1991), au *120, rue de la gare* (J. Daniel-Norman, 1946), au *125, rue Montmartre* (G. Grangier, 1959). Claude Chabrol dépeint avec minutie les atmosphères lourdes et pesantes des petites villes qui expliquent une bonne partie des drames qui s'y jouent (*Les fantômes du chapelier*, 1982 ; *Violette Nozière*, 1978 ; *Madame Bovary*, 1991).

L'Italie, pays de villes, n'est pas avare de décors naturels souvent exploités : **Florence** de *L'incompris* (L. Comencini, 1967), **Ravenne** dans *Le désert rouge* (M. Antonioni, 1964). Sans oublier l'Antiquité et ses montages (que de peplums et de villes, forums et colonnes avec perspectives à degrés !) : *Les derniers jours de Pompéi* (L. Maggi, 1908). La montée du prolétariat du sud en quête d'emploi a donné quelques titres dont *Rocco et ses frères* (L. Visconti, 1960). **Rome** est en tête du palmarès, surtout celle de l'après-guerre (*Gendarmes et voleurs*, S.M. Monicelli, 1951). *Le voleur de bicyclettes* (V. de Sica, 1948) se passe dans la rue, sans acteurs professionnels. D. Risi (1962) y situe *Le fanfaron* (Vittorio Gassman), et le délicieux *Vacances romaines* (W. Wyler, 1954) doit beaucoup aux paysages romains. *Rome, ville ouverte* (R. Rossellini, 1945), filmé deux mois après la libération de la ville, conservera l'étiquette d'actualités reconstituées. Et enfin *Fellini-Roma* (F. Fellini, 1972) dont chacun sait que les scènes sur le périphérique embouteillé et celles des quartiers populaires ne sont jamais sorties du studio. Ajoutons *Le bossu de Rome* (C. Lizzani, 1960), *L'argent de la vieille* (L. Comencini, 1972). *Affreux, sales et méchants* (E. Scola, 1976) se situe dans un bidonville de Rome autour de Giaconto-Nino Manfredi.

L'adieu à **Venise** (E.M. Salerno) n'est qu'un titre parmi une infinité dont *Venise, la lune et toi* (D. Risi, 1958), *Mort à Venise* (L. Visconti, 1971), *Minuit sur le grand canal* (J. Thorpe, 1967). On peut noter encore, *La fille de* **Trieste**, de P.F. Campanile, 1982, *Miracle* à **Milan** (V. de Sica, 1951), *Le bel Antonio* (M. Bolognini, 1960) qui se passe à **Catane**.

QUELLES SYNTHESES SUR LA VILLE ?

« L'histoire de l'urbanisation est sans aucun doute un des plus passionnants aspects de l'aventure de l'humanité » (Paul Bairoch). Historiens, archéologues et philosophes ont multiplié textes et publications traçant les origines, les évolutions, s'interrogeant sur le devenir des villes. Nous retiendrons ici quelques pièces d'anthologies qui réunissent l'essentiel.

POUR EN SAVOIR PLUS...

Aux sources de la ville il y a l'accumulation, l'échange, et le Moyen-Orient. Clark, Cohen, Toynbee ou Jacobs lisent ainsi les premières villes, sumériennes, égyptiennes ou phéniciennes. Athènes et Rome sont aux sources de la ville européenne. On ne rappellera jamais assez la « chance » qu'ont représenté l'éruption du Vésuve qui a mis sous scellés Herculanum et Pompéi, et les conditions de conservation par le climat dont bénéficient les villes romaines d'Afrique du Nord. Aristote et Platon s'interrogent sur la citoyenneté et la politique, le pouvoir et les formes de domination, les fonctions territoriales de la ville. La Bible parle souvent de la ville, de villes dont les traces ressurgissent parfois.

Banalement, la cité antique, bien protégée par une enceinte, est d'abord un rassemblement de citoyens, propriétaires des terres. A côté du citoyen figure le métèque, étranger, commerçant. Les dieux et leurs temples marquent aussi le panorama. L'organisation présente des rues, des maisons incluses dans des îlots organisés en quartiers, des monuments civiques qui bordent l'agora. Cités-état, villes de colonisation, villes capitales, la ville est au cœur d'un système territorial plus ou moins vaste qui la nourrit et l'entretient. « Rome... métropole parasitaire » titre ainsi Paul Bairoch qui mesure le rôle de la métropole dans le processus de colonisation et d'urbanisation de l'Empire.

En l'an mil, Rome, jadis millionnaire, ne compte plus que trois à quatre dizaines de milliers d'habitants. Les villes de l'Espagne musulmane ont pris le relais. Plus tard, la cathédrale sert d'appui à la renaissance urbaine qui trouve son fondement dans le commerce et les franchises. La ville entre alors dans un temps de connaissances plus assurées.

On consultera :

- Bairoch (P.), *De Jéricho à Mexico*, Gallimard, Arcades, 1985. Un bilan érudit de l'histoire de la ville et de l'urbanisation.
- Choay (F.), *L'Urbanisme, utopies et réalités*, le Seuil, 1965. Une approche pionnière et critique à la fois.
- Ansay (P.) et Schoonbrodt (R.), *Penser la ville*, Archives d'Architecture Moderne, 1989. On y trouve les grands textes depuis Platon jusqu'aux philosophes actuels.
- Gaudin (J-P), *Dessins de ville, art urbain et urbanisme*, L'Harmattan, 1991. L'ouvrage transcrit la pensée de décideurs, comme Lyautey, qui ont eu des projets de ville.
- Sous la direction de Marcel Roncayolo et Thierry Paquot, *Villes et civilisation urbaine, XVIIIe-XXe siècle*, Larousse, textes essentiels, 1992. On y trouve des textes fondateurs sur la ville moderne ; on y rencontre Owen, Fourier, Considérant, Cerda, Reclus, Geddes et Howard, mais aussi Le Corbusier, Max Weber, Louis Chevalier, Lewis Munford, Henri Lefebvre ou encore Anatole Kopp.
- Sous la direction de Robert Auzelle, *323 citations sur l'urbanisme*, Vincent, Fréal, 1964.

Sans oublier les grandes « sommes » des historiens anglo-saxons :

- Chandler (T.) et Fox (G.), *3 000 years of urban growth*, New York, 1974.
- Gutkind (E.A.), *International History of City Development*, 8 vol, New York, 1964/72.
- Mumford (L.), *The City in History*, Londres, 1961. (Traduction française, *La cité à travers l'Histoire*, Paris, 1964)
- Toynbee (A.), *Cities on the Move*, Londres, 1970. (Traduction française, *Les villes dans l'Histoire*, Paris, 1972)

Un extrait, pris chez Marcel Roncayolo montre bien l'usage que l'on peut faire de ce genre d'ouvrage. Le passage est emprunté à Marcel Poëte (1866-1950), archiviste-paléographe de la Bibliothèque historique de la Ville de Paris, enseignant à l'Ecole pratique des hautes études. Il date de 1924, et constitue l'introduction à *Une vie de cité, Paris de sa naissance à nos jours*, tome 1.

> « La chanson de geste des Narbonnais qui date du début du XIIIe siècle, nous fait assister au départ de Narbonne, des fils d'Aymeri que leur père envoie auprès de Charlemagne pour y chercher fortune. Elle nous les montre chevauchant vers Paris où réside le grand empereur et qui, du haut de la rue Saint-Jacques, leur apparaît avec le foisonnement de ses églises, l'aspect imposant de ses abbayes, l'animation de son fleuve chargé çà et là de moulins et semé de barques. Cette ville, qui se découvre ainsi aux yeux charmés de ces jeunes hommes, n'est point différente de celle qui s'offre aux regards des voyageurs prenant aujourd'hui un premier contact avec elle par la portière du chemin de fer. Les maisons innombrables, d'où émergent de hauts édifices, les sillons multiples des voies ferrées, les alignements d'entrepôts, les cheminées d'usines s'opposent, il est vrai, à la silhouette religieuse, au va-et-vient des barques, aux moulins chantant sur la Seine qui caractérisaient la ville moyenâgeuse. Mais ces contrastes ne proviennent que de la différence des âges ».

COMMENT Elisée RECLUS A-T-IL PARLÉ DE LA VILLE ?

Son œuvre monumentale, une* Géographie Universelle *en une vingtaine de gros volumes, laisse place à des descriptions utiles à revoir. Au hasard des pays traités, Russie ou Amérique du Sud, nous avons retenu les extraits suivants.

POUR EN SAVOIR PLUS...

L'Europe scandinave et russe, tome V de la *Nouvelle Géographie Universelle*, Hachette, 1885.

« Novgorod ou la “ Ville Neuve ”, aujourd'hui cité déchue, fut jadis la ville qui se donnait le nom de “ Seigneur ”, dans le sens de “ Peuple Souverain ” et dont l'empire s'étendait jusqu'au delà des monts Oural. C'est elle, nous l'avons vu, qui fut pour la Russie, sinon une capitale comme Saint-Pétersbourg, du moins le grand intermédiaire de commerce sur le monde occidental. Bâtie sur les deux rives du Volkhov, à quelques kilomètres en aval du lac Ilmen, cette ville est non seulement l'entrepôt naturel de toute la région supérieure, elle était aussi autrefois, avant que les routes artificielles n'eussent remplacé les voies fluviales, l'une des étapes du chemin qui conduit de la Baltique à la Mer Noire ; ainsi que le disent les chroniqueurs russes, “ elle était sur la voie du pays des Varègues à celui des Grecs ” ». (p. 583)

« Le plan général de Moscou offre quelques ressemblances avec celui de Paris : la capitale russe est aussi formée d'un noyau central autour duquel les quartiers se sont développés circulairement, et la Moskva, quoique roulant en sens inverse de la Seine, se développe à l'ouest de la ville en méandres presque semblables à ceux de la rivière française ». (p. 717)

« Arkhangelsk ou la “ Ville de l'Archange Michel ” occupe une longueur de plus de 3 kilomètres sur la rive droite de la Dvina, à la tête même du delta fluvial. Quelques grandes maisons de pierre s'élèvent çà et là au-dessus des maisonnettes en bois, et vers le centre de la ville de hautes murailles délabrées, que l'on n'a pu démolir en entier à cause de la dureté du ciment, indiquent les restes du “ château allemand ” qui faisait partie de la forteresse. Au douzième siècle déjà, un monastère... ». (p. 641)

L'Amérique du Sud, tome XIX de la *Nouvelle Géographie Universelle*, Hachette, 1894.

« Les édifices administratifs et gouvernementaux, hôtels, casernes et prisons, occupent une grande partie de la superficie urbaine, qu'entourent des parcs et de magnifiques avenues de palmiers. Bien exposée à la brise, Cayenne jouirait naturellement d'un climat salubre, si les canaux des environs n'étaient souvent engorgés… ». (p. 76)

« L'aspect de Rio de Janeiro est saisissant. Quand on approche de la baie après avoir doublé le formidable rocher du cap Frio, on voit se succéder les îlots de granit, presque tous de forme ronde ou ovalaire, coupés de falaise sur le pourtour, recouverts d'un gazon court avec quelques bouquets de cocotiers dans les creux abrités… ». (p. 317)

« Sao Paulo, la capitale de l'état le plus commerçant et le plus industriel de la République, annonce déjà par son aspect la prospérité de la contrée. Vue de la gare, dite do Norte, quoique située directement à l'est, la ville, que ses fils appellent Paulicea en langage poétique, prolonge sur une colline le profil imposant de ses maisons blanches dominées de tours et de coupoles. les premières constructions, fondées en 1560 par les jésuites… ». (p. 371)

« La cité à laquelle Mendoza, qui en désigna l'emplacement, donna le nom de Puerto Santa Maria de Buenos Aires, n'est point un " port " naturel, malgré son appellation et celle de Porteños ou "Gens du Port" qui désigne ses habitants. Les indentations profondes manquent sur la longue plage basse de l'estuaire… ». (p. 731)

En ces quelques portraits apparaissent les règles du jeu : la référence au milieu physique et naturel à la fois, le modèle français de la Seine pour la Moskova, qui a le mauvais goût de couler en sens inverse. L'histoire toujours présente, l'exotisme des palmiers et cocotiers. Les relations évoquées de la ville avec ses territoires et, presque toujours, le déroulement d'un film très descriptif.

COMMENT Pierre GEORGE A-T-IL PARLÉ DE LA VILLE ?

Pierre George inaugure au lendemain de la deuxième Guerre mondiale une série de réflexions sur la ville qui l'extraient des descriptions monographiques jusque là très largement pratiquées. « La ville » en est le titre, tout simplement. Elle précédera une longue série de publications et de travaux de disciples. Nous sommes en 1952.

POUR EN SAVOIR PLUS...

La ville avec un sous-titre évocateur « Le fait urbain à travers le Monde » précède de quelques années *La campagne*, toujours aux PUF.

Le bilan en termes de réflexion théorique est alors mince. J. Tricart vient de publier un cours sur L'habitat urbain, les manuels précédents sont deux, de Lavedan (1936) et de Chabot (1948). Les monographies commencent à compter. Depuis Rouen (1913), Lyon (1922), Limoges (1924), l'intérêt pour le thème va croissant. Les années 1930 confirment la tendance avec près d'une vingtaine de titres, soit une moyenne de deux « blancs » qui disparaissent chaque année de la carte des villes en France : Clermont-Ferrand et Lourdes (1930), Ax-les-Thermes (1932), Bourg-en-Bresse, Aubenas et Albi (1933), Toulouse, Marseille et Le Creusot (1934), Grenoble, Vienne, Tournus et Cluny (1935), Vichy et Tulle (1936), Saint-Etienne (1937). Le creux de la guerre est net : Le Mans (1942), Angers (1943), Paris (1944). La reprise est là avec six titres cités par Pierre George jusqu'à la veille de la parution de son manuel : Aurillac (1946), Béziers et Maubeuge (1948), Avignon (1949), Auxerre et Altkirch (1951). La monographie avait donné le ton, il convenait de fixer les références et de tenter une explication plus globale.

Autre indication, les villes cartographiées dans le texte sont, cette fois, à l'échelon mondial : Berlin, Birmingham, Bruxelles, Budapest, Buenos-Aires, Calcutta, Chicago, Le Caire, Liège, Lille-Roubaix-Tourcoing, Londres, Manchester, Montréal, Moscou, New York, Paris, Prague, Tokyo, Tunis, Varsovie, Vienne.

Les intentions de l'auteur, dès l'introduction, participent à la fois d'un travail pionnier encombré d'héritages méthodologiques et d'une grande modernité. Pour le premier « nous convions le lecteur à un voyage ordonné à travers un certain nombre de villes grandes et petites, de la cacophonie de Broadway au calme mystérieux et aux senteurs tenaces des ruelles des médinas… » Pour la seconde, la « mise en place de la ville dans le complexe économique et social de la région ». Les années 1950 sont toujours là quand on lit « le plan de la ville, la disposition de ses éléments constitutifs correspondent à des formes d'organisation de la vie urbaine, comme l'agencement des terroirs révèle des structures agraires.» (p. 11). A l'inverse, les recherches à venir percent sous des affirmations du type « L'étude urbaine doit donc distinguer deux termes : la définition et l'explication du réseau urbain tout entier ; la description des combinaisons particulières qui caractérisent chaque ville prise à part. » (p. 23). On mesure ainsi le travail de recherche mené durant la deuxième moitié du XXe siècle qui aura été pour une bonne part celui de la géographie urbaine et de ce qui en découle, l'organisation régionale.

Le plan suivi retranscrit le souci de proposer une classification des grandes séries urbaines qui découlent des types historiques de processus d'urbanisation. Quatre parties sont donc présentées qui laissent encore percer la dimension d'une certaine géographie « régionale » des villes même si l'idée de mode de production transparaît comme facteur explicatif de la typologie proposée :
– le phénomène urbain et sa diversité, pour dire la tendance à l'universalité de la ville, son inéluctabilité, sans s'extraire des composantes spécifiques qui déterminent les « diversités" » ;
– les villes de l'Europe occidentale, modèle de référence s'il en est, les mieux connues ;
– les conséquences urbaines de l'expansion européenne, ou comment peuvent se lire les formes de conquête, de diffusion, de colonisation par le modèle ;
– l'évolution urbaine en économie socialiste sorte de contre-modèle pouvant servir de point d'impact à une nouvelle théorie de la ville. Un monde nouveau en quelque sorte.

Sans conclusion.

QUELS GRANDS REPÈRES DANS L'HISTOIRE DES VILLES ?

Malgré les progrès de la datation, les chronologies anciennes restent encore très approximatives et certaines dates parfaitement mythiques, comme celle de telle ou telle fondation. La mise en regard des « villes » les plus anciennes à l'échelle planétaire n'est pas sans intérêt.

POUR EN SAVOIR PLUS...

L'archéologie permet de suivre les progrès dans l'habitat, la vie urbaine et l'urbanisme, jusqu'au couronnement de l'écriture (les tables de Mari et d'Ebla), de la bibliothèque et d'une vie intellectuelle. Ce qui suit n'est historiquement daté que pour les références dites d'après Jésus-Christ, les chiffres antérieurs signifiant souvent « autour de... ».

Toynbee distingue au Moyen-Orient et en Europe quatre types (séquences) de cités-Etats :
– les cités sumériennes et akkadiennes (- 3000 à - 2000 pour leur développement historique) ;
– les cités phéniciennes et philistines qui s'établissent vers - 1000 ;
– les cités grecques, étrusques et italiennes qui sont quasi concomitantes avec les précédentes ;
– les cités-Etat de l'Europe médiévale qui commencent en Italie dès le VIIe siècle.

Mais il est de tradition de faire de Jéricho l'établissement urbain le plus ancien même si les certitudes sur ce plan sont moins assurées.

- 8000 Jéricho, première enceinte urbaine dans la vallée du Jourdain, forcée par Josué et les trompettes des Hébreux selon la Bible.
- 6000 Catal Hüyük, première grande cité connue, en Anatolie, remonte au néolithique.
- 3500 Liangchengzhen, première cité chinoise.
- 3000 Les cités sumériennes aux habitations de brique en Basse-Mésopotamie.
- 2500 Grande civilisation urbaine de l'Indus et du Pendjab, Harappa et Mohenjo-Daro (Pakistan), métropoles du subcontinent indien avec leur citadelle et leurs alignements réguliers de constructions.

- 2000 Civilisation minoenne en Crête, premiers palais.
- 1800 Babylone capitale d'empire.
- 1600 Premières civilisations urbaines en Chine.
- 1200/-800 Apogée de la civilisation urbaine phénicienne, villes-ports et colonies commerciales.
- 1150 Destruction de Mycènes, capitale des Achéens en Argolide et ancien foyer hellénique habité dès l'âge du bronze.
- 814 Fondation de Carthage, colonie phénicienne, par la reine Didon. Elle régnera sur le Maghreb par ses comptoirs.
- 753 Fondation de Rome dont Tite-Live et Virgile donneront tous les détails près d'un millénaire plus tard.
- 750 Premières colonies grecques en Méditerranée.
- 700 Ninive capitale de l'Assyrie fondée par Sennachérib sur le Tigre. Embellie d'adductions d'eau et de palais. Pillée en 612 par les Babyloniens.
- 600 Fondation de Massalia sur le Lacydon, par des Phocéens d'origine grecque.
- 320 Apogée d'Alexandrie, capitale Lagide qui conserve le nom d'Alexandre. Très policée, savante, elle comptait plus de 300 000 habitants et quelque 700 000 ouvrages dans sa bibliothèque.
- 300 Fondement de la civilisation aztèque. Teotihuacan atteindra son apogée au VIIe siècle.

64 Incendie de Rome, provoqué peut-être par un incendiaire mélomane nommé Néron.

79 Destruction de Pompéi, résidence d'été des Romains, par une pluie de cendres descendue du Vésuve proche le 24 août. Pline le Jeune en a donné le récit.

330 Constantinople capitale de l'empire romain d'Orient à la suite de Byzance.

410 Sac de Rome par les Wisigoths d'Alaric.

794 Kyoto succède à Nara comme capitale du Japon et restera résidence de la cour jusqu'en 1868.

862 Fondation de Novgorod (la nouvelle ville) par un Varègue (Viking) comme étape marchande entre Scandinavie et Mer Noire.

950 Fondation de Mogadiscio en Afrique de l'Est.

1110 Tula capitale des Toltèques au Mexique.

1150 Cités-Etats de la civilisation yoruba au Nigéria.

1240 Destruction de Kiev par les Mongols.

1325 Fondation de Mexico-Tenochtitlan.

1666 Fondation de Lorient et de Cette (Sète).

La fin du XVe siècle marque une profonde rupture en Europe occidentale. Le capitalisme marchand impose ses logiques, la manufacture puis l'industrie naissante seront au cœur du processus d'urbanisation qui va concerner selon des procédures très voisines et un modèle dominant l'ensemble de la planète. Les créations de ville deviennent exceptionnelles (Lorient et Sète la même année pour un débouché maritime), les destructions dues aux guerres systématiques : Hiroshima, Varsovie et Le Havre, Berlin et Brest... Mostar et Sarajevo de nos jours. Et la dernière, Grozny, capitale des Tchétchènes.

QUELS REPERES POUR LA VILLE EN FRANCE ?

Le modèle banalisé de la ville française repose sur la prise en compte de quelques composantes simples, produit de l'histoire et de la localisation. Plus la « personnalité » que l'on prête volontiers à ces lieux habités que le marketing d'origine touristique ne manque pas de souligner. Sans oublier les spécificités, le « charme discret » toujours réservé à la petite ville, et le poids de toutes les « capitales ».

POUR EN SAVOIR PLUS...

La France des villes fait voisiner ou superpose plusieurs strates dont la combinaison fait l'originalité. Pour reprendre des divisions larges, en époques, qui ne troublent pas les historiens, on aime retrouver le choix d'un site indigène ou découlant de l'occupation romaine, les traces d'un plan médiéval, l'héritage monumental de la période moderne qui complète une vieille ville, et les extensions contemporaines qui marquent le passage d'un resserrement vertical à un étalement sans cesse élargi.

Le Français des villes aime retrouver ses repères habituels : la place de l'hôtel de ville ou de la préfecture et de la cathédrale, les rues commerçantes et les grands magasins, la place centrale bordée de terrasses de cafés et de commerces de luxe, les hôtels particuliers, les monuments historiques et les immeubles plus récents en signal. Le lacis des rues sera médiéval parce que mentalement opposé aux réalisations postérieures que l'on voit volontiers rectilignes et aérées. Les anciens remparts sont devenus « boulevards du XIXe siècle », interrompus d'entrées re-qualifiées « portes de ville », prolongées de faubourgs d'où le populaire est peu à peu rejeté, soulignées par les anciens grands axes de passage accréditant l'idée de carrefour. On y ajoutera la banlieue, souvent dite, rarement acceptée, industrielle avec ses implantations usinières du siècle dernier et son habitat répétitif, résidentielle et socialement nuancée, commerciale lorsque s'impose la régularité des « centres » et « hypers », de récréation ou de loisir autour des plus grandes villes dont elle constitue un complément indispensable. Et les nouvelles périphéries cernées d'autoroutes et de carrefours, en trèfle ou en patte d'oie.

On aime les sites primitifs en butte, en colline ou de bord de fleuve. On aime y retrouver les traces de l'établissement ancien, gallo-romain de préférence, avec ses arènes, son théâtre, sa source, ses thermes... que la pierre a permis de conserver. Le Moyen Age se manifeste dans le profil urbain par la flèche de la cathédrale ou le clocher roman, la trace des remparts ou la tour, toujours défensive, en place et restaurée. Au sol, le tracé des rues et quelques témoins résidentiels feront date. Hors les murs, foris burgus, la toponymie aide à repérer le faubourg et ses origines, Saint-Sernin de Toulouse, Saint-Rémy de Reims, Saint-Germain (des Prés), Saint-Martial de Limoges, Saint-Martin de Tours. Période classique et âge industriel sont mieux représentés dans l'archéologie urbaine à travers des réalisations importantes et mieux conservées, d'architecture et d'urbanisme : hôtels particuliers, monuments publics, gares, rues, avenues et places. Qui n'a pas son « Marais » ou ses « Champs-Elysées », ses « Grands boulevards », son ancienne « place royale » devenue « de la République », son avenue de la gare ?

L'âge contemporain, si ce n'est au travers de grandes réalisations dans les villes reconstruites (Brest, Le Havre) semble plus avare en réalisations durables. Les rénovations sur le modèle de celle d'Alès ont cisaillé le vieux tissu urbain, détruit un paysage reconnu et des solidarités sociales traditionnelles, imposé un modernisme qui vieillit mal. Les grands projets urbains en périphéries des centres anciens, en greffe ou plus indépendants, modifient les paysages et les pratiques, imposent la régularité de leur lignes nées de l'architecture moderne, se veulent le symbole de la ville de demain. Ainsi La Part Dieu à Lyon, Mériadec à Bordeaux, Polygone et Antigone à Montpellier.

Aux marges de la cité, le temps des lotissements donne un produit spatial crypto-urbain, étalé à l'infini, rarement doté de centre sinon commercial et très artificiel, structuré par les voies de communication (de desserte, liaison, transit, jonction...) que l'on souhaite hiérarchisées, qui ne peut que renforcer l'idée que la vraie ville est ailleurs, au centre, dans la vieille ville.

QUELLE VILLE AU MOYEN-AGE EN EUROPE ?

Le modèle de la ville médiévale c'est la croix (du carrefour commercial) et le cercle (de la muraille). L'échange et la protection, l'ouverture et la fermeture, le commerce et la défense, le marché et la place-forte, le carrefour et la communauté y sont inclus. A partir de ces composantes : une muraille, deux rues à angle droit, trois bâtiments publics (église, hôpital, hôtel de ville), quatre portes. Toutes les variétés sont possibles car chaque ville est unique, même planifiée comme une bastide.

POUR EN SAVOIR PLUS...

On connaît l'anecdote de l'écolier pensant que le Moyen Age est un pays, plein de villes à cathédrales, de châteaux à seigneurs et de masures à serfs. Venue de quelques représentations comme les « Très Riches Heures du Duc de Berry », dont on ne sait plus très exactement l'époque, l'image du Moyen Age est d'abord urbaine parce que « la ville », milieu clos et de protection, y est facilement repérable. Sa fondation réunit une forteresse, à son pied un noyau d'habitants, quelques « services » et un marché. La maison commune et l'église contribuent à son affirmation, la ville médiévale restant le domaine d'affranchissement de la bourgeoisie marchande face à la noblesse.

C'est d'abord une ville fermée. Toute l'iconographie met l'accent sur l'enceinte qui laissera place dans la forme de la ville aux boulevards lorsque les murailles seront abattues. La place est seconde qui jusque là était souvent cimetière, vivants et morts mêlés. Le cercle souligne aussi une organisation sociale concentrique, l'élite au centre, les défavorisés en périphérie ou bien encore l'élite sur la voie principale et les défavorisés à l'arrière des façades.

C'est ensuite une ville très campagnarde que la toponymie confirme : Saint-Martin des Champs à Paris, Saint-Martin in the fields à Londres, ou Saint-Germain des Près. Et tous ces clos, ces orts conservés dans la forme du parcellaire. Pas d'espaces libres publics mais de grands espaces privés, chaque maison avec son jardin et ses cultures d'appoint. En façade, rues étroites et maisons serrées, cherchant à se protéger l'une l'autre.

Dedans et dehors, la ville de l'Occident médiéval, fermée, interpose ses murailles entre elle et la campagne. A l'intérieur, avec le change, l'atelier, le marché, l'argent s'accumule, la ville se construit. Vision qui dépasse le simple environnement rural : rappelons ce que l'on dit du Vénitien, « non arat, non seminat, non vendemiat », ce Vénitien est un insulaire qui ne laboure ni ne sème ni ne vendange, mais construit dans la mer.

L'Europe s'organise selon des « réseaux » de villes dont les sommets peuvent être Paris, Cologne, Bergen, Lübeck, Novgorod, Byzance, ou bien Londres, Anvers, Bruges, Lyon, Venise, Gènes, Lisbonne. Les foires de Champagne assureront une cohérence à l'espace Mer du Nord-Méditerranée, Pays-Bas-Italie. Le centre du monde européen n'est pas unique, Méditerranée, occidentale et orientale, Baltique et Mer du Nord sont autant d'horizons au grand commerce et à la ville. Bruges, Anvers, Augsbourg, capitale des Fugger qui fait le lien entre l'est et l'ouest, Lyon, Venise, Milan tissent des relations commerciales et financières avec leurs comptoirs, contrôlent les routes marchandes, prêtent de l'argent aux Etats. Circuit des foires, et places boursières valorisent les villes. Les bateaux de la Méditerranée et de la Hanse imposeront Gênes, Venise, Naples, Lübeck, Rostock, Stralsund, Konigsberg, mais aussi Stockholm, Bergen, Edimbourg et les villes ports de Flandres. Les routes continentales passent par Anvers, Cologne, Francfort, Nördlingen, par Magdebourg, Leipzig, Prague, par Francfort sur Oder, Cracovie, Lvov et Kiev, c'est-à-dire par tout ce que l'Europe médiévale compte de villes. Car le système urbain est réticulaire, avec deux ensembles principaux, Lombardie et Flandres-Pays-Bas, des nodosités que sont Naples ou Marseille, des capitales comme Paris ou Londres, des comptoirs et des relais entre les mondes, le méditerranéen et l'hanséatique qu'entourent l'Espagne mauresque, la Sicile, Constantinople, les terres des Habsbourg, de Bohême ou de Lituanie, que scandent les étapes de la foire et du pélerinage.

La ville médiévale apparaît souvent comme un monde de « libertés acquises, sinon conquises » car le citadin s'est émancipé du seigneur. On a pu dire que le concept d'association s'était substitué en ville à celui de fidélité (voir Hohenberg et Lees, op. cité), mais Yves Barel insiste bien sur le fait que la ville médiévale fait intégralement partie de la société féodale et qu'elle doit beaucoup à « son » seigneur, comte, évêque ou roi qui gagne à sa fondation. L'administration autonome de la ville ne doit pas faire oublier ses relations avec les autres pouvoirs territoriaux, ni ses capacités à gérer son arrière-pays.

A consulter :

Bairoch (P), *De Jéricho à Mexico, Villes et économie dans l'histoire*, Arcades-Gallimard, 1985.
Hohenberg (P.M.), Lees (L.H.), *La formation de l'Europe urbaine*. 1000-1950, PUF, 1992.
Barel (Y), *La ville médiévale. Système social, système urbain*. Presses universitaires de Grenoble, 1977.
Pirenne (H), *Les villes du Moyen Age - essai d'histoire économique et sociale*. Bruxelles, 1927.
Wolf (P), *Commerce et marchands de Toulouse* (vers 1350-vers 1450), Paris, 1954.

QUELLE VILLE DANS LE SUD-EST ASIATIQUE AU XVIIe SIECLE ?

Le XVIIe siècle à Paris c'est Versailles, à Amsterdam un urbanisme de maisons et de canaux, à Madrid des places, à Londres le grand incendie. Mais la ville n'est pas qu'en Europe, les manuels les plus pratiqués l'ont un peu oublié, en dehors de quelques chapitres spécialisés. Qu'en est-il du Sud-Est asiatique ?

POUR EN SAVOIR PLUS...

La multiplication des villes traduit aussi la multiplication des escales et de leurs échanges. Anglais et Hollandais, mais aussi Espagnols et Portugais viennent y chercher les épices, y fondent des colonies, bases navales et entrepôts. Poivre, girofle, muscade, camphre passent de mains en mains, augmentent de valeur. Il y a là une Méditerranée exotique, ses escales et ses ports. Les villes ont nom Malaka, Brunei, Jakarta, Surabaya, Makasar, Manille et Batavia, on les sait très peuplées par les récits des capitaines, marins, négociants et esclaves qui les peuplent ou les fréquentent. Les géants de l'époque sont proches, Pékin et Edo (Tokyo) qui seraient déjà des villes millionnaires, comptant dix fois plus d'habitants que Paris ou Naples.

Ces villes sont vertes, sans coupure nette entre les bâtisses et la campagne. Achen est ainsi décrite par un jésuite français : « une forêt de cocotiers, de bambous, d'ananas, de bananiers, au milieu de laquelle passe une assez belle rivière toute couverte de bateaux ; mettez dans cette forêt un nombre incroyable de maisons faites avec des cannes, des roseaux, des écorces, et disposez-les de telle manière qu'elles forment tantôt des rues et tantôt des quartiers séparés ; coupez ces divers quartiers de prairies et de bois ; répandez partout dans cette grande forêt, autant d'hommes qu'on en voit dans nos villes, lorsqu'elles sont bien peuplées, vous vous formerez une idée assez juste d'Achen, et vous conviendrez qu'une ville de ce goût nouveau peut faire plaisir à des étrangers qui passent... Tout est négligé et naturel, champêtre et même un peu sauvage... Quand on est dans la rade, on n'aperçoit aucun vestige, ni aucune apparence de ville, parce que de grands arbres qui bordent le rivage en cachent toutes les maisons. »

Est déjà en place le modèle actuel d'une architecture venue de la tradition, la maison de bois surélevée, ouverte au milieu des arbres fruitiers. En d'autres termes, l'inverse du modèle de la Méditerranée, ou de la Chine proche qui reproduit ses quartiers congestionnées de brique ou de pierre, près des marchés et des rivières, sans drainage ni protection, donnant les villes chinoises du commerce et des taudis, les Chinois étant relayés peu à peu par plus défavorisés. Les fruitiers appartiennent à la propriété immobilière, et constituent une source de gains et de produits de consommation. Sans muraille on est à l'aise. La palissade de bambous, ce que l'on appelle à la même époque la « portalière » qui ménage quelques passages en forme de portail dans les villes du Languedoc, est bâtie seulement en cas de besoin, c'est-à-dire de danger.

Ni perchée ni emmurée comme en Méditerranée, la ville s'étale dans les plantations et donne un continuum ville-campagne grâce à une série de villages accolés qui ne sont même pas des quartiers de la ville. Le palais, par contre, est entouré d'un rempart. Le premier bien à protéger en Insulinde est plutôt la main-d'œuvre, car c'est elle qui représente la première part des dépenses de la construction, le matériau comme le bambou étant accessible et proche. La main-d'œuvre est rare, alimentée par les razzias sur les pays voisins, fournisseurs d'esclaves. L'aristocratie marchande domine dans les ports, tirant ses profits du trafic. L'esclavage alimente le tissage, la métallurgie, un artisanat de qualité comme la fabrique d'armes encore qu'il faille jauger ces caractères au moyen des critères locaux, et non de ceux venus d'Europe.

La citation ci-dessus est extraite de Premare (de, S.J.), *Lettre au Père de la Chaise*, datée du 17 février 1699 à Canton, in de Querbeuf, Paris, 1780-1783, volume XVI.

A lire :

Lombard (D), *Pour une histoire des villes du Sud-Est asiatique,* Annales E.S.C., N° 4, 1970

Reid (A), *La structure des villes du Sud-Est asiatique (XVe-XVIIe siècles),* Urbi, N° 1, 1979.

PARIS, EN CE MÊME XVIIe SIÈCLE ?

Paris du XVIIe est une des grandes villes du monde, pas la seule comme on a bien voulu le croire, ni la plus grande. Les textes sur la capitale sont innombrables, même chez les auteurs russes, alors que l'on songe d'abord à Boileau des « embarras », ou à La Bruyère pour la même période. D'où le choix voulu de textes peu connus.

POUR EN SAVOIR PLUS...

Paris propose comme un air de liberté, elle est aussi une référence pour les villes d'Europe, jusqu'à devenir symbole de la ville moderne. C'est en gros la ville de Louis XIV. Les points d'attrait en sont Notre-Dame massivement gothique, Saint-Germain et Saint-Antoine qui sont des faubourgs, le pont Neuf du petit peuple, la Place Royale (des Vosges), les vues depuis la colline de Montmartre ou, sur la Seine, depuis « la Samaritaine »... qui est alors une fontaine. La ville a dépassé le demi million d'habitants ce qui l'inscrit dans les grandes villes du monde. Le mythe va naître de la taille, de l'animation, des rues et des monuments ; « Paris capitale de la France », sorte de modèle d'art de vivre se met en place avant même que les provinciaux la fassent.

Un acrostiche résume les représentations du temps :

Puissance
Abondance
Richesse
Justice
Sciences.

On ne saurait oublier, de la même époque, le texte de Boileau sur les embarras de la ville. Ou, moins connu, ce passage de Visconti (Mémoires, 1679) qui dit : « Il y a à Paris plus de 20 000 gentilshommes qui n'ont pas un sou et qui subsistent pourtant par le jeu et les femmes, ou qui vivent d'industrie ». Est-ce déjà, en un bel anachronisme le « gai Paris » ou « la vie parisienne » ? C'est là qu'Alexandre Dumas fait arriver d'Artagnan. De façon plus sérieuse et tout aussi colorées, des pages de Saint-Simon peuvent être largement exploitées.

L'arc de triomphe de la porte Saint-Martin est tout neuf. Paris reçoit l'Europe en la personne des ses ambassadeurs, et parmi les voyageurs beaucoup d'Italiens que l'on met rapidement en contradiction à travers leurs écrits. Sébastien Locatelli, un prêtre bolonais, en 1664 (*Voyage de France, mœurs et coutumes françaises*) parle du « magnifique spectacle de ces milliers de maisons, de palais et de coupoles, qui excitait l'admiration à une bonne lieue de distance ». Le Cavalier Bernin, architecte, sculpteur et poète, ne voit à Paris en 1665 « qu'un amas de cheminées, et cela paraissait comme un peigne à carder... les maisons étant, quelque belles qu'elles fussent, pressées les unes des autres... les espaces étaient chers et les places petites, ce qui faisait que bon nombre des bâtiments s'entr'offusquaient les uns les autres... ». On lira avec profit *La ville dans la littérature italienne moderne, mythe et réalité*, Editions universitaires de Lille, 1974, d'où sont extraits ces textes.

Mikhaïl Boulgakov, dans *Le Roman de Monsieur de Molière*, (Folio, 1972), depuis son Bolchoï moscovite, parle aussi du Paris du XVIIe. « Au Pont-Neuf et dans l'arrondissement des Halles, c'était le royaume du commerce. Là, Paris engraissait, embellissait et se répandait de partout. A l'intérieur des boutiques, devant les boutiques, une telle vie bouillonnait que les oreilles tintaient, la vue se brouillait, et à l'endroit où la foire Saint-Germain déployait ses tentes, c'était la confusion la plus totale. Le brouhaha ! Le fracas ! Et la gadoue, la gadoue !... Dans les boutiques des barbiers, on rase, on savonne, on arrache les dents. Dans la bouillie humaine, on voit des cavaliers au milieu des piétons. Juchés sur des mules, des médecins passent, dignes, pareils à des corbeaux. Les mousquetaires du roi caracolent avec leurs casaques brodées de flèches d'or. Mange, bois, achète et vends, capitale du monde.... Il y avait aussi des processions solennelles où paradaient à cheval, grimés, parés, surchargés de clinquants bijoux de location, des comédiens qui clamaient des slogans et appelaient les gens à les rejoindre... Sur Paris le soir est bleu marine. Les lumières s'allument. Dans les baraques, les lustres cruciformes fument, les chandelles de suif fondent et la flamme ondule dans les flambeaux... Et il est très possible que ce soir, dans la rue Saint-Denis, se joue le final d'une des futures comédies de Molière ».

Suivra un autre mythe, celui de Versailles, qui deviendra le symbole de la monarchie à travers le monarque dans sa résidence officielle, même si les rapports entre Louis XIV et Paris n'ont pas été particulièrement faciles.

QUELLE VILLE EN PROVINCE ET DE PROVINCE AU DÉBUT DU XXe SIÈCLE ?

Toulouse offre un exemple intéressant car elle est repliée encore sur elle même avant d'être soumise à des choix de niveau national qui en feront une grande ville, l'ancienne capitale un peu marché rural devenant ville industrielle. Entre la carte postale jaunie et le slogan clinquant destiné à attirer les décideurs, se presse un siècle d'histoire, pour Toulouse comme pour toute autre ville de province.

POUR EN SAVOIR PLUS...

Pourquoi Toulouse ? Villc typée de tout temps, chargée de déclarations électoralistes, dotée d'un Centre Interdisciplinaire d'Etudes Urbaines (CIEU) fonctionnant comme un observatoire permanent de la ville et donc bien connue. Elle résume bien l'évolution accélérée enregistrée par la ville en France au cours des dernières décennies. Toulouse, plus grand village de France au début du siècle, ceinturé d'une ville, vite cerné par une agglomération, bientôt doté d'une région.

Les jugements définitifs des voyageurs.
Young ne l'apprécie guère, car « les édifices sont de brique et de bois, par suite, de triste apparence ». Stendhal, comme toujours, est généralement critique. Taine la définit comme « un Poitiers endimanché ». Ardouin-Dumazet qui s'attache à décrire systématiquement toutes les villes de France, est le plus sévère, allant jusqu'à lui reprocher sa production de cucurbitacés de banlieue, les cornichons, peut-être moins nobles à ses yeux que les violettes. « Bâtisses banales, sans couleur, faites de poutrelles, de briques jaunes ou brunes, de cailloux roulés recueillis au bord de la Garonne » écrit-il en 1905.

La carte postale début de siècle.
Elle montre la place du Capitole, en toile de fond l'aspect monumental du centre. Pour l'animation, bonniches endimanchées, nourrices à landeau, élégantes à chapeau, paysans en blouse et bourgeois en canotier : le catalogue est net, sans surprises. Sur la photo, des frottis flous signalent les silhouettes démultipliées de ceux qui ont bougé durant la pose pour le photographe ; au premier plan, ceux qui posent, avantageusement. On y ajoutera chalands et voitures (le Matabiau-Capitole,

hippomobile). Sur les murs Amer Picon, Byrrh et Vichy Célestins, l'Absinthe oxygénée et la Liqueur bénédictine. Des bains, les couronnes de mariée de la maison Philippe, le grand hôtel-restaurant Souville Dardignac. Tout cela vit de façon bon enfant, pas mal villageoise. Crainquebille figure bien au marché des Carmes avec sa voiturette à bras des quatre saisons.

Les « vocations » systématiques.
D'abord les choix comme capitales, on oserait presque dire la capitalité, de Toulouse : de l'Occitanie, des Cathares, du Languedoc, du rugby, du bel canto, ou comment faire flèche de tout bois. Enfin de l'aéronautique, ce qui est tout de même un peu plus sérieux.
Ensuite les « vocations », façon de justifier a posteriori des choix venus d'ailleurs. Ce que cernent bien dans leur livre (Stock, 1972) Bérenguier (C), Boudou (A), Jalabert (G) : « Les « vocations » modernes de Toulouse sont le fruit d'une stratégie élaborée au niveau de l'Etat. La plus connue, parce que la plus ancienne, est celle de l'aviation affirmée depuis un demi siècle ». Dans l'ordre de ces pseudo-vocations, détrônant la gastronomie, se succéderont l'aéronautique (à Francazal, avec Latécoère, Dewoitine, mais sait-on encore que Clément Ader naquit à Muret ?), l'aéropostale (Mermoz, *Le Grand balcon*) et l'aérospatiale, l'électronique (Motorola venue de Phoenix, Arizona) avec ses motoroliens, la « scientifique » (les universités et les nombreux centres gravitant autour), et l'informatique. Faisons bonne mesure avec « Toulouse porte de l'Espagne » et « Toulouse carrefour méridional entre Méditerranée et Atlantique ».

Les constantes de l'image.
Une couleur domine, celle de la brique rose fanée ou rutilante, avec toutes les nuances chromatiques de la patine que prend l'argile cuite dans une ville méditerranéenne toute adoucie de nuances atlantiques et qui sent la violette. En contrepoint à l'amalgame « ville rose, ville de la vie en rose », les critiques d'Ardouin-Dumazet déjà cité, plus tard celles de Raymond Ledrut persistent à partir des problèmes sociaux que pose la ville qui construit sa modernité.

QUELLES GRANDES RÉVISIONS ET FONDATIONS CONTEMPORAINES ?

La révision découle du discours hygiéniste, des opérations d'embellissement dites « d'haussmannisation ». La fondation passe par toutes les villes minières, les villes d'eau, les villes nouvelles ensuite, car la fondation de villes est permanente.

POUR EN SAVOIR PLUS...

Un jour la ville va déborder de ses enceintes, ouvrant des terrains nouveaux à l'immobilier, gagnant en place grâce aux moyens de transports qui sont le meilleur moyen de gains de terrain jusque là de peu de valeur. La crise de croissance affectera même le vocabulaire quand apparaît la conurbation (le terme est de Geddes, l'exemple vient de Lille), l'agglomération (de Paris), la région urbaine (du Nord), et en fin de course la mégapole, dont l'échelle est européenne, entre Londres et Milan, le pouvoir mondial (New York, Tokyo).

Des trois guerres qui se succèdent en moins d'un siècle découleront écoles et projets, constructivistes, pragmatistes, réalistes, académistes, utopistes (ceux des cités-jardins en premier, accrochées à leur ceinture verte), fonctionnalistes, futuristes, désurbanistes même, sans compter les besogneux de tout crin. Ces mutations s'opèrent sur fond de classement que l'on rappelle, sur deux siècles, pour les six plus grandes villes d'Europe, les tableaux ultérieurs mettant l'accent sur la disparition progressive des premières places des villes d'Europe au profit des autres continents. Ce classement se présente ainsi :

1750	1850	1950
Londres	Londres	Londres
Paris	Paris	Paris
Naples	St Pétersbourg	Moscou
Amsterdam	Berlin	Ruhr
Lisbonne	Vienne	Berlin
Vienne	Liverpool	Léningrad

Les deux métropoles se maintiennent, les vieilles capitales économiques ou politiques disparaissent toutes, arrivent les villes et régions industrielles. Alors que les premières révisions fondamentales permettent de souligner toute l'importance prise par les villes récentes de l'hémisphère sud dans des pays en voie de développement, et par les villes minières qui réussiront brillamment ou seront réduites plus tard au rôle de ghost town, en Europe la période scandée par les deux guerres franco-allemandes et les destructions qui en découlent apparaît comme le temps du changement. La mise en place des grandes ouvertures, boulevards, squares, avenues, laisse la ville respirer, sans compter l'éclairage généralisé et toute la mythologie du bec de gaz qui naît sous la plume des caricaturistes.

Les lendemains de la première Guerre mondiale sont marqués par la dévolution de la ville comme lieu de logement, pour l'essentiel. Les futuristes se sont emparés de la troisième dimension, déjà largement pratiquée outre-atlantique, et grimpent les "gratte-ciel". Les Congrès internationaux de l'architecture moderne (CIAM) donnent le ton d'une recherche prospective sur la ville comme forme et comme contenu social avec comme ambition de répondre au mieux aux besoins individuels et sociaux. Créé à Weimar en 1919, transféré à Dessau puis à Berlin, le Bauhaus de Walter Gropius va regrouper dans une école très ouverte et novatrice tous les grands architectes et artistes de l'après-guerre. Pour son fondateur, tous les arts doivent participer à la pensée créatrice de l'architecture moderne et être associés dans le même mouvement. Accordant une place particulière à « l'artisan » («l'artiste est la sublimation de l'artisan »), aux nouveaux matériaux, aux conditions sociales et économiques de son temps, le Bauhaus de Gropius, Mies van der Rohe, Bayer, Breuer, Klee et Kandisky trace une esthétique nouvelle et définit une architecture de béton « claire, transparente et organique ». La critique de la ville capitaliste industrielle débouche sur la formalisation d'une doctrine moderniste, celle de la ville fonctionnelle et progressiste même si celle-ci n'est qu'un modèle réducteur et simpliste de la réalité économique et sociale. En 1933, Mies van der Rohe ferme définitivement le Bauhaus sous la menace du nazisme et la plupart de ses enseignants se réfugient aux Etats-Unis.

Les modèles culturalistes jouent un rôle plus important dans les pays anglo-saxons notamment en Angleterre avec Abercrombie.

Avec la deuxième Guerre mondiale, face à la reconstruction mais surtout à l'exode rural qui pousse vers la ville les populations les plus jeunes et les plus nombreuses, les réponses de l'urbanisme prennent appui sur le béton comme matériau « noble » permettant l'industrialisation de la production du logement. Se développent alors les banlieues comme forme de vie, grands ensembles pour les moins fortunés, lotissements pavillonnaires pour les autres. Les centres anciens se vident de leur populations habituelles au profit d'un sous prolétariat immigré qui s'installe dans les quartiers les plus dégradés, alors que les secteurs réhabilités ou rénovés font l'objet de reconquête par les catégories aisées. Le règne des schémas d'urbanisme, des cités-dortoirs et des discours creux est arrivé : on pense la ville dans l'urgence et selon des références spatiales qui diluent ses formes dans des territoires de plus en plus éloignés du centre. Les villes nouvelles, fidèles à l'esprit et à la doctrine d'Howard en Grande-Bretagne, plus marquées par l'urbanisme progressiste en France, sont une tentative pour rééquilibrer les espaces urbanisés des grandes capitales mais manquent singulièrement de dimensions novatrices.

QU'EST-CE QU'UNE VILLE NOUVELLE ?

New town *ou ville nouvelle, elle est le fruit d'une décision politique, d'un choix volontaire de création ex nihilo avec une intention affirmée en matière d'urbanisme. Mais toutes les villes n'ont-elles pas été nouvelles, tout en résultant pour l'essentiel d'une sédimentation ininterrompue ?*

POUR EN SAVOIR PLUS...

La notion reste ambiguë. Elle renvoie à l'histoire d'une part, aux conceptions de l'urbanisme contemporain d'autre part. On distingue plusieurs types de villes nouvelles, non en fonction de l'acte d'autorité qui les a fondées mais selon les objectifs qu'on leur a fixés et les principes qui ont présidé à leur création. La ville marchande au pied de la ville fortifiée n'est-elle pas ville nouvelle ? Et la ville de manufacture auprès de la ville de commerce ? Et toute ville détruite, Brest, Le Havre, Ypres, Cologne, Hiroshima, El-Asnam, ne sont-elles pas aussi des villes nouvelles, au sens de rénovées, remises à neuf ?

Le créateur de ville se manifeste depuis au moins l'Egypte pharaonique, et une cinquantaine de créations suivent les traces d'Alexandre le Grand en Asie mineure. Les colons grecs ont émaillé la Méditerranée de constructions. On en prête près d'une centaine à Milet, on se contentera de rappeler Marseille née de Phocée, Naples née de Cumes. Séleucus Nicator a fondé neuf Séleucies, seize Antioches du nom de son frère, cinq Laodicées du nom de sa mère, et trois Apamées du nom de sa femme. Sur le beau plan répétitif de l'échiquier.

Capitale, elle symbolise la nouveauté, souvent au centre et pour un recentrage, Islamabad ou Brasilia, les bien nommées, Versailles et New Delhi, Canberra, Ankara, Washington face à d'autres. Car la nouveauté politique est souvent désireuse de redistribuer les cartes de l'organisation de l'espace dans un Etat. Les prénoms, autour de Pierre, de Catherine ou de Nicolas en Russie et pays voisins, sont un bon indicateur. Ailleurs Louis, Luis ou Ludwig, George ou Georges dont regorgent les atlas, sont tout aussi révélateurs.

La ville nouvelle industrielle produit parfois ce drôle de couple semblable à Cracovie-Nowa-Huta, la première capitale historique et joyau architectural, la seconde sorte de record en matière de pollution et de non-ville. Karl-Marx-Stadt (Chemnitz), en ex-R.D.A., n'est pas une ville triple. Mourenx est née du gaz de Lacq. La ville pionnière suit l'avancée d'un front et le fixe ; comme Lelystad dans la vase d'un polder néerlandais, créée de l'eau ; elle peut le conforter au plan de la production intellectuelle comme Akademgorodok proche de la sibérienne Novosibirsk. Ou bien elle souligne une reconquête comme toutes ces Sauveté de France ou Salvetat en langue du sud. Des bastides, des villes fortes comme Aigues-Mortes dans sa lagune sont innombrables.

Destinée à alléger la grande ville proche de quelques activités et des mouvements pendulaires qui en résultent, la ville nouvelle devient satellite. En Angleterre, les villes nouvelles du plan Abercrombie prolongent les *garden* cities d'Ebenezer Howard (Letchworth et Welwyn Garden). Quatorze sont lancées après 1946 dont huit autour de Londres, deux en Ecosse, deux au nord de l'Angleterre, une près de Cardiff et Corby éloigné de toute métropole. Milton Keynes, Stevenage, Hatfield, Harlow au nord de Londres, Bracknell à l'ouest, Basildon à l'est, Crawley au sud, Cumbernauld près de Glasgow en Ecosse sont les principales. En Suède, Farsta et Vallingby sont proches de Stockholm. Helsinki a Tapiola, Paris les siennes, en périphérie, au nombre de cinq : Cergy-Pontoise, Evry, Marne-la-Vallée, Melun-Sénart, et Saint-Quentin en Yvelines. Leur objectif principal consistait à canaliser une croissance en tache d'huile, à desserrer un trop-plein ; elles ont déjà accueilli au moins un million d'habitants, soit près de la moitié de la croissance globale de Paris.

Il s'agit là d'une opération d'aménagement du territoire, d'où la nécessité de règler le problème essentiel des équilibres entre habitat et emploi. Les centres commerciaux et administratifs, entre chaque unité d'habitation, ont donné lieu à des expériences novatrices en matière d'aménagement piétonnier, ou de parti urbanistique. N'ont-elles pas aussi fonctionné comme des laboratoires d'urbanisme en réponse aux ZUP et quand montait "la sarcellite" des grands ensembles ?

Au total beaucoup de choses ont été écrites, et le sujet n'est plus à la une des revues spécialisées. Les villes nouvelles ont retardé certaines échéances sans avoir vraiment épongé tous les surplus espérés.

Publié aux PUF en 1969, on relira *Les villes nouvelles* de Pierre Merlin dans la collection « Villes à venir ».

QUELLE VILLE « ARABE » ?

Disons de façon plus restrictive du « Maghreb », mais on pourrait aussi dire « islamique ». Dans les pays à double culture, par opposition à la partie européenne, c'est la partie musulmane, « indigène », avec ses caractéristiques architecturales et sociales propres. Ce que l'on découvre déjà dans le sud de l'Espagne, que l'on retrouve au Caire et plus loin vers le Moyen-Orient.

POUR EN SAVOIR PLUS...

La meilleure façon de ne pas la comprendre est de lui appliquer des critères de reconnaissance autres que les siens. Il n'y a dans sa forme et dans sa composition ni bric-à-brac, ni « souk » au sens que lui prête l'occidental, mais des maisons serrées dans toute la gamme des blancs, des rues étroites et étroitement spécialisées, reliant des portes entre elles, des petits métiers à même le trottoir, des bruits et des odeurs autres.

La ville est présente dans le monde arabe depuis toujours comme pôle d'arrêt des déracinés, et à l'heure actuelle elle n'est ni hors du temps, ni inadaptée ni agonisante. C'est un héritage de qualité pour le patrimoine architectural, un poids de contraintes pour l'aménagement et les équipements actuels, mais la solution ne doit pas forcément passer par le bulldozer. En deux décennies, à la fin du XIXe siècle, la médina de Tunis s'est vue dotée au pied de ses remparts d'une ville nouvelle. La casbah d'Alger est promise à réhabilitation depuis 1971, à la fois ville marginalisée et centre historique restant de la période pré-coloniale, qui se voit victime d'un parti pris de « pittoresque » et de sous-intégration.

Les médinas de Sfax, Kairouan et Sousse ont bien des traits communs, en premier lieu leurs remparts. Les souks y regroupent l'essentiel de l'artisanat et du commerce, la mosquée y est souvent excentrée, les difficultés d'accès sont évidentes. La médina de Fès est une des rares à avoir été intégralement préservée, offrant ainsi autant d'éléments d'explications sur la ville du monde musulman. Au Maroc, medina est synonyme de ville, comme Médine est la ville du prophète, casbah (qaçba) et qsar désignent l'aspect militaire, fortifié, de la ville-citadelle.

On retiendra deux textes.

De Georges Perec, *Les choses*, Juillard, 1965.

« La ville arabe, fortifiée, vieille et belle, offrait des murailles bises et des portes qu'à juste titre on disait admirables… ils y restèrent toujours étrangers. Ils n'en comprenaient pas les mécanismes les plus simples, ils n'y voyaient qu'un dédale de rues ; ils admiraient, en levant la tête, un balcon de fer forgé, une poutre peinte, la pure ogive d'une fenêtre, un jeu subtil d'ombres et de lumières… ils tournaient en rond, craignaient à tout instant de se perdre et se lassaient vite. Rien finalement ne les attirait dans cette succession d'échoppes misérables, de magasins presque identiques, de souks confinés, dans cette incompréhensible alternance de rues grouillantes et de rues vides, dans cette foule qu'ils ne voyaient aller nulle part ».

De François Pouillon, *Mémoires d'un architecte*, Seuil, 1968.

« Alger historique, Alger de la Kasbah est une ville marquée par l'occupation turque et influencée par l'architecture sarrasine d'Espagne. Dès mon arrivée, je n'avais découvert, en fait d'architecture traditionnelle, que les remparts édifiés par les deys de la Porte et, à l'intérieur de la vieille ville, la gentillesse baroque et chatoyante inspirée par les artistes ommeyades de Séville et de Grenade. C'est pour cela que (mes) cités… sont en partie constituées par les murailles monumentales des forts turcs, tandis qu'à l'intérieur les patios, les places et les jardins rappellent l'Espagne avec les céramiques, les portiques, les fontaines et les cascades. Les bougainvillées grimpent aux murs de pierre. Mes réalisations déconcertèrent et rendirent enragés les architectes (qui) … s'indignèrent de cette pierre et de ces décors alors que le triste béton brut de décoffrage et les plastiques frigides et misérabilistes étaient à la mode ».

QUELLE VILLE DU « NORD » ?

La distinction n'est pas un effet de la latitude ni de points cardinaux. « Nordique » (ville du commerce par excellence) s'oppose à « méditerranéenne » (ville rentière du sol en principe). Mais à partir d'une certaine latitude la ville – du Grand Nord – est soumise à des conditions d'existence qui en font l'exception dans la nuit polaire.

POUR EN SAVOIR PLUS...

Question de temps et non de mode, les lendemains de la deuxième Guerre mondiale, au tournant du siècle, ont présenté la ville du Nord, plus spécialement celle de Suède comme le modèle de l'avenir, à rechercher dans ses lignes droites, son confort inconnu en forme de design, l'utilisation de matériaux comme le bois et de couleurs chaudes, l'intimité avec la forêt et la nature. *Mutatis mutandis* la fin du même siècle met l'accent sur la ville du Tiers Monde, modèle antithétique et à rejeter.

En Scandinavie, l'avenir de la ville du Nord a évolué de différentes façons. Visby dans l'île de Gotland en Baltique appuyait le commerce hanséatique, d'autres fournissaient l'ambre, le poisson, des minerais. D'où l'importance des villes littorales, un peu comme ces escales de Méditerranée pratiquées très tôt par les Phéniciens. Helsinki, Stockholm, Göteborg, Oslo, Trondheim, Copenhague ou Reykjavik sentent le goudron et le poisson, trafiquent, servent aussi d'escales touristiques en raison des joyaux architecturaux qu'elles proposent. Leur dénomination première, Kristiansand, Frederikstadt, rappelle souvent le nom de leur fondateur, les plus anciennes remontant au mieux au Xème siècle. La poussée urbaine contemporaine, passant du bois au béton brut, en a fait souvent un laboratoire d'architecture et d'urbanisme sur le fonds commun d'un cadre forestier, en présence constante du roc à nu et de l'eau. Carte postale ? En partie seulement. Confort individuel et installations collectives en sont le lot, sur fond de pratique sportive, et il ne restait plus au cinéma qu'à s'en emparer comme il l'avait déjà fait avec la ville d'Amérique.

Dans sa version française la ville du Nord est tout aussi différente, présentant des composantes communes dont le symbole reste le beffroi, qui se développent du monde flamand aux escales hanséatiques. Le réseau en est très dense, sans cesse enrichi au cours d'une longue histoire. Les villes marchandes du Moyen-Age ont gardé un air de famille, grand place de l'hôtel de ville, beffroi et halle aux draps, décors précieux et dispositifs de défense à la fois car la frontière est proche. Arras constitue un bel exemple. Sur ce schéma devenu classique surviendront les contraintes de l'industrialisation, les clichés de villes grises dans des pays noirs, et les méfaits de la guerre, faisant autant de villes-martyres. Lille, Metz, Nancy, Strasbourg, règnent sur l'ensemble.

L'Allemagne a son propre monde urbain, Brême et Hambourg pour la Mer du Nord, Lübeck et Rostock sur la Baltique. Les deux premières sont en fond d'estuaire à une centaine de kilomètres du littoral, sur la Weser et sur l'Elbe. Les similitudes sont nombreuses pour ces évêchés chargés de l'évangélisation de la Scandinavie, devenus grands ports par les bienfaits de la Hanse, puis grandes places commerciales et belles villes d'Empire dont témoignent quelques vestiges. Lübeck a conservé rathaus et églises, Marienkirche, Jacobskirche dans la vieille ville (Altstadt), Rostock les souvenirs d'un comptoir actif au Moyen Age. La légende et l'esthétisme feront le reste, à travers les musiciens de Brême, les toits vert-de-grisés et les reflets sur les plans d'eau. Bien des choses que l'on retrouve aussi à Stockholm ou Saint-Petersbourg, tonalité des villes du Nord.

Plus au nord encore, elle marque les franges de l'œkoumène, là où les conditions de la nature imposent leurs limites et leurs contraintes : le froid, la nuit. Mourmansk, que la guerre a rendue célèbre, reste la ville la plus peuplée au-delà du cercle polaire avec quelque 500 000 habitants. Située au fond d'un fjord profond libre de glace, à 70 kilomètres de la mer, la ville date réellement des années 1920 lorsque le chemin de fer atteint la péninsule de Kola, et son développement tient à sa position de terminus de la route maritime du Nord. Arkhangelsk, à l'embouchure de la Dvina reste le point de départ des expéditions polaires. D'autres, au Groenland, au Canada, en Alaska, sur le continent antarctique ne sont que des points d'attache miniers ou militaires, des stations scientifiques qui marquent les limites et les conquêtes des terres hostiles.

QUELLE VILLE « MÉDITERRANÉENNE » ?

La Méditerranée est lieu de ville par excellence, depuis les origines. Ici se trouvent toutes proches Athènes, Rome et Byzance, Venise et Grenade... et une centaine d'autres, inégalables. Comme lieu de vie pour une société urbaine brillante, lieu d'échange par la mer et par la terre, lieu de rencontre de civilisations car la Méditerranée n'est pas une. Mais surtout la ville méditerranéenne s'organise en fonction d'un rapport préférentiel à la terre : la rente foncière structure la ville.

POUR EN SAVOIR PLUS...

La colonie grecque a essaimé, Rome a unifié le bassin méditerranéen sous le lot commun de la route (la voie romaine) et de la fondation urbaine. Les villes les plus anciennes sont nées tout près du littoral même si certaines ont par la suite tourné le dos à la mer. La ville méditerranéenne concentre et résume tout cela, pas seulement à travers Athènes, Rome, Byzance, Carthage, Tyr ou Barcelone, Pise, Venise, ou encore Naples, Grenade, Split. La Méditerranée offre une guirlande de villes, elles finissent par composer une ville « méditerranéenne », une réalité plus tout ce qu'on lui prête.

Sur une image popularisée par l'écrit ou fixée par la caméra, la rue en Sicile, la place à arcades en Castille, les palais urbains partout, sautent aux yeux. Car cette ville n'est pas d'abord commerçante ou industrielle, elle est avant tout un milieu de vie urbain, une société toute d'urbanité. Le palais, magnificence de la pierre, traduit la mainmise du pouvoir sur la campagne, un rayon foncier important, viticole ou céréalier, une richesse qui a débouché sur une certaine ostentation architecturale.

La meilleur récupération de tout ce capital est désormais touristique. Dédaignant la place économique de la ville, sa position dans un réseau urbain, son rôle dans l'organisation du territoire, on s'intéresse avant tout aux vestiges architecturaux innombrables qui font que la Grèce est pour l'essentiel en Grande Grèce, c'est-à-dire dans le sud de l'Italie. Et leur image confine alors au mythe.

Grenade a son Alhambra et un héritage islamique qu'elle partage avec le quartier de Santa Cruz à Séville ou la mosquée de Cordoue. Ravenne offre ses mosaïques de Saint-Vital, Athènes l'Acropole, qui fait oublier une longue césure urbaine entre la haute Antiquité et l'époque contemporaine la plus immédiate. Rome reste l'*Urbs.* Venise a tout, la pierre et l'eau. Autant de survivances illustres qui font un peu oublier d'autres paysages urbains que proposent Turin de la FIAT, Barcelone de la SEAT, Valladolid, à la fois plateresque et industrielle.

Les images allient dans un même décor la durée, une forme d'immobilité, et le besoin de changement. Marseille est impensable sans les Marseillais et leurs histoires, Pagnol, le vieux port et Notre Dame de la Garde, sans référence à l'empire colonial. Mais Marseille c'est aussi Fos et les échecs de la sidérurgie sur l'eau, un creuset culturel qui se cherche dans la diversité des attaches méditerranéennes. Barcelone a bénéficié des Jeux olympiques, Séville de son Exposition universelle, car de manière périodique les villes, même les plus anciennes et les plus fameuses, doivent relancer leur image : Barcelona mes que mei, plus que jamais.

M. Aymard l'a bien vu, « Bien plus encore qu'au climat, à la géologie, au relief, la Méditerranée doit son unité à un réseau de villes et de bourgs précocement constitué et remarquablement tenace ; c'est autour de lui que s'est construit l'espace méditerranéen, c'est lui qui l'anime et le fait vivre. Les villes ne naissent pas de la campagne, mais la campagne des villes, qu'elle suffit à peine à nourrir. A travers elle se projette sur le sol un modèle d'organisation sociale… ».

Autre dimension, celle de la rencontre de la nature et de la ville quand la pierre domine au point que le végétal paraît absent. Ville minérale certes qui tendrait à nous faire oublier le secret du jardin méditerranéen si présent en ville. Taine du *Voyage en Italie* a le mieux parlé de cette végétation, si rare à la campagne, mais qui souligne les jardins méditerranéens, pierre et arbre mêlés.

« De superbes chênes verts lèvent sur une terrasse leurs pilastres monstrueux et le dôme toujours vert de leur feuillage monumental. Des allées de platanes s'allongent et s'enfoncent comme un portique. De hauts cyprès silencieux collent leurs branches noueuses contre leur écorce grise et montent d'un air grave, monotone, en pyramides. Des aloès dressent contre la paroi blanche des murailles leur tige étrange… un pêle-mêle de constructions et de pins s'élève et descend selon les mouvements du terrain ».

QUELLES CAPITALES ET MÉTROPOLES MÉDITERRANÉENNES ?

La ville méditerranéenne est d'abord capitale, enflée d'hommes, surdimensionnée. Elle a aussi accumulé les atouts des métropoles modernes en rompant bien souvent ses liens originels avec ses campagnes. Succursalisme ou autonomie ? Hypertrophie, novation et tourisme en assurent la promotion.

POUR EN SAVOIR PLUS...

Monde urbain de la Méditerranée, si changeant : le Maroc voit son premier réseau de villes désarticulé au profit de la côte et de ses poussées urbaines, en Algérie la vie urbaine s'est trouvée dispersée par la départementalisation, Tunis pèse de tout son poids en Tunisie, Le Caire s'asphyxie, Tirana émerge, Montpellier s'est glissée entre Toulouse et Marseille. Milan et Rome partagent quelque chose avec Turin, Madrid avec Barcelone, Athènes avec Salonique, Lisbonne avec Porto. L'ex-Yougoslavie est en attente. Florence est la plus belle et Naples la plus malade... Et Beyrouth... Et Jérusalem... Les rapports entre tous ces organismes sont complexes. Métropoles et capitales, Istanbul et Ankara, soulignent les diversités de la Méditerranée des villes, des grandes villes, celles qui tissent au plan mondial les références.

Milan a accumulé, comme Barcelone et mieux que Rome, un certain nombre d'atouts comme capitale de la Lombardie, place financière et commerciale, avant d'accèder à la primauté en Italie. Athènes, comme ne le montre pas le Parthénon et son héritage archéologique exceptionnel, est une ville sans passé, toute récente, et restée à l'écart des grands courants d'échange. Passé gommé un temps à Barcelone sous le franquisme, passé retrouvé tardivement par Valence. L'espace athénien s'est toujours confondu avec l'espace national grec : confusion totale entre la métropole économique et la capitale politique. Rome est une capitale plus mondiale qu'italienne et seulement depuis 1870. Valence encombrée mais enrichie pa sa huerta a tardé à s'imposer sur le seul Levant.

L'essentiel de l'évolution de chacune de ces grandes villes passe par la logique de la concentration capitaliste à travers les stratégies des grands groupes économiques : les initiatives des hommes d'affaire grecs pour Athènes, la grande entreprise d'abord industrielle et catalane pour Barcelone soumise à Madrid avant de constituer un banc d'essai pour les investissements étrangers dans la péninsule. Quant à Milan, son seul paysage urbain a bien montré très tôt le poids des grandes fimes et leur expression dans le centre d'affaires.

Une des conséquences est le contrôle des flux de main-d'œuvre. Un temps venue de la huerta à Valence, d'Andalousie à Barcelone, du sud à Milan. L'apport continu de travailleurs se traduit par la récupération des taudis des vieux centres historiques dégradés et par la mise en place de banlieues « ouvrières » interminables où le grand ensemble finit par triompher de l'habitat précaire. Mais subsiste aussi l'infra-ville des taudis dans la ville conçue comme simple lieu de profit. La ségrégation sociale accentue la coupure entre le centre directionnel et des espaces à dysfonctionnements divers, avec une marginalisation croissante des habitants les plus démunis.

Chacun de ces organismes urbains cultive l'image d'un essor continu, faisant abstraction de l'hypertrophie. La formule facile mais frappante de « Paris et le désert français » peut s'appliquer à d'autres déserts, d'Italie du Nord et du Sud, catalan ou levantin. Ces villes sont millionnaires au moins, leur tertiairisation est largement engagée, le phénomène touristique – habile à récupérer les héritages historiques – assure leur promotion avec le souci de quelques ingrédients locaux, « le seul nom de Rome suffit à éveiller en chacun de nous des paysages imaginés autrefois, des personnages auxquels nous prêtons des caractères surhumains... » nous dit A.M. Seronde. Ramblas de Barcelone, Duomo de Milan, fallas de Valence, Colisée et Parthénon feront le reste.

La production géographique continue et abondante sur la ville méditerranéenne et nettement plus réduite sur les villes de la Méditerranée.

On lira :

Dalmasso (E.), *Milan capitale économique de l'Italie Ophrys*, Gap, 1971
Burgel (G.), *La condition industrielle à Athènes*, CNRS, 1972
Ferras (R.), *Barcelone, croissance d'une métropole*, Anthropos, 1977
Seronde (A-M) et Courtot (R.) sur Rome et sur Valence.

QUELLE VILLE « AMÉRICAINE » ?

Il y a incontestablement un modèle de ville américaine qu'offrent Montréal ou Dallas, deux noms chargés de toute une histoire venue d'Europe pour l'une et créée de toutes pièces sur place pour l'autre. L'« american way of life » continue à proposer des modèles de vie urbaine largement repris et dupliqués à l'infini, à l'échelle planétaire.

POUR EN SAVOIR PLUS...

Juste retour des choses ? La ville américaine est née de la ville d'Europe, quelque épaisseur historique en moins, et les premières sont des transferts du monde anglo-saxon avant de se « méditerranéiser » avec l'arrivée d'autres habitants qui donnent Little Sicily ou Chinatown, plus quelques autres ghettos. La ville européenne décalque maintenant la ville américaine, banlieues infinies, centre inscrit dans le paysage par quelques tours, automobile et nœuds autoroutiers omniprésents, plus quelques relais gastronomiques en forme de chaînes alimentaires.

Sous une uniformisation apparente que renforce le poids de *l'american way of life* l'Amérique du Nord conserve ses générations de villes. La première est sur le fleuve ou le littoral, Québec sur le Saint-Laurent comme Montréal, Boston longtemps porte d'entrée de la Nouvelle-Angleterre, c'est-à-dire du nouveau monde dans le sillage du Mayflower. Entre le Rio Grande et la baie d'Hudson l'avancée urbaine balaie des espaces infinis et propose ses fondations, sur le fleuve, au pied de la montagne, au bord du désert. La ville c'est l'étape de la pénétration ferroviaire, le marché aux bestiaux, le lieu de convergence de plusieurs voies, ou le caprice. Le cinéma en a reconstitué quelques unes pour les besoins de la cause du western, sur quelques ingrédients bien simples. Main street pour l'arrivée à cheval, le saloon pour les rencontres, hôtel à l'étage, la banque pour l'attaque, le gros arbre pour la pendaison, la prison pour l'évasion. Tout le reste n'est que jeux avec quelques variantes. Et quelques villes millionnaires.

La conception architecturale fera le reste, c'est-à-dire dans le sens de beaucoup de ressemblances malgré quelques individualités. Et d'abord dans la troisième dimension. Les premières images des bandes dessinées du début du siècle montrent le gratte-ciel toujours plus haut entrant dans l'ère des records à New York ou Chicago. Déjà à la fin du XIXe siècle on compte la dizaine d'étages, puis la douzaine, et la vingtaine. En 1931, un chiffre rarement cité donne 102 étages et 381 mètres d'altitude, on ne dit plus de hauteur, pour l'Empire State Building. A l'inverse Los Angeles offre un centre qui s'oppose aux extensions démesurées d'une ville-banlieue où les constructions de prestige le disputent à la végétation.

L'histoire est récente, du XVIIe siècle seulement pour la Nouvelle-Amsterdam qui deviendra New York et précède Boston, Baltimore, Philadelphie. Le XVIIIe siècle est celui de Detroit, Saint-Louis, Cincinnati, le XIXe celui de Chicago. Los Angelès symbolise les problèmes majeurs de l'urbanisme du XXe siècle. Le pétrole a donné Dallas, Les Mormons ont fait Salt-Lake-City, le charbon Pittsburgh, le cuivre Butte. Pour tout le reste on se référera au feuilleton habituel de la télévision, illustré par des villes passe-partout, avec building au centre, autoroutes et carrefours, familles-modèles en villa, avec businessman dynamique toujours entre deux ascenseurs, poursuiveur professionnel en voiture. Plus guère de gares dans le décor, mais des aéroports de verre. Et le cachet, la couleur locale ? Il se réduit à New-Orleans, San Francisco, Miami, Las Vegas, autour d'un carré (« Vieux carré », Storyville), d'un pont, de keys, ou de machines à sous.

« Tentaculaire » pour reprendre un vieux cliché, la ville américaine s'étale en banlieues infinies (deux fois la Corse pour Philadelphie au centre de quelque 25 millions d'habitants), nuancées selon le degré de richesse. Au centre, la dégradation gagne avant la reconquête par le béton, l'acier et le verre, ou la reconstitution à l'ancienne. Ghettos, « poches » de pauvreté, « jungle » des sans-logis et des exclus, « blocks » abandonnés, Harlem et Bronx sont presque devenus des noms communs. Ville de la modernité capitaliste et de la technocratie, la ville américaine crie les illusions et les perversités de celle-ci.

« 5135 South Federal se situe dans l'un des quartiers les plus pauvres des Etats-Unis (au sud-ouest de Chicago). Mais le désordre social est encore pire que la pauvreté... L'entrée du 5135 est lugubre et menaçante. La plupart du temps, elle est jonchée de bouteilles vides et de piles d'ordures non ramassées. Les symboles distincts des bandes (gangs) sont peints à la bombe au-dessus du hall. La rue est sans arbres. Les ascenseurs, dont les boutons d'arrêt d'urgence ont été arrachés, sont instables et peu fiables... Sur les cent soixante appartements du bâtiment, cinquante sont vides. Les appartements vacants sont autant de centres d'activité pour les gangs, le trafic de drogue, le stockage d'armes et le squatting des clochards et des criminels qu'on vient de libérer. Le gang des Disciples contrôle à présent le 5135. Les Cobra Stone contrôlent le bâtiment adjacent, ce qui garantit une guerre des gangs permanente dans le quartier ». (Nicholas Lemann, *The Promised Land : The Great Migration and How It Changed America*, New York, 1991). Citation extraite de *La ville partout et partout en crise*, Manière de voir n° 13, *Le Monde diplomatique,* 1991.

QUELS SITES DE VILLES ?...

Le site a eu son heure de gloire, au prix de quelques réadaptations au gré du temps, qu'il s'agisse de contraintes ou d'avantages. Ainsi les « casas colgadas » sur le ravin de Cuenca proposent un site « pittoresque » au touriste mais très difficile d'usage à l'indigène.

POUR EN SAVOIR PLUS...

Dussent les anciens manuels en douter, entamer l'étude de la ville par le site (et la situation) ne fait que souligner les ornières d'une vieille géographie qui n'était pas encore vraiment urbaine.

Arrivent alors très vite les convergences, les contacts. Le confluent, de Grenoble (qui est aussi dans un site de cluse) pour Isère et Drac, de Lyon élevé au niveau d'un « type » grâce à la Saône et au Rhône, et de centaines d'autres. Puis le fond d'estuaire (Bordeaux, Rouen...) que l'on définit déjà mieux, comme contact certes, mais surtout comme point extrême de remontée du flot de marée, source de déterminismes portuaires au temps de la marine à voile. Les détroits ont beaucoup donné avec Copenhague, Messine, Gibraltar, Bonifacio, à qui l'on peut faire dire n'importe quoi en fait d'échec ou de réussite lorsque Constantinople devient Byzance laquelle laisse place à Istanbul. Les lacs ont été pas mal non plus pour Genève, Lausanne, Chicago, Détroit. Un « manuel » a pu écrire qu'en 1954 (il date des années 1980), 157 des 165 villes de plus de 20 000 habitants, en France, se situaient au bord de l'eau tout en précisant : fleuve, rivière, canal, lac, mer. On est bien marri de ne pas en avoir la liste, pour voir s'il n'y avait vraiment rien à faire pour les huit dernières.

Suivent les reliefs avec le piedmont et le Piémont, Turin, Milan, Munich et Tucuman ou Mendoza. Sites défensifs bien sûr, toujours perchés pour mieux voir l'ennemi et s'opposer à sa progression. Sites de passage, les cols devenus « ports » ouvrant la montagne. Le relief multiplie à loisir dans la terminologie touristique contemporaine les « portes d'entrée » à la montagne du goût d'Anduze, de Saint-Jean du Gard ou d'Alès, porte (s) des Cévennes.

Puis sont les carrefours, et l'on finira bien par répondre à la question fondamentale qui s'interroge sur la primauté de la ville générant un carrefour, ou du carrefour créant la ville. Aucune liste ne suit, toutes les villes, quelles que soient leur taille et leur fonction sont des carrefours, de plus en plus « européens », d'ailleurs, ces dernières années.

Le site avait un avantage essentiel, celui de réunir les conditions physiques qui sont les siennes et dont on voulait absolument parler, en autorisant pour la ville l'ouverture des mêmes vieux tiroirs que ceux de la géographie régionale, le relief, la pente, le climat (généralement micro et presque toujours d'abri), les eaux, la végétation. D'où la série de déterminismes, toujours expliqués *a posteriori,* lorsque l'on sait celui qui a été le plus important, quand la ville est réussie. Ainsi Paris avait un fleuve, des îles, des gués, des terrasses, des pentes plus ou moins marquées de Montparnasse, de Montmartre, des affluents dont certains désormais rayés de la carte parce qu'enterrés en forme d'égouts. Quel choix dans le site « important » ? Buda ou Pest ?

Le site répond à son temps, besoins d'eau ou d'altitude, élément de défense pour toutes les interprétations venues du nord, élément de ventilation, de bien-être et de santé pour les Méditerranéens. Il ne s'agit pas de dénier ses contraintes mais de les revoir à la lumière d'interprétations qui peuvent être parfaitement contradictoires, le rebord d'un plateau peut-être source de panoramas dégagés, et de difficultés de circulation. Une rivière, une barrière ou un trait d'union. Quant aux collines, comme à Rome ou dans Nîmes « la Rome française », elles sont sept… « je ne manquerai pas de préciser que notre cité de Gloupov (en français « Ville-les-Sots »)… possède trois rivières, et qu'à la façon de l'antique Rome elle fut construite sur sept collines où quantité de voitures se fracassent et où force chevaux se rompent le cou les jours de verglas ». (E. Saltykov-Chtchédrine, *Histoire d'une ville*, Gallimard, 1967).

Les derniers vecteurs de sites dans la publicité touristique sont les flammes postales, friandes de silhouettes bien découpées, Béziers dominant l'Orb, Laon sur sa butte, Carcassonne dominée par sa cité, Edimbourg et Avignon, Rodez et Saint-Flour, plus leurs cathédrales, Tolède sur son méandre déjà utilisé par Le Greco dans ses toiles, ou Besançon dont parle Hugo, après César. Pour le colonisateur, le ruisseau de Janvier a donné Rio de Janeiro et sa baie.

Le site urbain fait tout l'intérêt des photos satellitales car il dévoile quelques stratégies d'implantation pour les villes du littoral, soucieuses d'accès à la première ligne, celle qui se commercialise au mieux, et qui, saturée, donne place à la deuxième puis troisième ligne. Au besoin on crée le site lorsque les stations balnéaires de France, d'Espagne et des côtes sableuses n'ont que des horizontales à faire valoir. La pyramide offre alors la relecture d'un site jusque là impossible à valoriser pour la « vue sur la mer ».

.... ET LE PLAN ?
... ET LA FORME ?...

Le plan, grossièremement carré (quadrangulaire) ou circulaire (radio-concentrique), est ramené à deux grandes catégories, l'ordonné et le « désordonné ». Celui-ci est réservé aux villes des autres dont on juge l'organisation peu lisible. Le plan est fonction de l'agencement des formes qui sont témoins d'un temps, d'un événement. La composition urbaine dit la ville dans ses structures spatiales.

POUR EN SAVOIR PLUS...

Désordonné ? La médina passe pour telle car son vocabulaire tourne autour de venelle, ruelle, cul-de-sac, impasse, cour intérieure, murs, escaliers. Ce que l'on imagine volontiers pour le Moyen Age en Europe, le « progrès » et la « mise en ordre » étant survenus depuis.

Radio-concentrique ? Surgissent Moscou, Milan, Amsterdam soulignée de canaux. Les courbes reprennent les traces des enceintes successives englobant peu à peu les faubourgs, au fur et à mesure que la ville progresse vers ses périphéries. Le plan est souvent gauchi, étiré selon les principales voies de communication, par le tracé d'un fleuve, le pied d'un obstacle. A Karlsruhe, fondée en 1751, sans perdre la symbolique du cercle et du centre qui le détermine, le château du Prince, au centre du cercle de la ville, la génère dans sa forme.

Quadrillé ? D'Hippodamos à Cerda le carré apparaît comme commode quoique répétitif, donnant les *manzanas* ou *cuadras* des villes latino-américaines affublées d'un plan d'importation. Au passage Rome a essaimé le modèle du *castrum* militaire, le croisement du *cardo* et du *decumanus* dessinant la place centrale, le forum. L'analogie entre le parcellaire des lots de cultures attribués aux vétérans qui se fixent dans les colonies romaines et celui des *cuadras* du damier attribuées aux combattants qui se fixent dans les colonies espagnoles de Lima ou d'ailleurs est évidente. De même Pékin entoure de carrés et de rectangles le quadrilatère de la cité interdite, ce qui la prolonge et l'élargit. C'est encore Mannheim, Turin, les bastides du sud-ouest. A une autre échelle ce Manhattan dont rues et avenues sont numérotées pour le cas ou la monotonie de l'implantation au sol n'aurait pas suffi. « L'avenue du milieu, la Fifth

Avenue, sert d'épine dorsale à cette sole gigantesque. D'un côté c'est " west ", de l'autre c'est " east ". La première rue commence au sud côté océan, la dernière au nord, côté continent. Tout est réglé désormais. Vous avez à vous rendre 135 East 42nd Street ? Tout est déterminé dans une clarté euclidienne... Cette grille des rues, ce tracé " à l'américaine ", c'est précisément le prétexte aux vindictes académiques ou romantiques. C'est notre gloriole à nous, d'être à la base même plongés dans le désordre. Nous en faisons une vertu... Or, les Romains traçaient leurs villes " à l'américaine " ; et les Grecs avant eux. Les Egyptiens aussi... Ainsi fit Saint Louis pour Aigues-Mortes... Lorsque les conquistadors partaient sur les caravelles, vers le Nouveau Monde, ils emmenaient des géomètres porteurs de villes conçues d'avance ». (Le Corbusier, *Quand les cathédrales étaient blanches*)

La forme résulte des projets successifs, sédimentés ou revus, qui font la ville, mais l'esprit de la forme, c'est les rapports qu'elle entretient avec son temps, l'effet de civilisation qu'elle transcrit et de décisions politiques qui s'y superposent. Sans ces divers projets, de quel type qu'ils soient, la ville est informe. La forme joue aussi sur la troisième dimension, la sky line des Américains. Pour reprendre la comparaison entre le reglé et le « désordonné », cela donne Mies van der Rohe et Gaudi, une épure à la Mondrian face à la courbe baroque jusqu'à la « démence ». On notera que désordonné et démence sont entre guillemets. Une belle forme, de façon plus ou moins implicite, est synonyme d'harmonie, donc de symétrie à base de fuyantes et de courbes maîtrisées. Une forme « avortée » découle d'une impression d'inachevé, comme cette percée de la rue Foch à Montpellier qui remet en cause la forme originelle mais s'arrête en route, sans atteindre l'Esplanade promise.

Deux exemples.

■ La forme d'une ville pour ses ambiances et évolutions.
« La rue de Bouillé, sa maison d'angle de briques et de pierres blanches, sa plongée raide vers le plan d'eau de l'Erdre, plus engorgé de bateaux de plaisance qu'un arroyo chinois. La rue Noire, sans maisons, chagrine et hautaine, corsetée de ses murs de soutènement moussus par-dessus lesquels pointaient des touffes de bambous, des mimosas, des magnolias. Le pli creux du boulevard Le Lasseur.
J'ai plus de mal à me souvenir de ce que pouvait être la vie de Nantes dans les années vingt qu'à me rappeler son ancienne configuration ».

(Julien Gracq, *La forme d'une ville, José Corti*, 1985.)

■ La forme comme réponses à nos questions : villes du regard.
« L'homme qui voyage et ne connaît pas encore la ville qui l'attend sur sa route se demande comment seront le palais du roi, la caserne, le moulin, le théâtre, le bazar. Dans chaque ville de l'empire, chaque édifice est différent et a une place particulière...
C'est selon l'humeur de celui qui regarde que Zemrude prend sa forme. Si tu passes en sifflotant, le nez au vent, conduit par ce que tu siffles, tu la reconnaîtras de bas en haut : balcons, rideaux qui s'envolent, jets d'eau. Si tu marches le menton sur la poitrine, les ongles enfoncés dans la paume de la main, ton regard ira se perdre à ras de terre, dans les ruisseaux, les bouches d'égout, les restes de poisson, les papiers sales... ».

(Italo Calvino, *Les villes invisibles*, Le Seuil, 1984)

.... ET LA RUE ?
... ET LA PLACE ?...

Sous la statistique de l'îlot, persiste la rue, vivante, et sous le plan, la place, toujours courue, recherchée. Ce sont là les deux éléments de vie qui constituent un enjeu pour la ville. La première situe un niveau élémentaire d'organisation de l'espace urbain après la maison. La deuxième marque la ville dans son urbanisme, à Nancy ou à Trujillo, chargée d'histoire ou récemment conçue, livrée aux voitures ou débarrassée d'elles, centrale ou de quartier.

POUR EN SAVOIR PLUS...

Un des premiers ouvrages de qualité publiés sur le thème et dû à Jean Tricart, montre combien la réflexion a évolué. Il n'y a guère que *l'Histoire de Nîmes* (Edisud, direction Raymond Huard) pour présenter encore dans une de ces innombrables publications sur la ville, des relevés effectués au niveau des immeubles. Cela ne se fait plus guère, on ne valorise pas la grande échelle, celle de la rue. « Lorsque Maurice Utrillo (1883-1955) brossait la Butte, ce n'était ni le paysage législatif, ni le paysage statistique qui l'attirait, ni même les volumes ou les fonctions de Montmartre, mais un certain contact avec les détails quotidiens : une enseigne de « Vins et liqueurs », une palissade d'où l'affiche se décollait, un arbre municipal, une baraque à frites. » (S. Rimbert, *Les paysages urbains*). Et lorsque Ernest Pignon nous fait redécouvrir Rimbaud, c'est dans la rue qu'il affiche les portraits de « l'éternel jeune homme », comme pour nous tenir compagnie.

La rue revient en force dans sa version piétonne, et comme antidote à la circulation automobile. Elle propose deux versions de la ville, celle qui est encore fréquentable et celle des autoroutes urbaines. Celle qui se nomme rue de Lappe, des Blancs Manteaux, des Francs Bourgeois, de la Grande Truanderie ou du Gros Horloge. Et celle qui s'attribue le générique de « périphérique », transformé en parkway ou autre *freeway*. La rue propose encore ce mobilier urbain pas trop soumis aux lois du design à sanisettes, le banc public et l'enseigne, la fontaine.

« Quand leur ciel se couvrira de gros nuages lourds,
Ils s'apercevront, émus,
Que c'est au hasard des rues,
Sur un de ces fameux bancs,
Qu'ils ont vécu le meilleur morceau de leur amour. »

Oubliées les odeurs, la rue autrefois « respirait toutes sortes d'odeurs comme l'haleine noble et tiède de la boulangerie, les senteurs d'un marchand de fruit, l'amertume du café devant un bistrot, le bouquet chimique du pharmacien ». (Pierre Sansot, *Poétique de la ville*, Klincksieck, 1972). « Dans les rues adjacentes de la rue Saint-Denis et de la rue Saint-Martin, les gens vivaient tellement serrés les uns contre les autres, les maisons étaient si étroitement pressées sur cinq, six étages qu'on ne voyait pas le ciel et qu'en bas, au ras du sol, l'air stagnait comme dans les égouts humides et était saturé d'odeurs. Il s'y mêlait des odeurs d'hommes et de bêtes, des vapeurs de nourriture et de maladie, des relents d'eau et de pierre et de cendre et de cuir, de savon et de pain frais et d'œufs cuits dans le vinaigre, de nouilles et de cuivre jaune bien astiqué, de sauge et de bière et de larmes, de graisse, de paille humide et de paille sèche. Des milliers et des milliers d'odeurs formaient une bouillie invisible qui emplissait les profondes tranchées des rues et des ruelles... » (Patrick Süskind, *Le Parfum, Zurich*, 1985, Edit. Fayard, 1986).

La rue est une propriété, une désignation toute symbolique. « Le conseil du vingtième arrondissement a donc repoussé la proposition d'avoir une rue Baron-de-Batz... lors du même conseil, il a été décidé d'attribuer le nom de voies du vingtième à Fernand Raynaud, humoriste connu, à J.J. de Mondoville, sous-maître de chapelle du roi en 1739, et à Georges Perec, écrivain. Au prochain conseil, il sera proposée une voie au nom de Père Prosper Enfantin qui fut le fondateur des Saint-Simoniens. Tous ont habité le vingtième arrondissement ». (*Le Monde*, 30 janvier 1994).

La place est un aboutissement, convergence de rues avec le danger de n'être qu'un carrefour. C'est aussi le lieu de rassemblement de tout ce qui permet la rencontre, le marché, les fontaines et les squares, les bâtiments publics. Chaque civilisation a la sienne, de l'arbre à palabres au quadrilatère fermé. Elle marque le centre et le lieu de rencontre à la fois. L'Italie est prodigue de loggias et de palais. La plaza mayor, espagnole, prolonge la calle mayor ou grand'rue. Hauptplatz ou marktplatz marquent l'Europe centrale. Sa version monumentale donne la Place Rouge, la Concorde, la place Stanislas, Tian-an-Men, les Trois-Pouvoirs de Brasilia ou les Trois-Cultures de Mexico. Elle n'est pas passe-partout, pas plus que les commerces qui vont avec, sélectionnés selon le degré de centralité.

Jean-Pierre Garnier montre comment la destination d'une place peut changer. « Sur cette place immense, aux contours mal définis sinon par quelques énormes édifices néo-classiques construits selon une conception monumentaliste imprégnée d'autoritarisme fascisant, le peuple prit l'habitude de se réunir à l'appel de Fidel Castro. Cette place que ses promoteurs avaient voulue « civique » en y élevant d'imposants bâtiments administratifs chargés d'intimider le citoyen de leur écrasante « majesté », s'est muée en « Place de la Révolution » du seul fait des gigantesques rassemblements... Il n'est pas nécessaire que le cadre physique de la ville change pour que change l'idée que s'en font ses habitants ». (Jean-Pierre Garnier, *La Havane, une ville, une révolution*, p. 74).

.... ET LE QUARTIER ?...

Unité sociologique de base de la ville, le quartier s'identifie par son « allure », beau quartier ou ghetto dégradé, avec toutes les nuances. Il n'est pas seulement une somme de rues et d'îlots. On peut considérer qu'il représente à la fois un territoire, un enracinement historique, un sentiment d'appartenance répondant à un désir d'identification.

POUR EN SAVOIR PLUS ...

« A L'Ouest, les vieux quartiers garnissent pittoresquement les flancs des collines et la rive droite de la Saône. Sous les pentes que couronne la basilique de Fourvière... le quartier de Vaise, grand faubourg ouvrier et port de Saône avec sa gare d'eau. En face, l'autre colline, la Croix-Rousse, a gardé un aspect archaïque... Ce sont là les quartiers du passé, les plus pittoresques et les plus délaissés ». On aura reconnu sans peine Lyon, mais qui est l'auteur et de quand date-t-il ? Premiers écrits d'une géographie urbaine qui n'existe pas encore, cette description est de Raoul Blanchard et date de 1918 (*Trois grandes villes du Sud-Est, Lyon, Marseille, Nice*). Explication qui tempère toute sévérité de jugement.

Ce genre de texte se perpétue en géographie, car le quartier s'y prête, peu apte qu'il est à se laisser enfermer dans une définition stricte. D'abord parce que l'échelle, trop grande, n'est pas familière au géographe. Ensuite parce que la charge idéologique du terme est telle qu'on l'abandonne volontiers au sociologue, voire au littérateur.

« Les beaux quartiers... Ils sont comme une échappée au mauvais rêve, dans la pince noire de l'industrie. De tous côtés ils confinent à ces régions implacables du travail dont les fumées déshonorent leurs perspectives, rabattues, quand le vent s'y met, sur leurs demeures aux teintes fragiles. Ici sommeillent de grandes ambitions, de hautes pensées, des mélancolies pleines de grâce ». (Aragon, *Les Beaux quartiers*, Denoël, 1936, p. 189).

« Un destin funeste semble attaché au devenir des quartiers bourgeois, comme si leurs qualités exceptionnelles contenaient en puissance le processus de leur dépérissement. A l'origine, la présence des grandes familles, le calme engendré par la profusion de l'espace et de la verdure, l'élégance de l'architecture, la perfection d'une vie sociale autorisée par l'entre-soi que savent se ménager les aristocrates et grands bourgeois expliquaient le prestige des quartiers résidentiels et l'attrait qu'ils exercent sur les activités de haut niveau. L'affluence de ces dernières ne tarde pas à bouleverser le fragile équilibre du cadre urbain qui les avait attirées....Sur les Grands boulevards, le processus est à la fois plus ancien et plus achevé : il ne reste que de vagues souvenirs des fastes du Second empire.... Les Champs Elysées forment l'un de ces territoires urbains en évolution accélérée où le caractère éminemment vivant de la ville s'impose brusquement à l'évidence ». (M. Pinçon et M. Pinçon-Charlot, *Quartiers bourgeois, quartiers d'affaires*, Documents Payot, 1992). La saturation « urbaine » conduirait-elle à une « dévalorisation » de l'espace des beaux quartiers qui ont attisé les convoitises ? Familles et affaires sont en concurrence pour occuper les espaces les plus signifiants, les plus rares, les plus chargés de valeur symbolique. Le prestige social peut-il résister à la pression des affaires ?

La tentation des typologies donne quartier ouvrier, quartier chic, quartier chaud, quartier bourgeois, quartier d'affaires, quartier industriel,... distinguant là où l'on travaille, où l'on réside, où l'on s'amuse, où l'on parade. Question de facilité, car parler de quartier en ville (comme de région pour un pays) c'est éviter les répétitions pour désigner un sous-ensemble urbain identifié comme tel. Il peut être lotissement, groupe d'habitations, secteur fonctionnel, au-dessus de l'îlot pris comme unité de base et au-dessous de la ZUP, trop vaste.

Au total le quartier est bien une base territoriale statistiquement reconnue par l'INSEE (qui en change souvent). Unité sociale ayant sa réalité propre, il est perçu comme l'emblème des intérêts communs d'un groupe d'habitants, un milieu de vie jamais inerte et vu souvent comme « populaire ». On l'opposerait volontiers au zonage (encore plus au zoning) et aux unités de voisinage, relevant d'approches technocratiques, alors que le quartier reste lié à l'authentique, à la vie sociale. L'idéologie “quartieriste” parle à son propos d'animation confiée à des comités (essentiellement des commerçants) qui la prennent en compte, l'assimilant un peu, de façon inavouée, à leur propre aire de chalandise. Le couronnement en est, à date fixe, la fête de quartier, DU quartier.

Dans les mains des praticiens, le quartier peut devenir opérationnel et remplir son rôle, doté d'une maison de quartier comme lieu de rencontres et de pratiques, base d'une organisation urbaine. A ce titre les géographes ont successivement considéré le quartier comme une unité spatiale homogène, en forme de pavage, une unité d'organisation possible de la ville en termes fonctionnels, une unité concentrant les équipements minima nécessaires, une unité de vie qui doit être insérée dans un cadre agréable. Ces quatre choix se perpétuent, sans se contredire.

... ET LE CENTRE ?...

Partant d'une géométrie, au pied de la lettre, on aboutit à un espace de commandement, le C.B.D. des anglo-saxons. Mais le centre est aussi dans les représentations et les pratiques de la ville de chacun. Où est le centre de Paris ? Où sont les centres de Paris ?

POUR EN SAVOIR PLUS...

Le centre des villes constitue un de ces beaux chevaux de bataille que cultivent les aménageurs, qu'il s'agisse de le rénover (mot à mot « remettre à neuf »), de le restaurer, de le réhabiliter. Ou d'aboutir à quelque savant compromis dont les architectes ont le secret lorsqu'ils ne pratiquent plus le pastiche comme de faire voisiner l'histoire la plus patinée et les matériaux les plus actuels, en gros la pierre sculptée au Moyen-Age et l'aluminium brossé. C'est peut-être ce qui va le mieux au centre, car n'en déplaise aux « cities » et aux cas extrêmes du type Los Angeles, les centres ne sont pas que de fréquentation en forme de bureaux, et la voiture laisse place aux cheminements, de plus en plus piétonniers. Dans ce bel argot se voulant de spécialistes, le choix des centres se pose entre *muséification* (reprenant la *taudification*) et *gentryfication*. Ne pas comprendre relève du mauvais esprit.

« Centre ville », « Cœur de ville » annoncent les panneaux qui guident l'étranger. C'est-à-dire une difficulté croissante de stationnement, surtout lorsque quelques municipalités ont eu la belle idée de placer en plein centre leurs silos à voitures. A Montpellier on répète volontiers que l'haussmannisation a découlé d'un incident de parcours du carrosse impérial. Le centre c'est aussi parfois une incapacité pour certaines administrations perdant de vue leur rôle de service au public à se déconcentrer en périphérie ; une vue passéiste des affaires qui se traitent plus dans les chaînes hôtelières localisés en fonction des noeuds autoroutiers et des aéroports que sous des voûtes vénérables. D'où la tentation, durant plusieurs décennies, de mettre d'abord l'accent sur la crise des centres, la mort des centres.

Depuis, quelques solutions ont été avancées, le centre ayant été reconnu comme indispensable. On l'a alors allégé d'un certain nombre d'activités pouvant s'exercer ailleurs. En périphérie ne manquent pas les fausses zones industrielles, artisanales ou plus pudiquement « d'activités », dont bénéficient, en négatif, les centres. De la même façon les ZUP, sous couvert d'un discours hygiéniste, toujours le même en cas d'opération d'envergure sur les vieux tissus, ont constitué, en contrepoint, un moyen de récupérer un capital architectural dégradé mais parfaitement central.

Barcelone offre l'exemple d'un centre ancien (*casco antiguo*) en évolution rapide. D'abord ont été mis en œuvre les travaux de récupération des édifices anciens, vieilles pierres datant de Rome et du Moyen-Age, justifiant le nom de *Barrio Gótico* livré aux touristes et désert la nuit. Ensuite ont été confortés les points de rencontre centraux qu'offrent les Ramblas, mobilier urbain rénové, maintien des kiosques à journaux, marchés quotidiens aux fleurs et aux animaux, donnant une activité incessante, diurne et nocturne. Enfin, désormais, le *Barrio Chino*, longtemps à l'écart, dégradé et livré au prolétariat et à la prostitution, est en phase de reprise, révélant des « trésors d'architecture ». Trois centres anciens, trois usages, une même évolution : la récupération d'un capital urbain rare et sa valorisation, comme ces anciens hôtels particuliers devenus Musée Picasso, proche de Santa Maria del Mar et du Born, ancien lieu de tournoi longtemps occupé par le marché de gros. C'est là l'ancienne ville enclose de murailles jusqu'au XXe siècle.

A l'extérieur, d'autres centres : l'emblématique Place de Catalogne cernée de banques à l'architecture massive et bien datée, hors d'échelle et obsolète à la fois mais inséparable d'une histoire troublée. La city barcelonaise, qui, remontant par le Paseo de Gracia dont on fait volontiers des Champs-Elysées, a gagné la Diagonal, troublant le profil des hauteurs de la ville par un appareil commercial et d'affaires propres à une grande métropole. Cinq centres donc, qui font la « centralité » de Barcelone, éléments d'un tout en évolution constante, étiré hors des Ramblas, qui restent, dans la pensée de chacun, centre du centre par leur fréquentation.

On peut voir une évolution semblable à Madrid, Puerta del Sol dépassée, la Castellana triomphante d'immeubles de standing conférant à l'ancienne petite ville du plateau castillan le statut d'une ville internationale.

Car il n'est de ville que par son centre, à Oxford (sans fausse note), à Varsovie (une reconstruction à l'identique), à Abidjan (le Plateau), à Marseille (la Canebière), à Carcassonne (pas la Cité) ou à Montpellier qui a joué sur la « greffe » à « l'écusson » médiéval de Polygone, d'Antigone et bientôt de Port Marianne.

Faut-il « revisiter » le centre ?

On se reportera à :

Lévy (J-P), *Centres villes en mutation*, Editions du CNRS, 1987.

... ET LE FAUBOURG ? ...
... ET LA BANLIEUE ?...

Faubourg (ancien), banlieue (contemporaine) désignent d'abord ce qui est hors de la ville. Le faubourg est aux portes qui constituent une rupture de charge ; la banlieue omniprésente depuis l'industrialisation se dilue dans un péri-urbain actuel.

POUR EN SAVOIR PLUS...

Foris signifie de l'extérieur, au delà de la porte qui marque l'entrée de la ville. Il a donné faubourg et a bénéficié de connotations encanaillées bien avant la banlieue, le Parisien reconnaissant volontiers un accent, des attitudes, des façons de vivre aux habitants des faubourgs. Il est plus valorisé lorsqu'il s'agit du faubourg Saint-Honoré, beaucoup moins pour le faubourg Saint-Denis. Là se concentraient auberges, affenages, octrois, tout ce qui marquait l'entrée de la ville, en une sorte de sas ; là se trouvaient reportés les métiers salissants ou les activités nauséabondes comme les tanneries. Parfois une deuxième enceinte, témoignage de l'extension de la ville, englobe les vieux faubourgs pour en proposer de nouveaux, toujours plus loin, toujours au dehors, le long des routes.

Il y a plusieurs façons d'aborder la banlieue.
Selon ses origines proches dans le temps, elle témoigne du développement industriel et urbain du XIXe siècle. Selon son étymologie, dans les limites du ban et de la distance sur lequel il s'exercait, elle rappelle des contraintes juridiques venues du Moyen Age. Selon des connotations sociologiques réductrices, banlieue donne le banlieusard mal aimé ou brocardé, en périphérie de la ville, plus tout à fait « urbain ». Les différentes typologies proposées prennent en compte la résidence, les activités économiques, les espaces verts, les spécialisations fonctionnelles, bien d'autres occupations qui ont désormais disparu comme les banlieues maraîchères et laitières des grandes villes. Car celles-ci s'approvisionnent aujourd'hui de façon de plus en plus lointaine et délocalisée, maraîchages d'outre-mer et laitages montagnards.

Le Corbusier : « (La banlieue) est une sorte d'écume battant les murs de la ville. Au cours des XIXe et XXe siècles, cette écume est devenue marée puis inondation. » (*La Charte d'Athènes*, 1943)

Le poète nous aide aussi à nous y retrouver :

« Derrière tes rideaux, dans ton juste milieu,
En attendant le retour d'un Ulysse de banlieue »
(Georges Brassens, *Pénélope*, 1960).

« Quiconque a erré comme nous dans ces solitudes contiguës à nos faubourgs qu'on pourrait nommer les limbes de Paris, y a entretenu çà et là, à l'endroit le plus abandonné, au moment le plus inattendu... des enfants... Ce sont tous les petits échappés des familles pauvres. Le boulevard extérieur est leur milieu respirable ; la banlieue leur appartient... Paris, centre, la banlieue, circonférence ; voilà pour ces enfants toute la terre. » (**Victor Hugo**, *Les Misérables*).

On consultera d'**Alain Faure** et al., « *Les premiers banlieusards* », CREAPHIS, 1991.

Blaise Cendrars, *La banlieue de Paris*, Denoël, Photographies de Robert Doisneau, 1949/1966. « Usines à gaz, hôpitaux, docks, hospices, centrales électriques, asiles de nuit, gares de triage, cimetières, écoles, missions, Armée du Salut, terrains de sport et terrain d'équarissage, marchés aux puces et panification, manutentions, dépôts militaires, couvents, chapelles, surplus américains, clubs clandestins de propagande, salles de réunion, stades où se tiennent les meetings publics et se désignent les piquets de grève, soupes populaires, orphelinats, fourneaux économiques et comme partout ailleurs au coin des rues, « Au bon Coin », un bistrot, dix bistrots, cent bistrots, des bistrots par milliers, des assommoirs et des lotissements à perte de vue qui sont parmi les plus misérables de la banlieue de Paris, construits sur un sol imbibé d'eau, dans un paysage désolé composé exclusivement de cheminées d'usines mortes ou fumantes... entre les terrains vagues sous le ciel bas où traînent les fumées et que déchirent les coups de sifflet stridents des locomotives des trains fuyant sous les averses... »

Si chaque ville conserve volontiers une personnalité qu'elle cultive, on dit un peu rapidement que toutes les banlieues se ressemblent, en une sorte de modèle de préville dépendant étroitement de la grande ville, même si elle lui fournit souvent bien des choses essentielles ne serait-ce qu'une main-d'œuvre au quotidien que déversent les trains... de banlieue.

La banlieue ne se choisit pas, elle est un palliatif économique qui propose tout d'abord des prix de revient du mètre carré à construire bien plus bas ; on regarde ensuite les facilités de communication et de desserte en transports publics, puis viennent les aménités qui peuvent passer par le commerce de proximité, les restes d'une vie à l'ancienne que l'on voudrait villageoise, un cadre boisé, etc. Une autre réalité apparaissait aux lendemains d'élections, quand les comportements politiques s'y trouvaient fondamentalement différents, accréditant autour de Paris une banlieue « rouge ».

A lire :

Menanteau (J), *Les banlieues*, Le Monde Poche, Marabout/Le Monde, 1994.

... ET TOUT « L'URBAIN » : D'ABORD LE PÉRIURBAIN ?...

Le terme est récent, qui désigne cet espace soumis à l'avancée de la ville au sens immédiat de « proche de ». Au sens le plus large il inclut tout ce qui est autour de la ville, lui sert de prolongement et de complément. Dynamique et instable à la fois, il est porteur de stratégies et peut prendre les formes de résidences principales ou secondaires, sur un littoral, à la montagne, ou dans cette campagne chère à Alphonse Allais qui accueille de plus en plus « la ville ».

POUR EN SAVOIR PLUS...

Périurbain. – Les néologismes montrent bien la progression d'un thème qui surgit dans les années 1970, époque de grande production sur la ville. Ni ville, ni campagne, mais une sorte de pâte urbaine, le suburb, qui entoure la ville. Au plus proche c'est la banlieue, au-delà c'est tout ce qui complète la ville qui fait dire que la Floride constitue une sorte d'espace péri-urbain pour le Nord-Est des Etats-Unis. On estime que la moitié des citadins américains vit et, au mieux, travaille aussi dans ces conditions.

Les composantes en sont des espaces verts à l'échelle de parcs urbains, des centres commerciaux proposant plus que l'essentiel et un habitat pavillonnaire en lotissements aérés. Ainsi semblent se rejoindre une géographie des activités et une géographie du bien-être, au bénéfice de celle-ci. A Los Angeles, en dehors du centre réduit (*downtown*) et de noyaux proches bien identifiés comme Hollywood ou Santa Monica, tout est « périurbain », à la limite.

Bernard Kayser étudie indirectement le phénomène dans les années 1960 sur la Côte d'Azur. Il le pose en termes de “métamorphisme” urbain, au sens quasi géomorphologique d'un processus qui transforme et digère ce qui constitue, à partir du littoral, un marché foncier très important. C'est la version française d'une occupation littorale poussant des doigts de gants vers l'intérieur et qui ménage des vues sur la mer : « les hauts de »...

Jean-Bernard Racine à travers ses travaux sur le grand Montréal propose en 1967 (dans la *Revue de Géographie de Montréal*) un titre tout à fait intéressant : « exurbanisation et métamorphisme périurbain ». Il met ainsi l'accent sur le fait que le vocabulaire de la géographie urbaine est tout à fait évolutif, et se situe aux marges d'un anglicisme supplémentaire venant après suburb qui a donné suburbain puis suburbanisation, après rurban que l'on a traduit simplement par rurbain. Il donne la première définition du terme dans un article sur le modèle urbain américain (*Annales de Géographie, 1971*) et parle alors de « déferlement urbain désordonné et chaotique qui, en dissociant le fait urbain de la ville, le dilue dans un tissu rural dégénéré ». On passera en peu d'années de l'adjectif au substantif : zones périurbaines et espace périurbain dans un premier temps, puis LE périurbain et LA périurbanisation.

Cela représente trois choses sur le plan des processus.

- **Une anticipation sur la ville**, procurant une zone d'affrontement plus que de contacts, entre l'avancée urbaine et quelques combats d'arrière-garde rurale. Concrètement ce qui s'évaluait en hectares mais va se négocier au mètre carré ; tous les abandons sont alors permis des occupations premières dans un espace agricole transformé en friche sociale.
- **Un refuge** pour les plus démunis avant que les équipements urbains à venir ne renchérissent le prix du sol. Les mieux nantis veillent sur la valorisation de leur portefeuille foncier par la ville qui les rattrape.
- **Un espace pionnier**, de conquête et de déversement, où s'affrontent des acteurs porteurs de stratégies spécifiques. Le périurbain, maîtrisé ici, débordant plus loin, montre bien un combat incessant.

Il en découle quatre formes immédiatement visibles.

Le « mitage » signale l'habitat isolé dans la campagne, détruisant pour mieux les reconstruire selon d'autres normes, les paysages préexistants. Le plan Abercombrie (pour Londres, en 1944) ménage une ceinture verte (green belt), et des villes nouvelles au delà pour éviter tout mitage.

L'habitat isolé, le hameau, le village servent souvent d'ancrage, parce qu'ils fournissent un embryon d'équipements (réseau électrique en premier).

Le lotissement organise le périurbain répétitif, tout comme le grand ensemble, dans un deuxième temps, celui de la densification et de la charge foncière. Au début du siècle à Paris le déferlement pavillonnaire s'appuie sur le réseau de transports.

Le délestage de la ville entretient aussi la tentation, cimetière, usine polluante, dépôt, carrière, aérodrome sont le lot du périurbain, et quelques autres nuisances ou services (centres commerciaux…). La ville suivra, remettant en cause ces choix sur les terrains récupérés à travers une poussée en nappe.

Pour comprendre l'importance des enjeux sociétaux du territoire périurbain, on lira :

Ferrier (J-P), *Leçons du territoire*, Edisud, 1983.

... LE RURBAIN, L'INTRA-URBAIN, L'EXTRA-URBAIN ?...

C'est « le rural qui s'urbanise ». Le rat des champs a laissé place au rat des villes dans cette lutte vieille comme le monde. Les deux partenaires ont désormais d'autres rapports, le temps de l'ordre éternel de la campagne a disparu sous les coups de boutoir de la ville, donnant une autre forme de civilisation, au moins en France. Quant à l'intra-urbain on ne l'oppose plus à l'extra-urbain que pour des questions de commodité.

POUR EN SAVOIR PLUS...

La campagne à l'ancienne est en voie de disparition, dans une France restée rurale jusque dans la moitié du vingtième siècle. La ville engendre des réserves d'espace à son usage, qu'il s'agisse de parcs, de semblants de « nature » ou de villages repris ou à reprendre. L'espace nouveau, **rurbain**, s'organise sur le mode de l'archipel : quelques noyaux dans le désert. Mais persiste toujours le mythe de la campagne qu'il faut préserver, sachant que l'agriculture n'en assure plus la gestion.

Sous le mythe, les chiffres : l'INSEE nous rappelle que 96 % des habitants de la France vivent dans une ZPIU (Zone de Peuplement Industriel et Urbain). La dernière guerre mondiale, encore dans les mémoires, avait mis l'accent sur la terre au plus haut niveau de l'idéologie pétainiste et au plus bas niveau de la survie alimentaire au quotidien. Ce qui avait fait des campagnes de la Creuse, du Cantal, de l'Aveyron, de Lozère ou de Haute-Loire des refuges pour les citadins en mal de nourriture. Ce qui pouvait s'appeler, en route vers la ville, après quelques intermédiaires, le « marché noir » et les tribulations d'un cochon débité dans « La traversée de Paris ». Est-ce séquelle des vieilles famines et des anciennes pestes qui resurgit ainsi ? (*a peste, fame, bello, libera nos, Domine,* dit le psaume).

Le monde urbain a largement sauvé une partie du patrimoine rural à travers des villages abandonnés de l'Ardèche ou de l'arrièrre-pays provençal repris par les résidences secondaires, jusqu'à donner la caricature très « parisianisante » du Luberon. Le rurbain n'enregistre-t-il pas la troisième mutation des campagnes françaises, après celle qui relevait des grands défrichements médiévaux et celle de l'expansion des terres de culture au XIXe siècle. Le résultat s'élabore sous nos yeux, qu'il ne faut pas confondre avec le périurbain ou la banlieue.

Ainsi mis à mal, le vieux couple « urbain-rural » n'a plus guère de sens.

L'intra-urbain. – On l'aborde beaucoup en termes de protection, de récupération, d'esthétique. « Le quartier des pentes de la Croix-Rousse à Lyon sera classé en zone de protection du patrimoine... Après deux années d'études réalisées par une équipe d'historiens, d'archéologues et d'architectes, en collaboration avec les associations d'habitants, le bâti croix-roussien est aujourd'hui inventorié. Afin de sauvegarder l'unité et l'identité de cette colline, lieu historique de la révolte des canuts, mille immeubles construits entre le seizième et le dix-neuvième siècle deviennent indestructibles et sont soumis à des directives de réhabilitation respectant leur architecture d'origine. Les espaces extérieurs, cours, places, jardins, escaliers et traboules seront protégés et embellis ». (*Le Monde*, 30 janvier 1994).

L'extra-urbain. – Pris au pied de la lettre, il regroupe tout le reste, tout ce qui est hors de la ville mais en dépend encore pour une grande part. Exemple extrême mais non caricatural, et phénomène extra urbain par excellence, les Alpes constituent la banlieue touristique de la Région parisienne, les Rocheuses celle de la Mégalopolis américaine et des grandes villes du Canada. Les stations du littoral languedocien jouent le même rôle, mais un peu moins que les plages de l'Adriatique ou de l'Espagne, pour les grandes villes d'Allemagne.

Dans le contexte général de la décennie 1970, les pouvoirs publics ont examiné les effets de l'extension péri-urbaine des villes au sein d'une commission présidée par M. Mayoux. Les travaux de cette commission ont été rassemblés dans un rapport publié à la Documentation française sous le titre *Demain l'espace* (1979). Gérard Bauer et Jean-Michel Roux avaient publié en 1976 *La rurbanisation ou la ville éparpillée* (Le Seuil) introduisant dans le vocabulaire courant le néologisme de « rurbanisation » en s'inspirant des études anglo-saxones traitant de la « suburban fringe » et du « rural urban continuum ». Enfin en 1981, paraît à la Documentation française dans le cadre du Schéma général d'aménagement de la France *L'enjeu péri-urbain* résultat des études conduites par la DATAR.

QUELS RAPPORTS VILLES-CAMPAGNES ?

Le dualisme souligné par le titre en est à son terme car il ne reflète plus, en 1994, la réalité géographique longtemps alimentée par des travaux de pionniers, des thèses de qualité, quelques redondances, puis des recherches tirant à la ligne.

POUR EN SAVOIR PLUS...

Marx écrit dans *Le Capital* : « La base de toute division du travail bien faite, suscitée par l'échange de marchandises, est la séparation entre la ville et la campagne. On peut dire que toute l'histoire économique de la société est résumée dans l'évolution de cette antithèse ».

Mais les campagnes faites d'agriculteurs ont accueilli le monde de l'industrie puis le secteur tertiaire, dans des localisations de plus en plus larges. En d'autres termes, la campagne à l'ancienne a perdu ses références, ses bases, ses travailleurs en recul constant devant une ville en forme de rouleau compresseur. Et la géographie agraire qui parlait de la jachère, de l'openfield, de la friche, du bocage et d'assolements complexes a fini par laisser place, à côté d'une géographie de l'exploitation agricole, à une géographie « rurale » partant de la ville.

Le thème, ancien, a donné lieu à quelques grandes thèses de géographie (R. Dugrand et R. Brunet en voisins dans le sud de la France) avant de devenir redondant puis d'apparaître de plus en plus comme un faux problème, une fausse opposition. L'idée de réconcilier ville et campagne est ancienne, Howard a parlé de leur mariage, Alphonse Allais d'un trait d'humour reposant sur la logique de l'absurde proposait de construire les villes à la campagne. Ville lieu de toutes les pollutions et perversions, Emile voit dans Paris une « ville de bruit, de fumée et de boue, où les femmes ne croient plus à l'honneur ni les hommes à la vertu » et Rousseau rejoint ainsi Restif de la Bretonne à la recherche du paradis campagnard (*Le paysan perverti ou les dangers de la ville*, 1750). Ebenezer Howard dira, d'une autre manière, « Ni l'Aimant ville ni l'Aimant campagne ne réalisent complètement le but d'une vie vraiment conforme à la nature. L'homme doit jouir à la fois de la société et des beautés de la nature. Il faut que les deux aimants ne fassent qu'un ». Gropius note « La nostalgie que ressentent les citadins à l'égard de la campagne et le campagnard à l'égard de la ville traduit une aspiration profonde, toujours grandissante ». Une des dernières impulsions donnée aux recherches sur le thème est due à Bernard Kayser à partir de l'article sur Le nouveau système des relations villes-campagnes (*Espaces et Sociétés* , 1973).

Rappelons quelques titres en forme de jalons :

Roupnel (G), *La Ville et la campagne, 1922*, puis *Histoire de la campagne française*, Grasset, 1932
Collectif, *Villes et campagnes, civilisation urbaine et civilisation rurale en France*, A. Colin, 1953
Gervais (M), Servolin (C), Weil (J), *Une France sans paysans*, Seuil, 1965
Rambaud (P), *Société rurale et urbanisation*, Le Seuil, 1974
Berger (A), Rouzier (J), *Ville et campagne, la fin d'un dualisme*, Economica, 1977
Charrier (J. B), *Villes et campagne*, Masson, 1988
Chapuis (R), *Les ruraux français*, Masson, 1986
Kayser (B), *La Renaissance rurale*, Colin, 1990.

Il reste à prendre en compte une approche globale, passant par dessus les clivages anciens rappelés. Certes la ville rentière du sol existe toujours, mais le phénomène s'est trouvé dépassé par toutes les appropriations de la ville sur la campagne, y compris ces résidences secondaires salvatrices de bien des villages.

Le Monde du 30 janvier 1994, sous le titre « Le Nord doute de sa métropole », rend compte d'une consultation lancée par le conseil général soulignant la faible attractivité de la métropole lilloise. « S'ils devaient déménager, 14 % des habitants choisiraient l'agglomération lilloise, 39 % optant pour une ville moyenne et 44 % pour la campagne. Les réponses proprement lilloises donnent 26 % d'optants pour la métropole, 38 % pour la campagne ». Et Pierre Mauroy rappelle que « partout on parle de la ville contre la campagne, des banlieues responsables de tous nos maux et de la douceur de vivre dans nos villages… attention aux rêves passéistes. Gardons-nous de reproduire le syndrome des moutons en Ardèche ».

QU'EST-CE QUE LA RENTE FONCIERE URBAINE ?

La rente foncière est une des clés d'explication de la croissance urbaine qui ne se fait jamais à l'aveuglette ni de manière « anarchique ». Le mètre carré de sol urbain a sa valeur, ce qui se traduit par un coefficient multiplicateur par rapport à son usage agricole. La différence est la rente foncière.

POUR EN SAVOIR PLUS...

Le concept de rente est très souvent employé dans le domaine de l'urbanisme sous l'étiquette de « rente foncière urbaine », car la ville est grande dévoreuse d'espace. L'approche marxiste a largement fait usage de ce facteur d'explication. Rente différentielle découlant de l'inégale production du travail. Rente différentielle deux, en raison du niveau de capital investi. Rente absolue qui correspond à un excédent dégagé même sur les plus mauvaises terres. Rente de monopole venue des conditions du marché. La rente paraît dans tous les cas liée à une double confrontation, celle de la propriété du sol, celle de sa mise en construction et de son investissement par des capitaux immobiliers. Elle renvoie donc à un processus décisionnel et à des conditions de marché. Une relation dialectique s'établit entre la rente urbaine et la division sociale de l'espace. Le sol est par ailleurs devenu symbole, renvoyant autant à une valeur sociale qu'à une valeur marchande.

Une image un peu simple permet de comprendre : le terrain agricole se vend à l'hectare, le même, pour être bâti, se vend au mètre carré.

Les travaux sur la rente sont fort nombreux. Signalons en particulier quelques mises au point :,

Castells (M.), *La question urbaine*, PUF, 1972
Granelle (J-J), *Espace urbain et prix du sol*, Sirey, 1970
Lipietz (A), *Le tribut foncier urbain*, Maspero, 1974
Lojkine (J), *Y a-t-il une rente foncière urbaine*, Espaces et Sociétés, n°2, 1971
Lojkine (J), *Le marxisme, l'Etat et la question urbaine*, PUF, 1977
Topalov (C), *Surprofits et rentes foncières dans la ville capitaliste,* International Journal of Urban and Regional Research, Vol 1, n°3, 1977
Topalov (C), *Le profit, la rente et la ville*, Economica, 1984.

Etudes foncières. *La rente foncière urbaine. Approches théoriques et empiriques.* Colloque de l'ADEF, 1984.

Le concept de rente renvoie au moins à trois éléments, la spéculation, la rareté, la situation, avec chaque fois une rente, par rapport au prix du sol.

Une forme de spéculation est visible dans la ville avec la présence de terrains à l'abandon qui ne sont plus exploités dans l'attente de prix plus élevés. Ces « portefeuilles fonciers » que W. Hartke avait appelé en Allemagne la « friche sociale » sont autant d'objets spéculatifs.

La rareté apparaît à travers la densification et l'achat de droits à bâtir supérieurs aux autorisations légales du POS. L'immeuble qui se substitue au pavillon témoigne de la rareté que celle-ci soit pénurie face aux besoins sociaux, ou rétention dans l'espoir d'affaires juteuses.

La situation se définit par rapport à un lieu attractif. Là aussi la publicité immobilière est un bon indicateur qui valorise le centre, les équipements, les points de vue, la tranquillité, le calme, l'environnement... Les courbes d'isoprix désignent sur une carte les lignes qui joignent les points de même valeur marchande. Il s'y ajoute une rente d'anticipation qui favorise la prévision des grandes opérations à venir, par voisinage d'un équipement de prestige.

Dans les trois cas la part de l'idéologie du marketing est très importante, si bien que l'on peut dire qu'un terrain à bâtir voit se cumuler une valeur de négociation en fonction de l'offre et de la demande, une rente de situation en fonction de sa position par rapport aux axes de croissance de la ville et tout un discours qui relève de l'air du temps variant sur le thème « une chaumière et un cœur » : trois arbres deviennent un bosquet et deux bosquets une forêt, quelques buissons un nid de verdure.

Comprendre la rente, au delà des approches théoriques implique que l'on tienne compte d'une gamme complexe de révélateurs : ceux qui renvoient à la propriété et au capital dans un rapport variable selon le lieu et le temps ; ceux qui déterminent le paysage dans sa totalité, le terrain dans sa forme et sa végétation, le cadre dans son pittoresque et ses agréments, la composition sociale du quartier, la qualité des équipements que l'on y rencontre ; ceux plus subtils qui fondent la réputation du lieu et dont la maîtrise ne peut jamais être exhaustive. Enfin la densité possible d'occupation du sol fixé par le Coefficient d'Occupation du Sol (COS) que détermine le Plan d'Occupation du Sol (POS) n'apparaît que comme un ingrédient final, une sorte de code de bonne conduite et de légalisation d'un rapport social générateur de rentes différentielles et de surprofits de localisation.

Sans oublier bien sûr la belle formule de Maurice Halwachs qui parle de « valeur d'opinion » pour le mécanisme des prix fonciers (*Les expropriations et le prix des terrains à Paris*, 1860-1900, Cornely, 1909).

QUE SONT LES RÉSEAUX ?

Le concept de réseau urbain a largement fait progresser les études urbaines dans la mesure où il permettait de dépasser le cadre des monographies, de considérer la ville dans son système régional, et de réfléchir à plusieurs échelles, pertinentes selon l'angle d'attaque envisagé.

POUR EN SAVOIR PLUS...

Le bel ordonnancement, la régularité satisfaisante pour l'esprit, permettent de parler de réseau christallérien, néologisme composé à partir du nom de Christaller qui a étudié le phénomène en Allemagne du sud (théorie de la centralité) et proposé une organisation en hexagones emboîtés.

« De la répartition uniforme des biens centraux dans le système hexagonal, résulte alors une distance normale des lieux centraux de rang immédiatement supérieur de 12 kms (7/3). Et, de la même manière, existent des types de lieux centraux de rang plus élevé ayant entre eux des distances plus élevées : 21km, 36 km, 62 km, 108 km, 186 km, chacune ayant, par rapport à la précédente, un accroissement proportionnel à la racine de trois ». (A.M. Prost, *La hiérarchie des villes en fonction de leurs activités de commerce et de service.* Gauthier-Villars, 1965).

« La disposition des villes dans un pays se fait suivant une certaine périodicité qu'on peut comparer à la disposition des atomes dans un cristal, d'où le nom de réseau urbain. Le terme de maillage, qui dit en mauvais français ce que réseau dit en bonne langue, a l'avantage d'éviter une confusion avec le réseau des communications dans les villes ». Voilà, précisément en bon français, une façon pour Max Derruau de définir les réseaux (*Géographie humaine*, Colin, 1991, p. 435).

Il en est une autre, issue des travaux menés en France sur ce thème au cours des dernières décennies. L'article fondateur est celui de Michel Rochefort : « Méthodes d'étude des réseaux urbains. Intérêt de l'analyse du secteur tertiaire de la population active », *Annales de Géographie*, 1957. En deux articles publiés dans la Revue Géographique de l'Est (1966 et 1973), P. Claval présente une synthèse des travaux de recherche en ce domaine et une abondante bibliographie.

Ce sont les enquêtes menées sur les lieux de fréquentation en fonction des besoins (on dit encore zones de chalandise) qui ont permis de déterminer les zones d'influence des villes (tombées urbaines) et donc la hiérarchie qui régit leurs rapports. On pense à l'appareil commercial, aux aires de marché, aux bassins de main-d'œuvre qui déterminent les échanges entre les villes et leurs périphéries en forme de migrations pendulaires et quotidiennes. Dans les deux cas, l'indicateur visuel le plus commode reste l'étoile des transports en commun et des trafics routiers qui fleurissent autour de chaque ville. Par contre l'automatisation en matière de téléphone a supprimé une source un temps utilisée, et les compensations bancaires restent du domaine confidentiel alors qu'elles constitueraient un critère de choix pour évaluer ce que l'on dénomme précisément les « invisibles ». On songera au poids universitaire, à l'aire de diffusion de la presse régionale, aux choix administratifs, enfin à tout l'irrationnel relevant des représentations de chacun (certains parlent d'espace vécu) qui fait que les distances euclidiennes, dans leur sécheresse, ne suffisent pas à expliquer toutes les fréquentations.

L'aboutissement de toutes ces hiérarchies conduit à la région et aux pôles urbains qui la structurent. Exemple la bipolarité lorraine, avec Metz et Nancy, ce genre de doublet étant fréquent sur le territoire français, en des « rééquilibrages » qui ne sont en fait que compétition pour la gestion de l'espace régional, sans parler d'héritages plus anciens entretenus entre Bordeaux et Toulouse, Aix et Marseille, Draguignan et Toulon, quelle que soit l'échelle. Les Pays de la Loire offrent la particularité (mais la compétition est ouverte) de ne point posséder de métropole, Tours, Angers, Orléans, Le Mans et quelques autres de moindre importance pèsent sur des aires d'influence, aboutissant à une mosaïque d'influences revues et corrigées périodiquement, parfois au prix de quelque clientélisme politique. Chacun se trouve mis d'accord de toute façon par la proximité de Paris, même si restent posées des questions du type « où situer Poitiers, comment se place Bourges ? ».

Un des faits qui rappelle bien la nécessité d'éviter toute approche statique apparaît avec Montpellier dont l'influence entre ces métropoles – anciennement dites d'équilibre – que sont Toulouse et Marseille, s'est taillé un territoire. Alors que l'organisation d'ensemble était là aussi d'allure « ligérienne », Perpignan lorgnant volontiers ailleurs, plus vers Paris que vers Barcelone malgré le discours catalanisant, Carcassonne ne se débarrassant pas de la proximité de Toulouse et débordée par le poids de Narbonne, Béziers vivant sur la nostalgie de ses commandements anciens, Nîmes définitivement dépassée par Montpellier, sans compter Alès ou Sète. Pour cela il fallait sortir de la vieille tradition universitaire, condition nécessaire mais cependant pas suffisante pour faire de Montpellier une ville de poids, dans un réseau fluctuant. Les choix politiques imposés, la croissance démographique, les options économiques de la technopole ont fait le reste, c'est-à-dire l'essentiel.

On lira :

Sallez (A) (sous la dir. de), *Les villes, lieux d'Europe*, DATAR, Editions de l'Aube, 1993.

Cattan (N) et ali, *Le système des villes européennes*, Anthropos, 1994.

QUELLES THÉORIES ?

Les géographes se réfèrent à un minimum de théorie en matière de géographie urbaine. Un des premiers manuels accessibles est dû à A. Bailly,* L'organisation urbaine, Théories et modèles, *CRU, 1975. Mais l'essentiel de la bibliographie reste de langue anglaise.

POUR EN SAVOIR PLUS...

L'ouvrage d'Antoine Bailly se conclut ainsi, il y a vingt ans : « La richesse et la variété de l'apport des théoriciens urbains permet à cette nouvelle géographie de connaître un succès croissant : après une période de création et de généralisation dans les pays anglo-saxons, la théorie de la ville a pris pied, plus ou moins timidement, dans la plupart des écoles géographiques. Découvrir les lois, qu'elles soient physiques, mathématiques ou tirées des sciences humaines proches, qui régissent l'organisation urbaine, tel est le but de cette nouvelle géographie. »

« Courte en théorie et longue en faits » telle est longtemps cette géographie urbaine que caractérise si bien David Harvey (*Explanation in Geography*). Les Britanniques ont très tôt vérifié de façon empirique les schémas théoriques, et parmi eux Brian Berry. W. Isard a avancé en montrant que les aires de marché dépendent bien de la distance mais aussi des densités humaines, et qu'elles se réduisent en fonction de l'importance du peuplement.

La ville est longtemps comparée à un organisme vivant, on la réfère à des démarches venues des sciences expérimentales. Il en est ainsi de la formule de gravité ou loi de Newton qui, reprise par Reilly, met en relation fréquentation et distance à la ville. Cet héritage anglo-saxon pénétrera tardivement en France, l'utilisation d'une approche scientifique hors de quelques formules se voulant quantificatrices, n'est certes pas quelque chose de très récent en France mais ces approches ne sont toujours pas couramment admises. Il est vrai que réduire la ville à une équation est sans intérêt ni réalisme aucun. Il est vrai aussi que l'utilisation de la « vraie » statistique a largement enrichi la méthodologie en matière de géographie urbaine, permettant par la force même de l'outil, de formuler des théories.

La première théorie, dans les années 1930-1940, découle des travaux de Lösch sur la distribution des biens produits. C'est une géométrie en forme d'aires de desserte que pratique Christaller. Elle est dite théorie des lieux centraux. La théorie du champ urbain constate qu'à partir du centre les interactions décroissent en fonction de l'éloignement et de l'accessibilité : la rente de localisation diminue vers la périphérie, à l'image d'un champ magnétique. Von Thünen (1826) en propose une interprétation. Elle est devenue historique, les conditions étant désormais moins sensibles à la distance immédiate qu'autrefois. Il existe entre villes une hiérarchie selon la taille mise en avant par Zipf (1941), dite aussi rank-size ou rang-taille qui met en évidence une relation simple entre le nombre d'habitants d'une ville et son rang hiérarchique. Cela permet de comparer les réseaux urbains entre eux à partir des écarts à la droite de classification des villes.

P. Claval semble être le géographe en France dont les titres usent le plus du terme de « théorie » : *La théorie des lieux centraux (1966), La théorie des villes (1968), La réflexion théorique en géographie et les méthodes d'analyse* (1972), *La théorie des lieux centraux revisitée* (1973). P. Claval pense que « la ville est une organisation destinée à maximiser l'interaction sociale » ; il lui est alors possible de rechercher les principes et les modalités de l'organisation de l'espace urbain à partir de « la localisation des centres, la formation des réseaux et la structuration interne de cet espace ». La ville est un champ ouvert où s'affrontent des « forces centripètesqui appellent à l'agglomération pour maximiser les possibilités de rencontre et favoriser les expériences communautaires » et « des forces centrifuges qui poussent l'individu à rechercher l'isolement et l'espace privé nécessaire à la vie familiale ». Sachant que les choix individuels et collectifs ne peuvent entièrement s'affranchir des contraintes techniques et spatiales qui conditionnent le devenir des villes, les besoins d'interaction sociale et économique prennent donc des formes très différentes que la théorie se doit de formaliser.

On consultera, de cet auteur :

La logique des villes. Essai d'urbanologie, (Litec, 1981) qui précise la richesse de ses approches théoriques.

QUELS MODÈLES ?

L'entre deux guerres est fertile en matière de production de modèles d'organisation intra urbaine. L'Ecole de Chicago propose trois modèles descriptifs. Celui de Burgess repose sur l'organisation annulaire de la ville à partir de son centre, celui de Hoyt montre une ville sectorielle, celui de Harris et Ulmann une ville à noyaux multiples. La théorie de la rente saute à un autre stade, le modèle devient explicatif.

POUR EN SAVOIR PLUS...

Burgess reprend dans les années 1920 les modèles biologiques de Darwin et s'en inspire, produisant pour Chicago le modèle qui fera connaître l'Ecole de sociologie. Autour du centre des affaires (Loop) plusieurs couronnes s'organisent, d'abord logements surpeuplés d'immigrants et de minorités ethniques (petite Sicile, Ghetto, Ville chinoise) ; puis résidence des travailleurs, quartier noir, immigrants allemands ; enfin zone de pavillons individuels, immeubles collectifs et classe bourgeoise. La résidence de plus en plus aisée s'organise vers la périphérie, la migration géographique traduisant une ascension sociale, les moins aisés laissant leur place à des plus défavorisés. Le résultat est une ségrégation sociale très marquée.

Hoyt élargit l'analyse à un grand nombre de villes américaines en 1933 et débouche sur un modèle d'organisation en secteurs (« parts de tarte ») qui se greffent sur le centre et s'étirent le long des voies de communication. La ville met à profit, en façade, la rente de situation offerte par les services de transport, le colmatage survenant ensuite. Il y a là une avancée explicative de la croissance des villes que d'autres implantations "en ruban" confirment. Il en est ainsi des extensions industrielles le long des voies d'eau ou des voies ferrées, de la localisation des aires commerciales qui, de plus en plus exigeantes, en termes de mètres carrés à utiliser construisent de véritables rubans-vitrines le long des principaux axes de transport au détriment des espaces intermédiaires.

Harris et Ullman (1959) proposent quelque chose de plus sophistiqué. Né des précédents, le modèle à centres multiples distingue centre d'affaires (ou CBD) et centres secondaires de niveau inférieur eux-mêmes formés de manière différente selon qu'il s'agit de noyaux d'industries légères de type urbain, d'espaces résidentiels de luxe ou populaires, de centres commerciaux, de zones d'industries lourdes. La ville est éclatée, plus elle s'étend et plus ses centres se démultiplient dans le « *suburb* ».

Les économistes s'engouffrent plus tard dans la voie ouverte très tôt par Von Thünen, car on a pris conscience de l'importance du marché foncier : accessibilité et isoprix des terrains vont de pair, guidant la croissance urbaine. Les prix étant plus élevés dans le centre, l'éloignement introduit une possibilité d'achat, les charges de transport ne prenant jamais suffisamment d'importance pour atteindre les valeurs du sol urbain. Certaines activités ne s'avèrent plus rentables, le terrain agricole est revendu au mètre carré en ayant franchi l'étape d'une attente plus ou moins longue de la montée des prix sans autre utilisation, ce que W. Hartke a défini de la belle expression de "friche urbaine". On retrouve en s'éloignant les prix ou presque du terrain agricole, mais en passant de la valeur d'usage à la valeur d'échange. Les approches marxistes (Lojkine, A. Lipietz) ont situé à la fois l'organisation spatiale de la ville et les mécanismes découlant des politiques foncières menées par les municipalités. J. J. Granelle (1967) a montré l'importance de quatre facteurs, le prix du terrain agricole et de sa viabilisation, la rente de rareté qui anticipe sur les développements à venir de la ville, le trajet dans sa durée et sa distance. Il insiste, en dehors du facteur d'accessibilité présent dans tous les modèles, sur le poids des documents d'urbanisme, POS, COS, etc.

Enfin sont apparues dans les années 1960 les techniques de simulation concernant les activités, l'intégration des migrants, etc. techniques destinées à mettre en évidence les mécanismes gérant les dynamiques urbaines, en évitant de buter sur une simplification abusive de la complexité d'une ville.

On lira :

Chorley (R) et Haggett (P), *Models in Geography*, Barnes et Noble, New York, Methuen, Londres,1967

Racine (J-B), *Le modèle urbain américain*, 1971

Merlin (P), *Méthodes quantitatives et espace urbain*, Masson, 1973

Haggett (P), *L'analyse spatiale en géographie humaine*, Armand Colin, 1973.

On accordera attention à l'ouvrage de Bernard Lepetit et Denise Pumain *Temporalités urbaines* publié chez Anthropos en 1993, en ce sens que les auteurs ont intégré des variables temporelles (durée, rythmes, ruptures, continuités...) et des éléments relevant des théories de l'information et de l'innovation car « le temps des villes pose le défi de la complexité ».

QUE DIT L'ÉCOLOGIE URBAINE ?

Les années 1980 marquent la prise en compte de l'environnement dans les politiques urbaines. Cela découle d'un double constat : une croissance urbaine qui consomme de plus en plus (et de plus en plus mal) d'espace et une baisse de la qualité de l'environnement urbain par suite d'un accroissement des nuisances.

POUR EN SAVOIR PLUS...

Rituel, incantation magique, passage obligé, l'environnement urbain est à l'ordre du jour car il constitue un enjeu de taille dans cet écosystème de plus en plus prégnant qu'est la ville. Les thèmes actuels de la presse quotidienne ne portent plus sur la vie de quartier mais parlent d'élimination des déchets, de pollution par les transports, de dégradation du paysage, d'approvisionnements problématiques en eau ; ils cristallisent une bonne part des revendications des habitants. L'objectif est bien sûr le maintien ou mieux la reconquête d'un cadre de vie de qualité grâce à des politiques efficientes. Ne confondons pas l'écologie urbaine dans sa version contemporaine avec les travaux de l'Ecole de Chicago qui sont dits « d'écologie urbaine » par leurs méthodes d'étude de groupes humains en milieu urbain.

Le pavillon individuel fait oublier les temps de déplacement. Une enquête de la Fédération des usagers des transports en commun affirme qu'en 1992 65 000 personnes de la région parisienne habitent à 3 heures trois quarts de trajet aller-retour quotidien de leur lieu de travail, et ce nombre augmente de plus de 5 % chaque année.

La ville inquiète même si le discours ne saurait verser dans le catastrophisme comme au XVIIIe siècle quand la ville prédatrice était d'abord lieu de perdition. Les motifs ne relèvent plus de la morale mais des répercussions de la pollution (on parle de nuisances) sur l'état de santé des citadins, d'un amalgame avec les difficultés enregistrées par les banlieues, de l'impression que laisse un côté tentaculaire de la croissance. L'air de la ville ne rend plus libre, il semble rendre malade. Il suffit de rappeler qu'au début de ce siècle 3 % de la population du Monde vivait en ville, alors que la fin du même siècle verra franchie la barre des 50 %.

L'engouement pour le thème est actuel, sous le vocable d'environnement, mais la première interrogation, sans parler des hygiénistes du XIXe siècle et de Ebenezer Howard, remonte à Max Sorre (1943)… « L'espèce humaine est une espèce sociale au sens où les naturalistes entendent ce terme. Où ce caractère s'exprime au plus haut degré, c'est dans les agglomérations urbaines. Il ne se peut pas qu'il n'influe sur les données du problème écologique ». (*Les Fondements biologiques de la géographie humaine. Essai d'une écologie de l'homme*, Colin, 1943).

Le ministère de l'Environnement, dans sa revue (REED) sous la plume de Jean-Claude Lévy met les choses au point. « Contribuer à une requalification des paysages de la ville et des champs est un objectif spécifique du ministère… et du point de vue sémantique, habitat, diversité, espace public, paysage, prévention des pollutions… sont autant de mots clés d'une stratégie cohérente, pour donner aux systèmes urbains une dimension écologique ». (N° 38-39, 1992). Car l'écologie urbaine est une des grandes questions de cette fin de millénaire, mettant l'accent sur la contradiction entre une gestion raisonnée de l'environnement et les impératifs d'une gestion de la ville.

Deux villes fonctionnent sans jamais se rencontrer ou presque.
■ La première s'appuie sur des logiques de flux, de mailles, de réseaux, de standards, de modèles et de technologies nouvelles.
■ La deuxième est celle du territoire urbain et de ceux qui le pratiquent, enracinés qu'ils y sont, soucieux du cadre et du bien-être d'une vie de quartier sans passéisme. La première renvoie à la planète et la seconde à la rue, à l'immeuble. Ces deux options finiront par atteindre un point critique de tension car elles gagnent le grand public. Paradoxalement le thème du retour à la nature se poursuit mais cette fois en direction de la ville, et pas seulement de ses auréoles péri-urbaines.

L'espoir est certainement dans une convergence, hors des occasions électorales, des travaux des écologues prenant la ville comme objet d'étude, et ceux des autres chercheurs scientifiques, géographes en tête, habitués à un discours sur la ville, mais ayant encore mal intégré les dimensions de l'écologie.

Lectures possibles :

Acot (P), *Histoire de l'écologie*, PUF, 1988
Deléage (J-P), *Une histoire de l'écologie, La Découverte*, 1991, 2e édit. 1994
Sachs (I), *L'écodéveloppement*, Syros, 1993
Pigeon (P), *Ville et environnement*, Nathan Université, 1994
Lapoix (F), *Sauver la ville, Ecologie du milieu urbain,* Sang de la terre, 1991.

QU'APPORTENT LES... ?

LES... ce sont les « autres », les spécialistes des disciplines voisines de la géographie qui parlent elles aussi de la ville.

POUR EN SAVOIR PLUS...

Selon Henri Sellier, ancien ministre, la cité « court à des catastrophes si à chaque décision qu'elle prend, elle ne consulte pas seulement l'Histoire, la Géographie, le Droit, mais encore la Médecine, la Géométrie, l'Architecture ». Ajoutons y les militaires : « Quand j'étais enfant, je jouais au pays ; sur mon tas de sable, je dessinais des villes, des routes, des fleuves... Plus tard on m'a donné des pays réels, au Tonkin d'abord, puis Madagascar, puis en Afrique... J'ai continué le jeu ». Texte du maréchal Lyautey, 1854-1936.

En premier lieu les **sociologues**. Car la ville est d'abord une production sociale, elle reflète la société qui l'habite. « La ville est le lieu d'une vie intense », ainsi R. Ledrut justifie sobrement l'engagement de la sociologie « amenée à s'interroger sur l'ordre qui est propre aux collectivités urbaines et sur les formes qu'il peut prendre » (R. Ledrut, *Sociologie urbaine*, PUF, 1968).

Ensuite les **économistes**, la ville étant source de concentration, multiplication et production de richesses par le commerce, la manufacture et l'industrie qui lui succède. La ville reste un lieu de production tant de manière directe que de contrôle de celle-ci, ce qui situe mieux le rôle de gestion au sein du système économique de la ville contemporaine. Sans remonter à W. Petty ou Cantillon, « l'économie urbaine, c'est-à-dire l'analyse de la ville en tant que système d'organisation économique, est une science récente, héritière de l'économie spatiale dont elle cherche à enrichir l'apanage » souligne P.H. Derycke (*L'économie urbaine*, PUF, 1970) qui ajoute : « L'économie de demain ne sera ni l'économie agraire, ni même l'économie industrielle : elle sera l'économie des grands ensembles urbains ».

Les **urbanistes** tentent d'apporter une réponse aux conditions de la vie actuelle, pour l'essentiel urbaine. « L'urbanisme comme l'aménagement sont interventions volontaires, donc praxis (c'est-à-dire action). Ils sont aussi une pratique, c'est-à-dire exercice d'application, d'exécution, manière de faire, usage, confrontation aux réalités, hésitation, d'où naît l'expérience plus que la connaissance » (F. Choay et P. Merlin, *Dictionnaire de l'urbanisme*, PUF, 1988). Discipline de l'espace, l'urbanisme ne peut se concevoir sans une forte relation à la durée et au pouvoir. Science ? technique ? art ? l'interrogation reste posée. Sans imagination point d'urbanisme, mais sans contraintes plus ou moins fortes et déterminantes peut-il y avoir création ?

Les **historiens** multiplient sur le thème de la ville des travaux de grande qualité. Sous la direction de G. Duby, les cinq volumes *Histoire de la France urbaine* au début des années 1980 (Le Seuil) sont une somme remarquable et irremplaçable. Pourtant, en France, l'histoire urbaine aurait-elle été « délaissée » pour suivre l'interrogation de J.L. Pinol (*Le monde des villes au XIXe siècle*, Hachette, 1991) alors que les Anglo-saxons en ont fait « un domaine bien exploré, riche et toujours fécond » (idem) ? Dans son *Atlas historique de l'urbanisation de la France 1811-1975*, (CNRS, 1981) G. Dupeux ne précise-t-il pas « qu'on s'est peu intéressé à la croissance des villes françaises avant la Seconde Guerre mondiale ». N'est-ce pas deux historiens américains qui publient *La formation de l'Europe urbaine*, 1000-1950 (Paul M. Hohenberg et Lynn Hollen Lees, PUF, 1992) ?

En ce qui concerne les **architectes**, à la suite du Bauhaus, des Congrès Internationaux d'Architecture Moderne (CIAM), de Le Corbusier, Gropius ou Mies Van der Rohe, le discours quitte peu à peu la seule œuvre architecturale pour intégrer la dimension urbaine comme élément fondamental de la création. Sur ce plan, Giedion apporte une contribution radicale à l'architecture moderne dans son ouvrage *Espace, Temps, Architecture* publié aux Etats Unis entre 1962 et 1968. Mais il ne faut pas oublier les écrits-projets de Howard, Tony Garnier, Camillo Sitte, Cerda... autant d'avancées. On lira entre autre Michel Ragon l'*Histoire mondiale de l'Architecture et de l'Urbanisme modernes*, Casterman, 1971/72, Emile Aillaud *Qu'est-ce qu'une ville ?* (Cahiers de l'IAURP, 1968) ou Henri Gaudin *Seuils et d'ailleurs*, 1992.

Poètes et **écrivains** sont omniprésents en ville, les anthologies sont largement pourvues de leurs œuvres.

Les **statisticiens** mesurent et comptent, quadrillent la ville, la soupèsent, l'évaluent, livrent ses quartiers aux délices de l'analyse factorielle, font des projections de population. Et en tirent des courbes et des commentaires.

Les **anthropoloques** « explorent la ville » autour du « fondement structural de l'analyse de situations » (Ulf Hannerz, *Explorer la ville*, Editions de Minuit, 1980).

Les **spécialistes en publicité** et marketing se sont approprié la ville, au sens matériel du terme, plus dans les magazines que sur ses propres murs. La réflexion sur le thème a été engagée dès 1970 par Abraham Moles (*L'affiche dans la société urbaine*). Mais la réalité est aussi dans tout ce qui diffuse, dans d'intenses campagnes de médiatisation dites de « communication ».

La liste est loin d'être exhaustive. Et les ingénieurs, les géomètres, les juristes, les cartographes, les notaires, les policiers et les juges ! Finalement, on aurait dû prendre les choses à l'envers, et s'interroger sur ceux qui ne parlent pas de la ville. Ils sont si peu nombreux !

... SOCIOLOGUES ?...

> ***« La ville... est dans son principe, société. Elle n'est pas une chose ou une somme de choses. Elle n'est pas un rassemblement d'immeubles et de voies, ou même de fonctions. Elle est un rassemblement d'hommes qui entretiennent diverses relations ». (Raymond Ledrut,* L'espace social de la ville*, Anthropos, 1969).***

POUR EN SAVOIR PLUS...

La ville sujet par excellence du regard du sociologue ? Et pourtant, la sociologie ne prendra que tardivement en compte le « cadre » dans lequel elle place ses objets d'étude. Les hygiénistes et médecins qui s'interrogent sur la ville au XIXe siècle ne le font-ils pas souvent en sociologues ? Le premier chapitre de *La situation des classes laborieuses en Angleterre* (Engels) concerne « les grandes villes » ; et Engels le justifie simplement : « c'est là que les mœurs et conditions de vie du bon vieux temps sont le plus radicalement détruites ». Plus tard, Max Weber et Georg Simmel tentent de forger des concepts explicatifs des situations sociales en ville. Mais jusqu'aux années 1970, en France, la sociologie urbaine souffre d'un manque évident de chercheurs et de méthodes, toute comparaison établie avec l'école de Chicago des années 1930.

Paul-Henry Chombart de Lauwe sera un des pionniers, précédant Henri Lefebvre, tout autant engagé politiquement, mais tellement plus sensible à l'utopie même s'il s'attache à décrire *La vie quotidienne dans le monde moderne* (Gallimard, Idées, 1968). « La révolution fera l'urbain » écrit-il, « encore que la vie urbaine, et surtout la lutte pour la ville puissent fournir cadre et objectifs à plus d'une action révolutionnaire » (idem) jusqu'à affirmer un « droit à la ville » qui saura, du moins en théorie, se démultiplier en « droit au logement », « droit au travail », « droit aux études », « droit au transport »... au travers des « luttes urbaines ». La ville est certes à prendre, mais c'est l'Etat qui conduit les débats. Contractualisés, les équipes du CERFI, du CSU, les groupes de recherche universitaires,... les « enfants » de Lefebvre, se penchent sur *La question urbaine* (Manuel Castells, Maspéro, 1972), soulignant les dimensions idéologiques de l'objet. Jean-Pierre Garnier et Denis Goldschmid, par dérision, parleront eux de *La Comédie urbaine* pour décrire la Nouvelle Politique Urbaine (NPU) qui doit « concilier par l'urbain », atténuer les conflits sociaux, redistribuer les rôles. Le sociologue urbain serait-il ce démiurge au service des pouvoirs établis ? Mais ainsi que le dit Thierry Paquot l'objet de la sociologie urbaine « ne tient pas dans un espace précis » ce qui interdit entre autre une stricte délimitation de la discipline (*Villes et civilisation urbaine*, Larousse, 1992).

Y a-t-il un « mode de vie urbain » comme le prétend Louis Wirth en 1938 (Traduction Y. Grafmeyer et I. Joseph, *L'Ecole de Chicago*, Le Champ urbain, 1979) ? « Un mode de vie distinctif d'un groupe humain » ? S'il existe, il n'est plus à aborder par rapport à la vieille dichotomie urbain-rural, coupure qui n'a plus grande signification. Le mode de vie urbain serait une des composantes essentielles du système urbain, mais l'expression n'est pas sans ambiguité, au sortir récent d'une période où l'on opposait traditionnellement « mode de vie rural et mode de vie urbain ». Il y a là une sorte de *way of life* (le terme est donné volontairement dans sa forme américaine). « L'air de la ville rend libre » mais chaque période troublée fait apparaître la campagne comme une sorte de refuge où les conditions de vie sont plus simples. « Car s'il n'est assurément plus urbain, au sens de civil, et trop rarement citoyen, l'individu moderne est incontestablement citadin, au point de ne plus considérer son ancêtre rural que comme une espèce à sauver, à protéger, à visiter. » (Joël Roman, *Citoyenneté et urbanité*, éditions Esprit1991).

Mais le « groupe humain » est-il homogène ? Les divisions sociales continuent à se lire clairement en ville, même si ne se croisent plus guère, dans le même escalier, ceux qui gagnaient l'entresol, le premier, le second et ainsi de suite jusqu'aux chambres de bonnes. L'étalement de la ville fait que la ségrégation sociale, anciennement verticale, est désormais à l'horizontale.

On citera :

Chevalier (L), *Classes laborieuses et classes dangereuses à Paris pendant la première partie du XIXe siècle*, Plon, 1958
Chombart (P-H) de Lauwe, *Des hommes et des villes*, Payot, 1963

mais on prendra surtout appui sur les travaux d'Henri Lefebvre :

Espace et politique, Le droit à la ville, Anthropos, 2 volumes, 1968 et 1972
Du rural à l'urbain, Anthropos, 1970
La Révolution urbaine, Gallimard, 1970
La pensée marxiste et la ville, Casterman, 1972.

Viendront ensuite :

Castells (M.) avec *La Question urbaine*, Maspero, 1972
Harvey (D.), *Social Justice and the City*, Edward Arnold, 1973, qui soulève d'autres questions.

... ÉCONOMISTES ?...

Ils ont offert, comme Weber, des modèles, des comptabilités. L'économie urbaine a intégré la géographie urbaine dans l'analyse économique.

POUR EN SAVOIR PLUS...

Classiquement, la ville n'est pas l'entreprise, et l'on comprendra que l'économiste s'interrogeant sur le système productif ne porte pas préférentiellement son regard sur l'objet ville. Mais c'est un marché, qui exprime l'échange, l'offre et la demande en terme d'économie classique. Le champ géographique de la ville suscite des stratégies qui se traduisent par des politiques économiques qui tentent d'intégrer une somme grandissante d'éléments en interrelations. La base de l'intervention de l'économiste passe alors par la localisation des activités, les flux de biens, de services, de personnes et d'informations, l'usage du sol urbain, son prix et la rente foncière, les transports, les échanges, la place de l'environnement... Tout ce qui verse *a priori* du côté de la quantification.

Restée longtemps attachée à la mesure empirique, l'économie urbaine a peu à peu élaboré quelques théories, en particulier de la localisation des activités et de la formation de la valeur (rentes et surprofits de localisation), de la gravitation, qui prend en compte masse de population, attractivité, distance et propose des modèles d'affectation de l'espace. Les conditions de la croissance urbaine posent aussi question à l'économiste dans la recherche de facteurs explicatifs. Croissance "interne" reposant sur les forces d'agglomération qui montrent les avantages d'une concentration en un même lieu, quand entreprises, services, décideurs se croisent et se complètent. Croissance « externe » quand la ville bénéficie de flux qui valorisent sa position, renforcent ses capacités, jouant un peu comme coefficient multiplicateur de ses propres bases.

Des modèles simples permettent de comprendre le phénomène urbain, la « polarisation », la hiérarchie des centres (exemple de la promotion des métropoles dites d'équilibre en France), la diffusion spatiale des hommes, des idées et des biens ; que l'on se souvienne des vieux chemins de la connaissance, routes du commerce et des foires, de la médecine et des idées.

Historiquement c'est la minimisation des coûts dans le choix d'un site qui déclenche une série de travaux, ceux de Marshall à la fin du XIXe siècle, ceux de Weber au début du XXe avec sa *Theory of the Location of Industries*. Weber longtemps après le modèle de Von Thünen (1826) met au point la théorie des implantations industrielles en 1909. Son hypothèse est que pour définir un point optimal de production, il faut rechercher le point où la somme des coûts de transport est la plus faible. Cela renvoie à un problème simple de mécanique et à la recherche d'un point d'équilibre entre plusieurs forces. Il introduira ultérieurement l'attraction exercée par la main-d'œuvre et les économies d'agglomération. La localisation idéale est le point médian de la distribution des lieux d'origine des intrants (approvisionnements, ressources) et des extrants (marchés).

L'économie urbaine apparaîtra en fin de compte comme une branche de l'économie, et il est pour beaucoup difficile de l'autonomiser même si les travaux portant cette stricte étiquette sont de plus en plus nombreux. Comme la géographie, prise en étau entre son souci de traiter de la ville alors que c'est l'espace urbain qui s'impose, et son souhait de mieux cerner les explications globales qui échappent au seul champ de la ville, l'économie urbaine est de plus en plus une « science régionale » qui tente de se représenter l'ensemble des phénomènes spatiaux liés à l'urbain. Economie urbaine, économie régionale, économie spatiale, n'y a-t-il pas redondance entre les termes quand la ville fait la région, structure l'espace ? Les économistes urbains s'interrogent désormais sur les systèmes urbains, en termes de réseaux, de hiérarchies entre les pôles, de croissance mégapolitaine, de technopoles qui couronnent le tout. Car on pose comme hypothèse implicite que la haute technicité (syndromes de Silicon Valley et de Sophia-Antipolis), constituera les bases du développement urbain à venir. Façon aussi de ne pas perdre de vue la logique des systèmes productifs. Economistes et géographes, se retrouvent alors, les espaces urbanisés constituant un terrain privilégié d'observation et de réflexion. En France, les travaux de Ponsard, de Boudeville, d'Aydalot, de Claude Lacour et de Pierre-Henry Derycke y ont largement contribué.

On lira :

Aydalot, *Economie régionale et urbaine*, Economica, 1985
Bailly, Guesnier, Paelinck et Sallez, *Comprendre et maîtriser l'espace*, RECLUS, 1988
Derycke (P-H), *Economie et planification urbaines,* PUF, 1979 et 1982

les ouvrages de la nouvelle collection « Monde en cours » DATAR/éditions de l'aube et en particulier,

Sallez (A), *Les villes lieux d'Europe*, 1993
Ascher (F) et ali, *Les territoires du futur*, 1993,

sans oublier :

Rémy (J), *La ville phénomène économique*, Bruxelles, 1966
Guyot (F), *Essai d'économie urbaine*, 1968.

Et on pourra jouer au Monopoly, jeu de simulation sur la spéculation foncière et immobilière.

... URBANISTES ?...

Il est commode de faire remonter la naissance de l'urbanisme au lendemain de la première Guerre mondiale. Il semble y avoir alors une doctrine, une école qui se manifeste lors de concours internationaux, d'expositions internationales, Jaussely à Barcelone, Prost à Anvers, l'activité précédant généralement la théorie.

POUR EN SAVOIR PLUS...

En 1910 Clerget publie *L'urbanisme, étude historique, géographique et économique* dans le bulletin de la Société de géographie de Neuchâtel. En 1914 la Société des architectes-urbanistes est créée. Mais déjà au milieu du XIXe siècle Ildefonso Cerda avait produit sa *Théorie générale de l'urbanisation.* Brunhes semble avoir été le premier géographe à parler d'urbanisme en 1925 dans sa *Géographie humaine.* Très vite, le terme sera banalisé et passera dans le langage commun prenant des sens multiples quand Cerda l'autonomisait autour de l'acte « d'aménagement scientifique de l'espace urbain » (*Dictionnaire de l'urbanisme et de l'aménagement*, P. Merlin et F. Choay). Dans un premier temps, conférer à l'urbanisme un statut scientifique c'est passer par une approche organiciste qui renvoie aux méthodes des sciences d'observation : observer, classifier, analyser et synthétiser. La ville est ainsi à la fois objet d'étude et objet d'intervention, lieu de l'utopie et de la création matérielle.

L'urbanisme reste longtemps dans un positivisme qui lie ses avancées au progrès des sciences et à la recherche d'une formulation théorique « progressiste » à forte prétention « scientifique ». Dans les années 1920 deux tendances se font jour, celle marquée par l'utopie conduira entre autre à la « Charte d'Athènes » et à « la ville radieuse » de Le Corbusier, l'autre, plus sensible aux réalités sociales mettra en avant l'idée de prendre en compte l'avis des « intéressés », l'état de l'environnement et les déterminations qui pèsent sur la ville contemporaine. Les problèmes techniques, hygiéniques, esthétiques, sociaux, posés par le développement des villes font que les pratiques de l'architecte et de l'ingénieur cherchent à se rejoindre à travers l'urbanisme. Haussmann ne fut-il pas le premier urbaniste qui tente d'adapter la ville aux exigences de l'industrie par le biais d'un acte « chirurgical » que beaucoup d'urbanistes sauront par la suite encenser ou dénoncer. Vision d'hygiéniste et de préfet de police certes, mais aussi pensée prémonitoire de la ville du futur qui accordera priorité au trafic, aux échanges, aux flux. Sans perdre cette dimension, l'urbanisme du XXe siècle donne une place plus conséquente aux questions du logement (La question du logement d'Engels date de 1872) apprécié comme facteur de bien-être et de régulation sociale : un peu comme si « mieux vivre » permettait de « mieux produire ».

Le premier congrès des urbanistes français a lieu en 1923 à Strasbourg. L'année suivante est créé l'Institut d'Urbanisme de l'Université de Paris. Lavedan (1926) recommande l'apport des disciplines que sont l'histoire, la géographie, la sociologie, l'économie et ajoute juristes et artistes pour « l'étude générale des conditions et des manifestations d'existence et de développement des villes ». Marcel Poëte songe aux économistes, géographes et historiens pour aider ce qui est « à la fois science et art » (Introduction à l'urbanisme, 1929) et pousse la géographie à être complément de l'histoire pour dresser « la synthèse graphique de l'évolution de la ville à travers les âges ». On hésite entre art, science ou technique, « souci du vrai » (Le Corbusier) et réflexion scientifique théorique ; l'urbanisme additionnera tout cela, en fin de compte, dans les années 1920 et la confusion de sens sera largement entretenue par l'usage administratif du terme.

La convergence de dates de ces années fastes ne renvoie ni à un traité, ni à une somme, ni même à une introduction à un urbanisme qui reste encore bien flou.
1923, *Traité de l'Encyclopédie industrielle et commerciale*, Eyrolles.
1924, *Le Corbusier, L'Urbanisme*.
1928, P. Lavedan, *Qu'est-ce que l'urbanisme ?*
1928, A. Rey et al., *La science des plans des villes*, Dunod.
1953, Premier enseignement de l'urbanisme à l'Ecole des Beaux-Arts de Paris.

Les géographes sont loin et proches à la fois de ces courants : Vacher publie *Montluçon* en 1904, Blanchard *Grenoble* en 1912 et – dans la Vie urbaine – *Une méthode de géographie urbaine* en 1922. La géographie urbaine commence à percer dans un monde d'écrits ruralisants sur un corpus encore bien mince. Elle se cherche alors entre Vidal de la Blache (relations homme-sol) et Lucien Febvre (rapports société-milieu).

Et de nos jours, quand la mode est à « l'anti », mais aussi aux modèles et aux normes ? L'urbanisme ne doit pas être enfermé dans une logique strictement professionnelle, alliant l'art du dessin et la manière de faire. Certes, l'urbanisme n'est pas une science en soi, mais il n'est pas non plus une simple technique. Il sait être utopie et réflexion sur l'avenir et le devenir de la ville. Il convient enfin de l'affirmer comme « acte de pouvoir » (Jean-Paul Lacaze, *Les méthodes de l'urbanisme*, Que sais-je, 2524, 1990).
Non sans une pointe d'ironie, Reiser invente un dialogue à quatre sur fond de grands ensembles :
– « Qu'est-ce que ces mecs-là, les urbanistes ?
– A quoi servent-ils ?
– Jamais besoin de savants calculs pour définir la taille d'un quartier !
– Une ficelle suffit ».
Un fil à la patte fera l'affaire pour voir jusqu'où peut aller l'habitant dudit.

... HISTORIENS ?...

La parution des cinq volumes de « l'Histoire de la France urbaine » sous la direction de Georges Duby fixe la place de l'historien dans l'approche de la ville. Le premier volume paraît en 1980 (« La ville antique »), le dernier en 1985 traite de la ville française d'aujourd'hui. Il est analysé par ailleurs.

POUR EN SAVOIR PLUS...

La France urbaine des origines est mal connue par manque d'écrits. *L'Itinéraire* d'Antonin n'est qu'une sorte d'indicateur-livret-guide de routes et de villes (IIIe siècle). *La Notitia Galliarum* donne la liste des provinces, diocèses et cités (près de 200) pour la fin du IVe siècle. La belle *Table de Peutinger* (III ou IVe siècle, copie du XVe) relève un peu des deux comme inventaire de noms en forme d'itinéraire avec routes, fleuves et types de villes. César ne dit rien hors des défenses des villes qu'il prend. Aucune description n'existe hors d'un événement factuel qui permet de parler de la ville sans la montrer. C'est l'archéologie qui dit l'essentiel.

L'examen de l'index du premier volume donne pour la période un maximum de références sur Arles, Autun, Bordeaux, Bourges, Lyon, Narbonne, Reims, Tours, Vienne. Ces villes dont on parle le plus et que l'on connaît parfois le mieux.

J. Le Goff introduit le *Moyen-Age, Des Carolingiens à la Renaissance* par une belle citation extraite du *Perceval* de Chrétien de Troyes (c. 1180) : « Je regarde la ville entière peuplée de gens nombreux et beaux, et les tables des changeurs d'or et d'argent, toutes couvertes de monnaies... On aurait pu dire et croire qu'en cette ville c'était toujours foire... ». Changeurs à l'ombre de l'église, comme à Notre-Dame des Tables de Montpellier qui en garde le souvenir dans ses armoiries, sur les chemins de Compostelle. La bibliographie cite bien *La ville médiévale, système social, système urbain*, d'Y. Barel (PUG, 1975). Angers, Avignon, Bordeaux, Dijon, Lyon, Metz, Paris, Reims, Rouen, Strasbourg, Toulouse, Tours sont les plus citées des villes médiévales en relation avec les franchises acquises, le grand commerce, les foires, le pouvoir.

La Ville classique, celle de la richesse qui s'affirme, qui suscite l'admiration des voyageurs et les convoitises du pouvoir nous conduit jusqu'aux Révolutions, montrant une certaine continuité urbaine. L'apocalypse est oubliée malgré les crises de subsistance et la ville de l'âge proto-industriel s'annonce conquérante et dominatrice. Sont alors privilégiées par l'écrit : Bordeaux, Caen, Grenoble, Lyon, Marseille, Nantes, Paris, Rouen, Toulouse. La ville est au cœur du système des prélèvements et de l'accumulation, elle contrôle les circuits économiques et les campagnes voisines qui la ravitaillent. Elle est lieu de culture et d'apprentissage, de savoir-faire et savoir-vivre, malgré des pesanteurs et archaïsmes. Notables et pauvres y cohabitent. Elle sera centre de révoltes et bientôt de révolutions car elle est révélatrice des conflits sociaux qui s'y nouent.

L'âge industriel, tome IV, souligne une originalité de la démarche : « nous n'avons pas « coupé » en 1789 ou en 1800 parce que les révolutionnaires n'ont pas d'abord songé à changer la ville, et que Napoléon n'en a pas eu le temps. La Révolution, l'Empire, la Restauration et largement encore la monarchie de Juillet se sont déroulés dans les villes vétustes, grouillantes et malsaines, aux places rares, aux rues étroites et tortueuses, aux remparts croulants mais encombrants que l'Ancien Régime... leur avait légués ». La ville n'aurait-elle fait que « traverser » cette histoire d'une industrie naissante ? Au temps des Révolutions, du Capital triomphant et du Prolétariat devenu dangereux, que devient la ville ? Les logiques urbaines sont d'abord d'ordre démographique et économique, la ville est « produite » par le mouvement dominant de la société, elle devient le révélateur du mode de production. On fera bon usage des « Pensées sur la ville, arts de la ville ». On y trouvera trace des « mutations des tissus urbains », de la montée du courant d'urbanisation, des transformations esthétiques et sociales, des luttes dans la ville, pour la ville, du rapport des citadins à la politique. Et de la crise des villes qui s'articule à la crise sociale. On y trouvera aussi Balzac, Baudelaire et Zola, Maxime du Camp, Mérimée dans ses Lettres à Viollet-le-Duc, Nodier, Taylor et Cailleux dans leurs *Voyages pittoresques...* de 1820. Avec en toile de fond l'idée d'un « cycle haussmannien » pour tenter de donner un sens global et tant soit peu unitaire à un siècle d'évolution de la ville.

... HISTORIENS ET GÉOGRAPHES, REGARDS CROISÉS ?...

Le volume cinq de la série* La France urbaine*, dirigé par un géographe (Marcel Roncayolo) porte en sous-titre « La ville d'aujourd'hui. Croissance urbaine et crise du citadin ». Regards croisés de l'historien et du géographe pour un discours commun sur l'urbanisation, la production de la ville, les pratiques urbaines et tout ce qui relève du social et du politique.

POUR EN SAVOIR PLUS...

Parler de la ville aujourd'hui c'est d'abord tenir un discours sur la croissance et les transformations des villes tout au long de la deuxième moitié du XXe siècle, quand la fin d'un schéma issu du siècle précédent laisse place à une économie de services. La rupture est nette, marquée entre autres par la fracture de la deuxième Guerre mondiale, qui traduit l'ampleur des changements sociaux, en regard des nouvelles dimensions des politiques urbaines et des effets spatiaux, économiques, sociaux, politiques et culturels de l'urbanisation. L'interrogation sur la ville n'en est que plus large.

Le livre ouvre sur la Défense et le stabile de Calder. Son illustration procure une deuxième lecture, architecturale, un peu trop « parisienne » ou « marseillaise » parfois, mais il s'agit là des deux premières villes de France. L'air du temps se poursuit par quelques illustrations attendues sinon nouvelles. Les bidonvilles et HLM de Nanterre, en deux plans proches, cliché pris dans les années 1960, Algériens et Portugais ayant un temps la tentation de croire que le relogement constitue un progrès. Grands ensembles et autoroutes, ou la Grande Borne de Grigny dans les betteraves. Toujours dans les betteraves, Charles-de-Gaulle, aéroport de Roissy. Renouveau des centres avec Lyon-La Part-Dieu à l'échelle d'une communauté urbaine, et sa tour, dont une des sœurs est à Osaka.

On en retire une grande leçon d'architecture dont le commentaire n'est jamais neutre (p. 241). « Marne-la-Vallée, version totalitaire du postmodernisme. Arc de triomphe, balustrades, arcades, colonnes jumelées et isolées, réalisés en éléments de béton modulé, transforment un ensemble d'habitation en un monument dont on ne sait s'il doit célébrer le souvenir d'un Pergame d'opérette, la mémoire d'Albert Speer, ou simplement celle de son auteur ». Qui ? Il n'est pas nommé, mais vous reconnaîtrez son œuvre qui n'est pas désignée ici comme parfaitement méditerranéenne, comme elle le fut ailleurs pour la même production. Ailleurs, c'est le « pastis varo-vénitien » qui allie « sous-Rialto » et décors de demeures de pêcheurs provençaux à Port-Grimaud « lieu de villégiature installé sans vergogne dans la baie de Saint Tropez dont il compromet l'équilibre écologique » (p. 254). Ici voisinent tous « les effets pervers de la planche à dessin », avec « la muraille de Chine » de Clermont-Ferrand, « la Maison du Fada » de Le Corbusier de Marseille où le modulor n'explique pas tout, la fausse modernité des structures aériennes du centre G. Pompidou que l'on peut imaginer aussi servant de toboggan, en quelque aqualand pseudo-méditerranéen. Inattendue, la vue sur la barre la plus longue de logements qui existe en France et domine Nancy, cadre le regard au-dessus de la place Stanislas grâce aux idées d'un prix de Rome d'architecture mises malheureusement en pratique.

Ajoutons dans l'iconographie l'arrivée de grafittis puis de « tags » qui sont aussi du domaine de l'histoire à travers leurs représentations. On a quitté le XIXe, domaine de la pierre ou de la brique et des corsets de fonte pour déboucher sur la cité-jardin du XXe, arbre, verdure et jardins, puis sur le béton qui a suivi. Les compositions urbaines en découlent, multipliant les axes monumentaux chers aux photographes, les alignements de façades ou les alignements sans façades, mais condamnant la rue, les effets de perspective laissant peu à peu place à l'esthétisme allié à l'héliophilie.

Le bilan constate la pérennité du semis urbain, quelques rares « villes nouvelles » seulement ayant vu le jour en périphérie des plus grandes notamment en région parisienne. L'étalement de l'urbanisation en « nébuleuses » ou autres « galaxies » ouvre le domaine du péri-urbain, massivement diffusé face aux villes moyennes portées par une « douceur de vivre » et par l'idée de conservation d'un patrimoine. « Vivre en ville » suscite bien de nouvelles questions qui renvoient à des « références changeantes », à des pratiques modulées par les formes de l'appropriation de l'espace urbain, le sentiment d'appartenance et la construction d'une identité pour ne pas dire d'une nouvelle citoyenneté. Dans une France sujette à la décentralisation des pouvoirs, la ville représente le lieu d'expression de la démocratie locale que celle-ci se réduise à l'exercice du pouvoir par son maire ou plus largement par une recherche de la participation des citoyens à la gestion de leur cité.

... ARCHITECTES ?...

Selon Bachelard la maison est notre coin de monde. En ville, elle est devenue le logement. L'habitat est à la fois une protection, un lieu de vie pour un mode de vie et un message architectural. Sa construction exige maîtrise technique, recherche d'adaptation au site, agencement des éléments qui le constitue, et qualités esthétiques.

POUR EN SAVOIR PLUS...

L'architecte « dessine les plans » et maîtrise l'art de bâtir. La construction renvoie au travail des ingénieurs (en béton armé par exemple) et des praticiens de divers corps de métiers (maçons, plâtriers, menuisiers...). La création formelle relève de la conception de l'œuvre, c'est-à-dire du travail de l'architecte. Ainsi se complètent l'ouvrage et l'œuvre. Car l'architecture qui dit la pratique de l'architecte désigne aussi le style et l'esthétique des bâtiments. Dans son *De re aedificatoria*, Alberti la définit comme devant répondre aux nécessités (de la construction), aux besoins (de la société), au plaisir (de tous).

Les défaillances de la construction sont évidentes : fondations mal assises, charpente qui cède, mur mitoyen qui ne joue pas le rôle acoustique qu'on lui accordait, ouvertures mal orientées... Les loupés de l'œuvre le sont encore plus, car visibles de la rue. Un schéma répétitif et c'est la monotonie des corons ; un produit en rupture et c'est la verrue architecturale. Et que dire de la « frilosité » en architecture ! D'où ce concept indéfinissable, celui d'équilibre, ou d'harmonie, aussi insaisissable que cette échelle humaine dont on ne sait rien d'autre qu'une impression de bien-être. La marge est mince entre le « néo » classique ou byzantin, le pastiche à base de tuiles patinées, de fer forgé torsadé, de pierre appareillée. Encore que le bien-être vécu et celui du regard de l'extérieur ne soient pas toujours concordants : les appartements de Port-Grimaud sont très confortables, le cadre créé relève du pastiche que l'on accepte ou refuse, et l'environnement marin a été singulièrement affecté. Tout cela est bien complexe.

Quoi de plus beau qu'une architecture réussie, lorsque l'harmonie naît des formes et de leur rapport à l'environnement ! Les façades d'Amsterdam sur les canaux, les immeubles « de rapport » de certaines portions des grands boulevards à Paris, les gratte-ciels du centre de Montréal, le pont de Prague, les villas « hollywoodiennes » de Mexico, les arcades de Trujillo, les villages accrochés aux collines méditerranéennes, les laisses et les bancels qui désignent les terrasses qui portent la maison cévenole. Quand se mêlent sur la même terre, en Languedoc-Roussillon, les têtes de file (Ricardo Bofill), les inconnus (le maître de Cabestany) et tous les anonymes.

Mais quoi de plus insupportable qu'une architecture « loupée » ? Chacun trouvera dans sa ville de quoi illustrer ce genre d'inventaire pouvant proposer les colonnades venues de chez Scarlett, les pâtés anguleux d'un marchand de béton ou les cubes fermés copiés du Maghreb. Même pas de l'éclectisme, même pas de la bonne copie. Le Sacré-cœur de Montmartre, dont la silhouette blafarde renvoie à Lourdes ou à Lisieux ou à Marseille de la « bonne mère », est bien représentative de l'architecture religieuse du XIXe siècle, à la fois repère et pièce de pâtisserie. Dans le même genre, le palais de la culture de Varsovie, offert clés en mains aux Polonais, oppose une totale révision du panorama de la ville face au souci de reconstruction à l'identique (la Place du Vieux marché) poussé à l'extrême.

Le parti architectural renvoie à une problématique, c'est la solution retenue par l'architecte pour répondre à son projet, le passage d'une nomenclature à une invention et le dépassement de toutes les contraintes à prendre en compte.

Michel Ragon dans son *Histoire de l'architecture et de l'urbanisme modernes* (Casterman, Essais) introduit le volume 3 par une « géographie de l'architecture et de l'urbanisme modernes » passant en revue, par pays, les noms, les œuvres et projets qui ont marqué la période contemporaine. Il souligne enfin la part des techniques nouvelles associées aux mathématiques et aux nouveaux matériaux (matières plastiques et de synthèse, coques, dômes, sphères, câbles, voiles, structures suspendues et tendues...) pour créer une architecture scientifique et industrielle, véritable jeu de construction dans l'espace. Les grands équipements publics deviennent des lieux d'expérimentation des progrès technologiques (Opéra de Sydney, Stade Olympique de Munich, Centre culturel de Tokyo, Arche de la Défense, Pyramide du Louvre, Pont de Normandie, Grand Stade de Saint-Denis...). Modernité, post-modernité, style international, néo-classicisme, historicisme, architecture minimaliste, architecture douce... les tendances ne manquent pas qui interrogent sur la nature même de l'architecture, sur l'œuvre architecturale en général.

A chaque ville quelque chose de bon et quelques joyaux architecturaux qu'il faut trouver. L'architecte a meublé les rues, ménagé des places, proposé des morceaux de bravoure en forme de stade, de halles, de musée, d'opéra. Il reste les F.4, les T.2, les P.3, les barres trop longues et les tours trop hautes, l'impression d'un immense gâchis architectural depuis la deuxième guerre mondiale comme réponse à la question du logement, et le danger de rejeter le modernisme au nom de la comparaison de tout l'actuel à tout l'ancien, paré de toutes les vertus.

... POÈTES ?...

C'est Folio Junior qui publie* La ville en poésie, *un livre réservé aux enfants (Gallimard, 1979). L'introduction dit ; « La poésie court les rues. Elle nous prend par la main et nous courons avec elle, les images dansent dans les vitrines, les affiches s'animent, le soir tout s'illumine, et dans la nuit la ville nouvelle appareille et nous emmène...» (Jacques Charpentreau). Appareillons.

POUR EN SAVOIR PLUS...

En forme de comptines

... « Le Palais-Royal est un beau quartier
Toutes les jeunes filles sont à marier... »
(Ernest Pérochon, *Comptines de langue française*, Seghers, 1961)

....« A Paris
Sur un cheval gris ;
A Nevers
Sur un cheval vert ;
A Issoire
Sur un cheval noir.
Ah ! Qu'il est beau ! Qu'il est beau !... »
(Max Jacob, *Œuvres burlesques et mystiques de Frère Matorel*, Gallimard,1912)

... « Je donne pour Paris
Un peu de tabac gris
Je donne pour Bruxelles
Un morceau de ficelle
Je donne pour London
Un paquet d'amidon... »

(Luc Bérimont, *Comptines pour les enfants d'ici et les canards sauvages*, 1974)

…« Le ciel peu à peu se venge
De la ville qui le mange…
Taches d'encre, taches d'huile
Sur le ciel crache la ville.
Mais le ciel pour les laver
Pleut sans fin sur les pavés… »
(Charles Dobzynski, *Le ciel et la ville*, s. d., inédit)

Profils

« Des ombres de palais, de dômes et d'aiguilles,
De tours et de donjons, de clochers, de bastilles,
De châteaux forts, de kiosques et d'aigus minarets,
De formes de remparts, de jardins de forêts,
De spirales, d'arceaux, de parcs, de colonnades,
D'obélisques, de ponts, de portes et d'arcades :
Tout fourmille et grandit… »
(Alfred de Vigny, *Elévation*, Le Livre moderne, 1831)

« La ville sérieuse avec ses girouettes
Sur le chaos figé du toit de ses maisons
Ressemble au cœur figé, mais divers, du poète… »
(Guillaume Apollinaire, *Œuvres poétiques*, Gallimard, 1965)

Embarras

« Vingt carrosses bientôt arrivant à la file
Y sont en moins de rien suivis de plus de mille ;
Et, pour surcroît de maux, un sort malencontreux
Conduit en cet endroit un grand troupeau de bœufs ;
Chacun prétend passer, l'un mugit, l'autre jure… »
(Boileau, *Sixième satire*, 1660)

« Un brouillard sale et jaune inondait tout l'espace,
Je suivais, roidissant mes nerfs comme un héros,
Et discutant avec mon âme déjà lasse,
Le faubourg secoué par les lourds tombereaux… »
(Charles Baudelaire, *Les Fleurs du mal*, 1861)

« La ville, avec ses fumées et ses bruits de métiers, nous suivait très loin dans les chemins…
Je suis un éphémère et point trop mécontent citoyen d'une métropole crue moderne parce que tout goût connu a été éludé dans les ameublements et l'extérieur des maisons aussi bien que dans le plan de la ville.
Du détroit d'indigo aux mers d'Ossian, sur le sable rose et orange qu'a lavé le ciel vineux viennent de monter et de se croiser des boulevards de cristal habités incontinent par de jeunes familles pauvres qui s'alimentent chez les fruitiers. Rien de riche. – La ville ! ». (Rimbaud, *Les illuminations*)

... STATISTICIENS ?...

Avoir en mémoire quelques ordres de grandeurs en forme de simples comptages facilite bien les choses. Quel était donc le classement des grandes villes du Monde (en fait celles d'Europe) vers l'an mil, quelle était la plus grande ville du Monde (attention, européen) au XVe siècle ? La statistique, descriptive, a commencé ainsi.

POUR EN SAVOIR PLUS...

Les statistiques sont des séries ou des tableaux de chiffres représentant des faits, en quantité et en valeur. On peut les traiter, on peut les cartographier. Chandler et Fox nous permettent de situer le poids des villes du « Moyen-Age » européen. Le tiret indique que la ville n'est pas classée dans les quarante premières, à la date choisie.

c. 1 000 en Europe.	**Habitants**		**Rang**	
	1 000	1750	1850	1950
1. Constantinople	450 000	—	—	—
2. Cordoue	450 000	—	—	—
3. Séville	90 000	25 ème	—	—
4. Palerme	75 000	12 ème	23 ème	—
5. Venise	45 000	8 ème	31ème	—
6. Kiev	45 000	—	—	33ème

c. 1400 en Europe.	**Habitants**		**Rang**	
	1400	1750	1850	1950
1. Paris	275 000	2 ème	2 ème	2 ème
2. Milan	125 000	14ème	21ème	15 ème
3. Bruges	125 000	—	—	—
4. Venise	110 000	8 ème	31ème	—
5. Gênes	100 000	22 ème	—	39 ème

Que dit le statisticien ? Que la plus grande ville du monde occidental à son époque n'apparaîtra plus jamais dans les premières places du classement, que Cordoue est une ancienne capitale totalement déchue ainsi que Grenade, que Kiev est la seule ville non méditerranéenne des grandes villes au début du Moyen Age, que seule Venise se maintiendra, elle qui n'a que le dixième des habitants de Constantinople mais qui figure en bonne place dans les classements jusqu'au XXᵉ siècle, qu'en 1400 le centre du Monde a changé puisque l'on ne compte plus que deux ports méditerranéens dans les six premières villes.

Un autre tableau montrerait à l'heure actuelle l'effacement de l'Europe, la montée de l'hémisphère sud, le gigantisme des villes « géantes ». Et bien d'autres choses. « Aujourd'hui, 70 % de la population latino-américaine, la moitié de celle du monde arabe vit ou survit en ville. A l'aube du vingt et unième siècle, en 2007, le nombre des candidats à la citadinité en Afrique aura doublé. Sur les 25 plus grandes villes mondiales de plus de 10 millions d'âmes, 20 se situeront dans les pays en voie de développement, dont 11 en Asie du Sud. Le taux de croissance urbaine atteint plus du double de la démographie « naturelle ». Le Maroc comptait quelque 360 000 citadins au début du siècle et 9 millions en 1982... Toute prospective donne le vertige... » (Claude Liauzu, L'impossible modèle urbain, in *La ville partout et partout en crise, Le Monde Manière de voir,* n° 13, 1991).

L'intrusion de la statistique dans la géographie urbaine est récente, l'usage de la statistique ancien. En 1602 Sully a ses propres services, Necker est le pere de la statistique administrative. Le premier recensement « moderne » de population date de 1801. On entre dans l'aire du chiffre sous le Second Empire lorsque les préfets (à l'image des rapports des Intendants d'Ancien Régime) produisent précisément des « statistiques », enquêtes départementales plus ou moins utilisables. Se succéderont entre 1907 et 1945, la Statistique générale de la France, le Service national des statistiques et l'INSEE, dont la réponse à la demande sociale est évidente. Chaque discipline produit ses données tout en se servant d'un fonds commun de mesure. Le tout traduit en taux, indices, moyennes, écarts, résidus, pour exploiter des séries stockées dans des banques de données et des observatoires qui se multiplient.

Pour le géographe, l'initiation est partie de l'usage de Chadule (*L'initiation aux pratiques statistiques en géographie*, Masson, 1978) un ouvrage qui pour la première fois réunit les deux termes de statistiques et de géographie dans un même titre. L'analyse factorielle s'est répandue, regroupant des nuages de points par rapport à des axes, montrant les relations entre des lieux (les quartiers d'une ville) et des caractères (la population qui y réside, y travaille, les types d'habitat, les échanges...). Les techniques récentes d'échantillonnage et de sondage évitent d'étudier la totalité d'une population tout en exprimant des situations dites de référence.

... PSYCHOLOGUES ?...

On évoque là les travaux menés par les psychosociologues de l'espace, des travaux récents et de qualité qui prennent en compte le contexte dans lequel vivent les hommes. L'espace urbain, structuré en « bulles-gigognes », est considéré comme une matrice sociale de première importance.

POUR EN SAVOIR PLUS...

Dans le cadre de la mise en relief des relations entre l'homme et l'environnement dans la ville, les travaux – importants – de Kevin Lynch ont déjà été signalés. Par ailleurs on lit au quotidien des récits dus à des « spécialistes » qui dissertent sur les densités urbaines, la promiscuité dans la ville, l'anonymat des grandes banlieues ; des explosions périodiques, à Los Angeles, en France ou ailleurs, relancent le thème. On laissera de côté cet aspect pour prendre en compte la seule symbolique de la ville.

Le centre-ville joue par essence une fonction psychosociologique de poids. Toute ville en a un, qui est parfois dénommé cœur de ville, ce qui ouvre l'usage de l'anthropomorphisation de la ville, inépuisable. Avenues et rues – on dit les artères en termes de circulation – renvoient au système circulatoire. Les embouteillages sont perçus comme des caillots qui peuvent avoir des conséquences graves, quand l'artère se bouche. L'espace vert est dit poumon, sans doute parce qu'on pense y respirer un peu mieux, au Bois de Boulogne, à Central park, dans les innombrables parcs londoniens, au Montjuic de Barcelone : nous voila dans le système respiratoire. Le cœur de la ville peut être aussi assimilé à sa tête selon que l'affectif laisse la place au décisionnel ou pas. Le ventre de Paris a donné de longues pages chez Zola, avant de se retrouver déplacé ; les égouts chargés de l'évacuation des déchets urbains complètent l'appareil digestif. Le muscle, synonyme de force, d'énergie, commande et exécute, parcouru des flux qui traversent la ville.

Selon l'idéologie du temps, le centre peut être considéré avant tout comme historique, directionnel, événementiel, car là se passent les choses importantes. Il n'est qu'une des coquilles, certainement la plus riche, de l'espace urbain. La terminologie renvoie aux travaux d'Abraham Moles sur les coquilles de l'homme ; d'autres parlent de bulles. Au-delà de la peau et du geste immédiat, toutes les coquilles renvoient à l'espace urbain, dans l'ordre : pièce, appartement, quartier, ville. Les dernières sont les plus familières au géographe : région, nation et vaste monde. C'est là un des grands mérites des psychosociologues urbains, celui d'avoir mis l'accent sur des échelles mal étudiées, grandes et moyennes.

Ces fonctions vont de pair avec les interventions des praticiens et les discours électoralistes, l'intérêt étant de mettre en parallèle les progrès de l'hygiène et l'emploi de ces métaphores, avec la découverte (en ville) de l'air, du soleil, du vert, du ventilé, et des points cardinaux pour l'exposition. Henri Laborit dans un ouvrage publié en 1971 (*L'homme et la ville*, Flammarion) s'interroge sur les rapports entre civilisation industrielle, civilisation urbaine et organisation sociale à partir de l'idée même de « structure de vie ».

Dès 1970 se tient à Kingston la première conférence internationale de Psychologie de l'espace construit (International Architectural Psychology Conference, IAPC) et en 1979, la troisième, tenue à Strasbourg, prend pour thème « l'appropriation de l'espace ». Pour les psychosociologues, l'espace urbain est considéré comme « un système socio-émotionnel qui sert de support à l'expression d'un certain nombre d'attitudes sociales ». (G. N. Fischer, *La psychosociologie de l'espace*, PUF, 1981.) L'ouvrage de Moles et Rohmer *Psychologie de l'espace*, Casterman, 1977 repose sur les mêmes principes de base et nous interroge sur le poids des déterminants spatiaux dans nos comportements. Voilà un pas de plus fait dans le domaine de l'aménagement urbain.

« Aujourd'hui, la psychosociologie de l'espace est en prise avec le vaste problème de l'aménagement : celui-ci recouvre des domaines très divers, qu'il s'agisse d'un logement ou d'une ville, d'un bureau ou d'une place publique, dans chaque cas on parle d'aménagement ». Le texte est de 1981 ; près de quinze ans plus tard ces tendances se sont confirmées, se sont même amplifiées dans les deux domaines de l'aménagement et de la ville. Au mieux, c'est sortir des impératifs liés à l'homo œconomicus pour prendre en compte l'impact social des mutations qu'enregistre la ville. Mais aller encore un peu plus loin c'est s'interroger sur l'environnement urbain idéal qui conviendrait à l'homme. Sans obligatoirement verser dans l'énoncé strict des fonctions de base de la Charte d'Athènes : habiter, travailler, circuler et se cultiver. Encore que soixante ans plus tard, ceci reste bien d'actualité.

... SPÉCIALISTES EN PUBLICITÉ ?

On entre ici dans les anthologies qui s'alimentent au quotidien dans la presse. Aucune référence n'a été notée, chacun reconnaîtra au passage un certain nombre de slogans.

POUR EN SAVOIR PLUS...

Montpellier est passée d'un état de ville surdouée à une version plus modérée, plus neutre, « Montpellier Europole, Montpellier entreprenante ».

« Aix est incomparable. C'est vrai, l'air d'Aix nous rend plus créatifs ». Et c'est d'autant plus vrai que c'est un PDG qui nous le dit.

On mesure l'intérêt d'un lieu à l'aune de sa position horaire par rapport à l'Europe. Ajaccio semble hors de l'Europe, puisque elle offre « tout à moins de deux heures de la plupart des grandes villes européennes ». Monaco est « à moins de deux heures d'avion des capitales européennes », mais n'a pas d'aéroport. La distance-temps donne Saint-Denis à « quinze minutes du centre de Paris et à dix minutes de l'aéroport de Roissy ». « Si loin du bruit, si près de Paris ». « Plus près c'est Paris, plus loin c'est la campagne ».

« Angers confirme année après année sa vocation de technopole ».

A Avignon le palais des papes est devenu « un monument d'exception au service de votre entreprise ». Bien après Jean Vilar, changement de décor, mais la pièce se joue toujours.

A Anglet, que chacun connaît si bien on propose « L'espace Chiberta : votre espace séminaire ». Il s'agit d'un golf sur la Côte Basque. Il rejoint l'espace Killy, l'espace Cardin... l'espace d'un « capiiliculteur », d'une « jardinerie » ou d'une « sandwicherie ».

Le rugby comme support apporte « pugnacité, contact » (contacts). « Cette volonté farouche a prouvé que Béziers était toujours Béziers ».

La comptabilisation revue est une arme de choix. « Bordeaux est la cinquième ville de France. Au nombre des citations dans les guides touristiques internationaux, elle passe à la deuxième place, après Paris ». La deuxième place est très disputée, par Dijon, « une situation géographique stratégique, au cœur de l'Europe, et un réseau autoroutier haut de gamme » (le deuxième de France). Par les laboratoires de Grenoble « lesquels arrivent en deuxième place après Paris en terme de concentration ». Par le port de Lorient, « seconde place nationale en tonnage ». Mulhouse est « cité de sciences et de progrès. Cette particularité lui vaut d'être la deuxième ville de France après Paris pour la fréquentation de ses nombreux musées ». Toulouse est « deuxième centre universitaire après Paris, deuxième pôle de recherche, capitale aéronautique de l'Europe ». La place de brillant second revue et augmentée donne « le premier centre français en génie logiciel après Paris » et « le premier centre de formation après Paris ».

Après le technopôle (Mulhouse) ou la technopole (high-tech Synergia à Caen, Novaxis centre d'activités-technopole au Mans, Sophia Antipolis Esterel dans les Alpes-Maritimes), apparaissent l'europole, l'innopole, l'œnopole et mieux encore, « le tertiopole de Bordeaux-Mérignac, en accès direct par la rocade ». A Vitrolles, « le tertiopole du Griffon ».

« Le pays pour entreprendre », est celui qui se regroupe autour de Landivisiau et s'appuie sur les centres de Bodilis, Commana, Guiclan, Lampaul-Guimiliau, Locmelar, Plougourvest, Plouneventer, Saint-Derrien, Saint-Sauveur, Saint-Servais, Sizun. Draguignan est « capitale de l'arrière-pays varois », et le reste.

« Ce sont aussi ses habitants qui permettent à Lille d'aborder l'avenir en pôle-position ». Formule (un) qui devient dans la publicité « Lille, Métropole Position ».

Concentré méridional : « Pour faire de Marseille-Provence, à l'horizon 2001, le cœur d'une Méditerranée du Monde, à la fois Carrefour d'Echanges, pôle d'Innovation Industrielle et Centre de Réflexion et de Rayonnement, nous avons décidé de nous engager dans cette marche vers le renouveau… » (sans majuscule).

Inutile de reprendre le thème éculé du carrefour, centre de gravité, barycentre. Nancy est « à égale distance de Paris, de Bruxelles et de la Ruhr, (ce qui) lui confère une position privilégiée dans le tissu industriel européen. Et elle a fait « le plein de matière grise ».

La référence et l'originalité (le « typique ») donnent pour Nîmes, « celle que l'on présente, au choix, comme la Rome (pour les collines et la romanité) ou la Madrid française (pour la passion taurine) » sans oublier “son charme typiquement méditerranéen » et « deux mille ans de culture latine ». Mais « la ville aux sept collines », c'est aussi… Quimper.

Note finale gaie sur les couleurs de Pau (comme à Tours) : « Chez nous la matière grise pousse au milieu du vert ».

... UTOPISTES ?

Les formes littéraires de l'utopie urbaine renvoient à Rabelais, Swift, Voltaire, Saltykov, Calvino, qui ont donné des pages inoubliables. En matière d'architecture, le dessin est souvent clair, le dessein l'est beaucoup moins, les représentations variées à l'infini. Et périodiquement la réalisation de l'utopie renvoie à d'autres utopies.

POUR EN SAVOIR PLUS...

L'utopie, étymologiquement, est la terre de nulle part, d'où une sorte de prurit périodique pour en donner des représentations. La ville n'y échappe pas et a donné lieu à quelques morceaux de bravoure en forme de récits ou d'esquisses. Rappelons la Cité de Platon, l'Utopia de More, l'Harmony de Robert Owen, Arc-et-Senans de Ledoux, Guise de Godin. Et le phalanstère de Fourier atteignant à l'institutionnel, qui devient la maison commune réservée aux ouvriers que pratiqueront par la suite certains régimes, tout comme les prisons de Piranèse.

On connaît quelques ingrédients d'une utopie inépuisable, la ville-pont, la ville-pilotis, le recours à la mastaba, à la ziggourat, à la pyramide et à ses variantes (on dit ses déclinaisons). Ajoutons pour faire bonne mesure la ville en X, la ville oblique, la ville cosmique de Xenakis, la ville spatiale mobile de Y. Friedman, la tour sur laquelle se greffent des modules, la ville sous-marine et la ville dans l'espace. Ne parlons pas de la ville souterraine, Jules Verne en 1877 (*Les Indes noires*) et H.G. Wells en 1895 y ont songé. En réponse partielle à cet enfouissement, le forum des halles à Paris est peu de choses à côté de ces villes-bis que l'on découvre sous Montréal, Osaka, ou Shinjuku à Tokyo.

Victoria, proche des côtes anglaises, est toute de morale. Venusberg est la capitale d'une république de la Baltique que l'on gagne à partir de Copenhague. Edgar Rice Burroughs (*The Jungle girl*, 1931) nous présente Pnom Dhek comme rivale de Lodidhapura, et envoie Tarzan à Opar, colonie oubliée de l'ancienne Atlantide. L'Atlantide qui a également alimenté la fondation de Hulak dans un ancien cratère au Brésil. Jerimadeth, en matière de localisation, n'a pas dépassé la plume de Victor Hugo, ni le somme de Booz qui s'y est endormi. Ys se contente de faire sonner ses cloches en baie de Douarnenez. Le voyage en Icarie de Cabet (1840) a sa ville idéale dont certaines composantes sont dans le domaine public sans que l'on s'en doute trop.

Le feuilleton populaire a donné son contingent de héros « urbains » en matière d'utopie, voir Rodolphe, Fantômas si cher aux surréalistes et à Robert Desnos, Rouletabille, Rocambole, Nestor Burma dans les arrondissements parisiens que lui offre Léo Malet, plus anarchiste que policier. Et en poésie, Baudelaire, Lautréamont, Nerval, Apollinaire.

Pour terminer on citera un extrait assez long de L'Histoire d'une ville, de M.E. Saltykov-Chtchédrine, Gallimard, 1994.

Cette histoire de Gloupov (Ville-les-Sots) est parue en 1869 dans les Annales de la Patrie de Nékrassov. Elle est à joindre aux écrits de Jules Verne et Wells, contemporains de l'auteur. Il ne s'agit pas de description urbanistique mais d'utopie géopolitique.

« Dix ans avant d'arriver à Gloupov, il avait entrepris un mémoire « Sur la croissante extension de nos armées et de notre flotte à la surface de la terre, afin de procurer le retour (sic) de l'antique Byzance dans le sein de l'Empire russe. »... Les Gloupoviens le voyaient souvent assis à la fenêtre de sa maison, les yeux pleins de larmes, qui contemplait au loin la ligne bleue des forteresses byzantines... Pour tout dire, il avait en secret composé une note à l'adresse du fameux géographe K.I. Arséniev : « Il conviendrait, Excellence, que dans les manuels scolaires, la ville de Byzance soit définie de la sorte : « Constantinople, anciennement Byzance, présentement Ekatérinograd, chef-lieu de province. Située au confluent de la mer Noire et de l'antique Propontide, rentrée dans le sein de l'Empire russe en 17.., ... En raison de son importance, ladite ville est administrée par quatre gouverneurs en perpétuel litige. Elle fait le négoce des noisettes, possède une savonnerie et deux tanneries ». (p. 129).

QUELS QUALIFICATIFS CHEZ LES SPÉCIALISTES ?

L'hypothèse, toute simple, est que les qualificatifs accolés aux villes dans les livres qui en parlent nous disent largement ce que sera le contenu. Les quatre classes qui suivent ont été établies de façon empirique. Seuls ont été retenus des titres en langue française, sans souci d'inventaire, par ordre alphabétique.

POUR EN SAVOIR PLUS...

La ville

Burgel (G), *La ville aujourd'hui*, Pluriel, Hachette, 1993
Castells (M), Godard (F), *Monopolville. L'entreprise, l'état, l'urbain*, Mouton, 1974
Chabot (G), *Les villes*, A. Colin, 1948
Claval (P), *La logique des villes*, Litec, 1981
Dollé (J-P), *Fureurs de ville*, Grasset, 1990
Lefebvre (H), *Le droit à la ville*, Anthropos, 1968
Leroy (M), *La ville française, institutions et libertés locales*, 1927
George (P), *La ville, le fait urbain à travers le monde*, PUF, 1952
Médam (A), *Conscience de la ville, Anthropos*, 1977
Paquot (T), *Vive la ville !, Panoramiques Arléa*, 1994
Roman (J), sous la dir. de... V*ille, exclusion et citoyenneté*, Editions Esprit, 1993
Weber (M), *La ville* (réédition), Aubier, 1994

La ville, et... quelque chose

Friedmann (G), *Villes et campagnes*, Colin, 1953
Jalabert (G), *Villes et technopoles*, CNRS, 1990
Laborit (H), *L'homme et la ville*, Flammarion, 1971
Lefebvre (H), *La pensée marxiste et la ville*, Casterman, 1972
Pigeon (P), *Ville et environnement*, Nathan université, 1994
Rémy (J), Voye (L), *La ville et l'urbanisation*, Gembloux, 1974
Roncayolo (M), *La ville et ses territoires*, Folio, 1990
Roupnel (G), *La ville et la campagne au XVIIe siècle*, 1922 et Colin, 1955

La ville plus un attribut localisé, relevant de l'espace ou du temps

Barel (Y), *La ville médiévale*, PUG, 1977
Barrère (P), Cassou-Mounat (M), *Les villes françaises*, Masson, 1971
Brunet (R), dir., *Les villes « européennes »*, RECLUS, 1989
Cattan (N) et al. *Le système des villes européennes*, Anthropos, 1994
Lavedan (P), *Les villes françaises*, Vincent, Fréal, 1960
Perrot (J-C), *Caen, genèse d'une ville moderne,* Lille, 1974
Pirenne (H), *Les villes du Moyen-Age*, PUF, 1971
Racine (J-B), *La ville entre Dieu et les hommes*, Anthropos, 1993
Sallez (A) sous la dir. de.. *Les villes lieux d'Europe*, Datar, Editions de l'Aube,1993
Santos (M), *Les villes du Tiers Monde*, Génin, 1971
Steinberg (J), *Les villes nouvelles d'Ile-de-France*, Masson, 1981

Quelque chose d'urbain

Bailly (A), *L'organisation urbaine*, CRU, 1975
Bertaux (P), *La civilisation urbaine en Allemagne*, Colin, 1971
Blanchard (R), *Grenoble, étude de géographie urbaine*, Colin, 1912
Carrière (F), Pinchemel (P), *Le fait urbain en France*, Colin, 1963
Castells (M), *La question urbaine*, Maspero, 1972
Castro (R), *Civilisation urbaine ou barbarie,* Plon, 1994
Cauquelin (A), *Essai de philosophie urbaine*, PUF, 1982
Chaline (C), *La dynamique urbaine*, PUF, 1980
Derycke (P-H), *L'économie urbaine*, PUF, 1970
Fishman (R), *L'utopie urbaine*, Mardaga, 1980
Grafmeyer (Y), Joseph (I), *Naissance de l'écologie urbaine*, Champ urbain, 1979
Hohenberg (P), Lees (L), *La formation de l'Europe urbaine*, 1000-1950, PUF, 1992
Laborde (P), *Les espaces urbains dans le monde,* Nathan, 1989
Lacaze (J-P), Introduction à la planification urbaine, Le Moniteur, 1979
Ledrut (R), *Sociologie urbaine*, PUF, 1973
Lefebvre (H), *Du rural à l'urbain*, Anthropos, 1970
Lefebvre (H), *La révolution urbaine*, Gallimard, 1970
Merlin (P), *Méthodes quantitatives et espace urbain*, Masson, 1973
Mesnard (A-M), *La planification urbaine*, PUF, 1971
Pumain (D), Saint-Julien (T), *Les dimensions du changement urbain*, CNRS, 1978
Repussard (M), *Armature urbaine et économique*, Bière, 1966
Rimbert (S), *Les paysages urbains*, Colin, 1973

QUELS DISCOURS DES URBANISTES ?

La revue* Urbanisme *a publié un numéro spécial commémorant son cinquantième anniversaire, 1932-1982. Une façon simple de suivre année par année l'évolution des exercices, des réalisations, des projets et de la pensée des architectes et urbanistes.

POUR EN SAVOIR PLUS...

L'évolution semble aller de l'intuition au raisonnement, du pragmatisme à la réflexion, de l'art à la science et du concret à la théorie, à travers plusieurs dizaines de milliers de pages écrites, en une sorte de didactisme et de tribune libre à la fois. Le leitmotiv se ramène aux rivalités entre ingénieurs et architectes, à la mesure de l'urbanisation du territoire, à la liquidation des héritages, aux tentatives d'aménagement des grandes villes et surtout d'un grand Paris. Passées les années 1940, l'urbanisme s'efforce d'intégrer les innovations techniques et de coudre ensemble une juxtaposition de morceaux de ville éparpillée.

Flashes (Les dates ne constituent pas des coupures absolues).

■ **Début des années 1930.**
Le débat sur la ville s'étoffe avec une part plus grande du social. Il sera interrompu par la guerre. Les premiers titres disent « L'urbanisme devoir social, La mise en valeur du pays, L'urbanisme ou la vie heureuse, Esthétique et urbanisme... »

1933-1937, « Grandes utopies parisiennes, petites réalités... l'ultime expo... les derniers pouvoirs urbains des grands prix de Rome ». Et, parallèlement, « Habiter pour les peu fortunés, Vive l'urbanisme rural, A bas les villes. New York en banlieue, New York à la campagne ».

1935, reprise des îlots insalubres, en même temps qu'on police (et standardise) les banlieues auto-construites. On aspire au logement-social-minimum.

1936, un des héritages du Front populaire passe par le souci de l'hygiène. Sellier, maire de Suresnes, ministre de l'hygiène, refait sa ville avec piscines, gymnases, solariums, dispensaires, écoles de plein air, et reste le père des HBM de la Seine. Habitations à bon marché qui deviendront à loyer modéré pour finir Hachèlèmes.

■ **L'après-guerre** : le temps de la reconstruction avec application des textes élaborés par Vichy.

1950, industrialisation égale normalisation. Le city boom comptabilise les logements construits. Les maisons Phénix, au pied des grands ensembles, proposent : « 200 000 logements… c'est le minimum annuel nécessaire à la conservation du patrimoine immobilier national. Ce programme n'est réalisable qu'avec le concours de la préfabrication. Supprimant les délais d'étude, évitant tous aléas et suppléments, cette solution moderne, grâce à ses stocks disponibles, permet de construire rapidement, économiquement et de façon durable ».

1960, la norme est dispensée par les grilles d'équipements, tableaux quadrillés qui prévoient tous les mètres carrés possibles, leur répartition et leur affectation. Quant à leur usage… y compris dans les nouvelles opérations publiques des ZUP !

1965, Les grands ensembles résidentiels périphériques sont en rupture avec la ville dans sa conception historique. Il en est ainsi des grandes opérations dans toutes les villes d'importance, grandes ou moyennes comme à Nîmes (ZUP de Pissevin), Montpellier (La Paillade), Béziers (La Devèze), Sète (Le Barrou).

1968, les villes nouvelles ont pour finalité de structurer le Grand Paris.

1975, on entre dans les petites touches, les petits détails, les reprises d'îlots, opérations modestes à base de redéfinition du cadre de vie et de piétonnisation. En quelque sorte « l'art de la dentelle en quartiers anciens »…

L'ensemble constitue un document avant tout par l'illustration, abondante, et des déclarations de l'équipe dirigeante ou de ministres en exercice. L'un d'entre eux (un professionnel) signe une trentaine de lignes « avec le concours de Platon, Epictète, Euripide, saint Thomas, Montesquieu, Montaigne, Pascal, Beaumarchais, Maine de Biran, Valéry, Le Corbusier, Mao Tse Toung et Badiou ». Tout un symbole !

HAUSSMANN ET HOWARD.
DES DISCOURS ANTINOMIQUES ?

Quelques urbanistes, loués ou critiqués, ont laissé des œuvres qui ont marqué les recherches sur la ville. Haussmann est connu par ses percées, Howard est resté dans l'histoire de l'urbanisme par les cités-jardins. Deux conceptions parfaitement différentes, des travaux d'importance.

POUR EN SAVOIR PLUS...

Haussmann (1809-1884)

Son nom a donné un néologisme, haussmannisation, qui signifie opération au bistouri dans un tissu urbain ancien. On en fait volontiers un architecte ou un urbaniste, c'est à la fois un administrateur et un homme politique qui, préfet de la Seine sous le Second Empire, saura s'entourer d'ingénieurs pour remodeler la capitale.

Son nom a donné lieu à un calembour féroce dû à Jules Ferry qui traita des « Comptes fantastiques d'Haussmann », pamphlet qui entraîna sa perte. Son projet est d'assainir, de ménager des rectitudes, d'embellir par des espaces verts en taillant dans des héritages archéologiques parfois de grande qualité mais taudifiés. Les vieux quartiers ouvriers de la capitale, éventrés, auront du mal à rebâtir des barricades. Les immeubles de rapport s'embourgeoisent, le prolétariat est repoussé à la périphérie de la ville, gagnant bientôt les lointaines banlieues.

On s'extasie parfois sur la vision moderne de l'urbanisme que propose l'haussmannisation, mais Haussmann lui même avait quelques vues autres comme le montrent ses Mémoires, citées par Michel Ragon (*L'homme et les villes*, Albin Michel, 1975). « Dégager les grands édifices, de façon à leur donner un aspect plus agréable à l'œil... et une défense plus aisée dans les jours d'émeute... Assurer la tranquillité publique par la création de grands boulevards qui laisseraient circuler non seulement l'air et la lumière, mais les troupes et, par une ingénieuse combinaison, rendraient le peuple mieux portant et moins disposé à la révolte ».

A ce texte d'Haussmann (1809-1891) répond un texte d'un contemporain (Friedrich Engels, 1820-1895) qui parle lui aussi d'immeubles et de santé.

« Une société ne peut exister sans crise de logement… lorsque le propriétaire d'une maison, en sa qualité de capitaliste, a non seulement le droit mais aussi, dans une certaine mesure, grâce à la concurrence, le devoir de tirer de sa maison, sans scrupules, les loyers les plus élevés. Dans une telle société, la crise du logement… ne peut être éliminée, ainsi que ses répercussions sur la santé, etc. que si l'ordre social tout entier dont elle découle est transformé de fond en comble ». (Engels, *La question du logement*, Editions Sociales, 1976).

Howard (1850-1928)

Sylvie Rimbert, en trois belles formules, le définit comme un « nostalgique du lopin personnel », un adepte des « urbanisés malgré eux » qui a « le goût des paysages de compromis ». Militant socialiste, il élabore un modèle de ville – la *Garden city* – intégré et progressiste, qui reflète la société dans son ensemble en particulier dans ses dimensions économiques et politiques. La cité-jardin, réponse selon lui à l'extension urbaine, est destinée à battre en brèche les mauvaises conditions offertes par l'habitat ouvrier, sous-produit de la révolution industrielle en Angleterre, où – sous le noir – le vert traduit un équilibre entre vie rurale perdue et vie urbaine montante. Car Howard est tout autant critique de la campagne que de la ville, et sa véritable révolution consiste à penser la ville comme une communauté unie, mêlant activités agricoles, de production et de service, en un équilibre harmonieux de travailleurs des champs et de la cité. La *Garden city* est limitée en surface et en population (32 000 habitants au maximum). Dès 1899, une association des cités-jardins est créée, et en 1903 commence la construction de Letchworth selon les schémas de Howard. Les idées de Howard trouveront application en Grande-Bretagne essentiellement. En France, les réalisations sont limitées et trop souvent appliquées, de manière impropre, aux logements sociaux. Aux Etats-Unis, Radburn et les greenbelt cities construites pendant le New Deal illustrent la pensée d'Howard. L'application limite est là, à la périphérie des villes d'Amérique du Nord en lotissements interminables de maisons individuelles à petit jardin, pendant américain des « Sam'suffy » de nos banlieusards à la poursuite d'une chaumière et d'un cœur.

Les théories d'Ebenezer Howard, quelque peu défigurées, seront vues comme une médiocre réponse au souci de l'habitat individuel et à la pensée que le grand ensemble urbain est une négation de la ville, la vie en communauté une grande solitude et les équipements collectifs inférieurs en usage à la multiplicité des équipements individuels. Vision utopiste d'un monde meilleur, où l'idée de communauté, de justice et « d'amicale coopération » serait une réponse à la dégradation de la vie urbaine, la *Garden city* reste trop élémentaire et singulièrement limitée dans sa conception sociale. Même si son auteur voit dans sa réalisation la préfiguration de la « révolution sociale » !

QU'A DIT LE CORBUSIER ?

Le Suisse Charles-Edouard Jeanneret (1887-1965) dit Le Corbusier, reste le plus connu des théoriciens contemporains, qu'il soit considéré comme urbaniste, architecte ou peintre.

POUR EN SAVOIR PLUS...

Quelques-unes de ses réalisations, comme la « maison du Fada » de Marseille qui attirait les visiteurs des années 1950, présentent ses conceptions de l'habitat collectif. Ici, un immeuble détaché du sol-support dresse ses 18 étages pour 1 800 habitants, avec rues intérieures et équipements commerciaux, crèche, école, gymnase et théâtre sur le toit.. Tout ce qui pouvait alors prêter à rire tout en aiguisant la curiosité de chacun, dès la vision du modulor à l'entrée.

Quelques unes de ses études, comme celles menées dans les taudis de Barcelone, ne débouchèrent en fait sur aucune réalisation.

Quelques unes de ses formules sont restées célèbres : « la rue courbe est le chemin des ânes, la rue droite le chemin des hommes », car « l'homme marche droit parce qu'il a un but. L'âne a tracé toutes les villes du continent, Paris aussi, malheureusement ». On connaît aussi ses quatre clés systématiques de l'urbanisme : habitation, occupation, récréation, circulation. Et ce qui en découle, la maison comme machine à habiter, la cité industrielle pour le travail, les parcs et installations sportives pour le bien du corps (*mens sana*...), les grands axes rectilignes et normés. Là se trouve réunie et concentrée toute la froideur de la technocratie d'après-guerre : la ville, moins tout ce qui lui manque, mais qui relève plus de la société urbaine que des réalisations des promoteurs.

Le béton, l'ossature sur îlots libérant le sol, le toit-terrasse aménagé ont typé ses réalisations et celles de ses héritiers en architecture, avec plus ou moins de bonheur. A partir des années 1920 il propose l'insertion de logements individuels dans les jardins d'un ensemble collectif équipé en forme d'immeuble-villas. Ces nouveaux principes directeurs en matière d'urbanisme ont été réunis en recueil (1941) sous la forme dite Charte d'Athènes, texte toujours cité, marquant une époque, venant à point comme bréviaire caporalisant de la reconstruction en Europe. La formule finale et détournée en est aussi la sarcellite, maladie engendrée par la sarcellisation.

Parmi ses publications, *Urbanisme en 1925*, *La Ville radieuse*, 1935, *Quand les cathédrales étaient blanches*, 1937, *Manière de penser l'urbanisme*, 1946. En 1928, il contribue à fonder les Congrès Internationaux d'Architecture Moderne (CIAM), mais dès 1922 dans son projet pour une « Ville contemporaine de trois millions d'habitants », il avait posé la question de la métropole comme ferment de la ville du XXe siècle. Il reprendra ce schéma de la métropole radio-concentrique des échanges dans un ouvrage de 1945 : *Les trois établissements humains*.

Parmi ses réalisations, le pavillon suisse de la Cité universitaire de Paris, le Bureau central des coopératives à Moscou, le Ministère de la culture à Rio de Janeiro, l'unité d'habitation de Nantes-Rezé, celles de Firminy, de Briey et de Marseille, la villa Savoye de Passy, le plan directeur de Chandihgârh, la chapelle de Ronchamp. Elles reposent sur un jeu harmonique des lignes, du béton, de la lumière et des agencements avec toujours un souci de clarté, de rationalité, d'habitabilité. Le tout à partir de cellules standardisées mais jamais disgracieuses malgré une référence constante à une certaine austérité. Ses préoccupations recoupent celles qui ont fondé le courant des constructivistes.

Maître reconnu de l'architecture contemporaine, il lui a été reproché d'être le responsable des rénovations urbaines au sens le plus drastique du terme et de la prolifération d'un béton aussi répétitif qu'anonyme et brut de décoffrage, alors qu'il se défend d'être « la brute du béton brutal ».

« De ces édifices, que la vogue de leur auteur rendit immédiatement paradigmatiques, il faut tout d'abord noter que, conformément aux thèses de l'urbanisme CIAM, aucun n'est situé dans un cadre urbain traditionnel. Chacun d'eux prétend être un événement et se trouve désolidarisé de son environnement naturel ou culturel : c'est l'expression d'une conception individualiste de la monumentalité qui sera entendue par les épigones et les suiveurs… De préfecture en hôtel de ville, de cité administrative en centre de Sécurité sociale, les épigones ont domestiqué ce monumentalisme brutal pour les usages triviaux de l'administration. ». (*Histoire de la France urbaine*, t. V, p. 263).

Lire :

Besset (M), *Le Corbusier*, Skira, 1987
Boudon (P), *Pessac de Le Corbusier*, Dunod, 1985
Von Moos (S), *Le Corbusier, l'architecte et son mythe*, Paris, 1971.

QUELS ROMANS SUR LA VILLE ?

On est là dans un domaine inépuisable, et encore largement sous-utilisé. Proposer une trentaine de titres, parmi des dizaines de milliers, ne peut que restreindre le champ des références pour signifier celui des préférences.

POUR EN SAVOIR PLUS...

Paris est sur-représenté. Pierre Citron a publié (Editions de Minuit, 1961) un gros ouvrage sur *La Poésie de Paris dans la littérature française, de Rousseau à Baudelaire*, Nathan Kranowski, *Paris dans les romans d'Emile Zola*, PUF, 1968.

Allain (M), Souvestre (P), *Fantômas*, s.l., 1911
Aragon (L), *Le paysan de Paris*, Gallimard, 1966
Aragon (L), *Les beaux quartiers*, Hachette, 1936
Balzac (H) de, *Le Père Goriot*, Albin Michel, 1834
Balzac (H) de, *Le colonel Chabert*, Seuil, 1971
Balzac (H) de, *La fausse maîtresse*, Lévy, 1879
Bohringer (R), *C'est beau une ville la nuit*. Blues. Denoël, Folio, 1988
Breton (A), *Nadja*, Gallimard, 1963.
Carco (F), *La Bohême et mon cœur*, s. d., 1912
Céline (L.F.), *Voyage au bout de la nuit*, Denoël et Steele, 1932
Dabit (E), *Hôtel du Nord*, Denoël, 1929
Daeninckx (D), *En marge*, Denoël, 1994
Drieu la Rochelle, *Blèche*, Gallimard, 1928
Durrell (L), *Justine*, Buchet-Chastel, 1957
Fallet (R), *Banlieue Sud-Est*, s. l., 1930
Fante (J), *Rêves de Bunker Hill*, 1982, Christian Bourgois, 1985
Fargue (L-P), *Le piéton de Paris*, Gallimard, 1932
Green (J), *Paris, Champ Vallon*, 1989
Greene (G), *Le troisième homme*, Laffont, 1950
Guégan (G), *Sur le sentier de la guerre*, Editions de l'Olivier, 1993
Hemingway (E), *Paris est une fête*, Gallimard, 1964
Hugo (V), *Les Misérables*, Folio, 1972
Huysmans (J-K), *Croquis parisiens*, 10/18, 1976

Joyce (J), *Gens de Dublin*, Plon, 1926, *Ulysse*, Folio Gallimard, 1982
O'Flaherty (L), *Le Mouchard*, Stock, 1948
Proust (M), *Du côté de chez Swann*, Gallimard, 1954
Queneau (R), *Zazie dans le métro*, Gallimard, 1959,
Rochefort (C), *Les petits enfants du siècle*, Grasset, 1961
Romains (J), *Le vin blanc de la Villette*, Gallimard, 1914
Romains (J), *Les hommes de bonne volonté*, J'ai lu, 1932
Sabatier (R), *Les allumettes suédoises*, Albin Michel, 1969
Zola (E), *Au bonheur des dames*, 1883, Livre de Poche
Zola (E), *Rome*, Fasquelle, 1921

Une note d'exotisme finale sera proposée par Denis Tillinac qui, gardant comme titre *Le bar des palmistes* (Arlea, 1989), colore Cayenne.

« Couleurs délavées : vert pomme, pastel, orange, rouille sur les toits. Cette ville surexposée, où l'on prend le temps par son bout le plus mol, évoque le Far West et aussi l'idée qu'on peut se faire des « colonies » en lisant Somerset Maughan, Jean Rhys, Conrad, Kipling, Graham Greene, Lawrence, etc. Au fait, nous n'avons pas d'écrivains " coloniaux ", seulement des faiseurs d'idées partis breveter aux tropiques des thèses conçues à la Coupole ou au Balzar. Gide est allé au Congo pour dénigrer l'Idée coloniale ; Segalen, en Chine, trouvait moyen de ratiociner sur la notion d'exotisme. L'Istanbul de Loti est un bazar, le Libreville de Simenon, un mouroir pour petits blancs. Les Afriques de Rimbaud étaient métaphysiques, comme les Khmers de Malraux. Un déficit d'alizés et de sable chaud grève notre patrimoine imaginaire. Kessel, Monfreid, Cendrars l'ont quelque peu oxygéné ; ils ne sont pas en odeur de sainteté à la Sorbonne. »

On pense aussi à :

Bicly, *Petersbourg,* L'âge d'homme, 1967
Döblin, *Berlin Alexanderplatz*, Gallimard, 1971
Dos Passos, *Manhattan transfer*, Gallimard, 1967
Kawabata, *Kyoto*, Albin Michel, 1971...

QUELS HAUTS LIEUX URBAINS ?

Le haut lieu est une forme de "promotion" urbaine laissant croire à l'unicité. Ce caractère exceptionnel est exploité par le tourisme du « faire », faire le Colisée et faire Guéret, faire le Louvre et faire Marvejols, faire le Vieux Port ou faire l'Opéra (de Paris, de Sydney, de Bayreuth). Il découle d'images fortes et produit lui même des images, mot clef pour parler des hauts lieux en évitant les lieux communs.

POUR EN SAVOIR PLUS...

« Qu'ils sortent de Paris, ou de Rome ou de Sète,
Ou du diable vauvert ou bien de Zanzibar,
Ou même de Montcuq, ils s'en flattent, mazette,
Les imbéciles heureux qui sont nés quelque part. »

Le poète l'a dit, à satiété, toute ville natale est un haut lieu. Plus quelques lieux unanimement reconnus dont on dit qu'ils appartiennent au patrimoine national ou même mondial, places de Cracovie ou de Prague, rives de fleuve, de Seine, de Danube, de Tamise ou de Guadalquivir. Les allées, champs, mail et mall, cours et courts. Le même, Georges Brassens, rappelle quelques villes et leurs images :

« J'ai pris la route de Dijon
Pour voir un peu la Marjolaine,
La belle, digue, digue don...
J'ai passé le pont d'Avignon
Pour voir un peu les belles dames
Et les beaux messieurs tous en rond...
Je me suis fait faire prisonnier
Dans les vieilles prisons de Nantes,
Pour voir la fille du geôlier. »

La route, c'est toujours Dijon ou Louviers, le pont, Avignon, la prison, Nantes, alors que le chemin mène à Rome. Bien d'autres choses typent la ville pour en faire un haut lieu reconnu. Monument, immeuble, rue commerçante, place célèbre... tout cela et quelques ingrédients de plus, jusqu'à cette « ambiance », ce « climat », cette

« façon de vivre ou d'être », cette « atmosphère », « ce charme indéfinissable », « ces lieux de l'aventure et des réjouissances » qui font la ville que l'on se prend à aimer. « J'aime ma ville, mais je ne saurais dire exactement ce que j'y aime. Je ne pense pas que ça soit l'odeur. Je suis trop habitué aux monuments pour avoir envie de les regarder. J'aime certaines lumières, quelques ponts, des terrasses de cafés. J'aime beaucoup passer dans un endroit que je n'ai pas vu depuis longtemps » (Georges Perec, *Espèces d'espaces*, Editions Galilée, 1974)

Parlant de représentations sur les hauts lieux urbains on peut lire, en dehors des ouvrages cités par ailleurs :

Ferras (R), *Montpellier, Ecusson et Polygone, enfants et retraités dans le centre-ville*, Société Languedocienne de Géographie, Université Paul Valéry, 1981.

Lussault (M), *Tours : images de la ville et politique urbaine,* Université de Tours, 1993.

Roncayolo (M), *L'imaginaire de Marseille, port, ville, pôle, CCI de Marseille*, 1990

Vant (A), *Imagerie et urbanisation, l'exemple stéphanois*, Centre d'Etudes Foréziennes, Saint-Etienne, 1981.

Le peintre a rendu en ce domaine quelques services, des milliers de toiles renvoient aux villes. Paysages reconnus qui fixent la mémoire des lieux, jusqu'à les rendre support d'une culture populaire. Citons Genève par Conrad Witz, Alger ou Sète recolorés par F. Desnoyer, le port de Duisbourg par A. Macke, la Tour Eiffel par R. Delaunay, Montreuil en 1911 par A. Derain, Vermeer à Delft, Vlaminck à Chatou, Chartres ou Marly-le-Roi. L'itinéraire de Van Gogh, du Borinage à Auvers en passant par Paris, Arles et Saint-Rémy de Provence. Rotterdam, Collioure, Galatz, Menton, Les Sables d'Olonne, Marseille, Fécamp, Le Havre, Saint-Tropez, Trouville, Porquerolles, Alger, Venise, La Rochelle, tous ces ports, ou encore à Paris le Pont-neuf, Notre-Dame, le quai Conti, la porte de Saint-Cloud, par Marquet. R. Dufy donne à voir Deauville, Venise, Nice, Marseille, Londres, Toulon, Le Havre. Kokoschka recompose Londres, Vienne, Prague, Douvres, Linz, Avignon…

La ville est là, partout présente, en ses lieux « sacrés » et reconnus, depuis les arrières-plans des « Très riches heures du Duc de Berry », ou des fresques de Sienne.

QU'ÉTAIT LA LONDRES DE Ch. DICKENS ?...

Londres propose la silhouette de sa city, ses docks, ses quartiers pauvres nés de la révolution industrielle, son West End étranger à ces immigrants qui vont donner vie aux nouveaux quartiers de la périphérie. Telle est la Londres de Dickens... ou de F. Engels.

POUR EN SAVOIR PLUS...

La révolution industrielle et par voie de conséquence l'urbanisation, changent complètement Londres qui compte 900 000 habitants en 1800, 2 500 000 à la moitié du siècle. Les bouleversements sociaux qui en découlent ont laissé des traces, en particulier dans ces nouvelles banlieues que dépeint avec précision, parfois comme un entomologiste, Charles Dickens. Monsieur Pickwick et ses amis explorent les environs, Bath y apparaît en forme de prolongement de la capitale.

La Petite Dorrit est l'occasion de descriptions devenues pièces d'anthologie. On en jugera à travers les quatre textes qui suivent, sur la maison de brique noire, la rue, les mews, le tout dans un dimanche londonien, espace et temps mêlés.

La maison. – « Une vieille maison de briques, d'une telle saleté qu'elle était quasiment noire, se dressait solitaire, derrière une grille. Par-devant une cour carrée contenait un ou deux arbustes et un bout de pelouse... Elle avait eu l'idée, il y avait déjà longtemps, de s'affaisser sur le côté ; on l'avait cependant étayée, et elle s'appuyait sur une demi-douzaine de béquilles gigantesques. » Le bâtiment est « hanté des chats du voisinage, battu des pluies, noirci par la fumée, envahi de mauvaises herbes ».

La rue. – « Une vingtaine de maisons uniformes et sans caractère, aux portes desquelles on frappe ou on sonne de la même manière, qu'on aborde au moyen des mêmes perrons monotones, toutes séparées de la rue par des grilles semblables, munies des mêmes échelles de sauvetage impraticables et des mêmes accessoires encombrants fixés à leur sommet. »

Les « mews » si recherchés de nos jours, ont un autre visage : – « une horrible petite rue faite de murs aveugles, d'écuries et de tas de fumier, avec des remises de cocher surmontées d'un grenier où habitaient des familles de cochers qui adoraient faire sécher leurs vêtements et décorer leurs fenêtres avec de petites barrières d'octroi » .

Le dimanche. – « C'était un dimanche londonien, lugubre, étouffant, ranci. Des cloches, toutes plus dissonantes les unes que les autres, sourdes ou aiguës, fêlées ou non, lentes ou vives, affolaient les sens de leurs échos hideux sur le torchis des murs. Des rues sinistres, que la suie recouvrait d'une bure de pénitent, engloutissaient l'âme de ceux qui n'avaient pas d'autre choix que les regarder de leurs fenêtres, dans un désespoir sans fond ».

Le port et l'eau, le noir et l'humide, ne sont jamais loin. – « Coude à coude avec les ouvriers sans emploi de la classe la plus basse, débardeurs, déchargeurs de charbon, femmes effrontées, enfants en guenilles, le rebut et le ramassis du fleuve, il se fraie difficilement son chemin, assailli par les odeurs et les visions repoussantes de ruelles étroites qui se détachent à droite et à gauche, et assourdi par le tintamarre des lourdes charrettes qui quittent les magasins entassés dans tous les coins en emportant des monceaux de marchandises ». (*Oliver Twist*)

Créer l'atmosphère est l'essentiel, et le but est atteint. Mystère de la ville et désespoir des habitants sont le lot de tous les laissés pour compte de l'expansion du capitalisme, misère et saleté renvoient au système social. Sous nos yeux les quartiers se profilent, les habitants grouillent, foule solitaire. Les tableaux sont très réalistes, au sens plein du terme, même réduits à une maison isolée qui suffit à fasciner.

Le témoignage d'Engels ne manque pas non plus de réalisme.
« Il y a d'abord Londres, et à Londres, la célèbre « Nichée des Corbeaux » (*Rookery*), St Gilles... Ce St Gilles est situé au milieu de la partie la plus peuplée de la ville, entouré de rues larges et lumineuses, où s'affaire le beau monde londonien – tout près de Oxford Street, de Regent Steet, de Trafalgar Square et du Strand... on ne voit à St Gilles que des gens de la classe ouvrière. Le marché se tient dans les rues ; des paniers de légumes et de fruits, naturellement tous de mauvaises qualité et à peine comestibles, réduisent encore le passage, et il émane, comme des boutiques de boucher, une odeur écœurante. Les maisons sont habitées de la cave aux combles, aussi sales à l'extérieur qu'à l'intérieur, et ont un aspect tel que personne n'éprouverait le désir d'y habiter....

Le plus grand quartier ouvrier cependant se trouve à l'est de la Tour de Londres, à Whitechapel et Bethnal Green, où la grande masse des ouvriers de la cité est concentrée... cette paroisse si misérable (qu') elle était tout aussi peu connue à l'extrémité ouest de la ville que les sauvages d'Australie ou des îles des mers australes...

Elle habitait au n° 2, Pools Place, Quaker Street, à Spitafields, dans la plus grande misère... avec six enfants, littéralement entassés dans une petite chambre sur le derrière de la maison, sans autre meuble que deux vieilles chaises d'osier défoncées, une petite table dont deux pieds étaient cassés, une tasse brisée, et un petit plat... » (F. Engels, *La situation de la classe laborieuse en Angleterre*, Editions sociales 1973).

… LA ROME DE MORAVIA ? …

Une ville, un auteur, jeu classique. Rome et Moravia, issu de la bourgeoisie romaine, proposent un autre couple célèbre. Entre 1929 et 1973 Moravia nous parle de Rome, omniprésente dans son œuvre. Le premier roman **Gli indifferenti** ***est la chronique quotidienne d'une famille des années 1920.***

POUR EN SAVOIR PLUS…

En Italie, parler de la ville n'est-ce pas d'abord évoquer Florence ou Venise ? Florence est déjà louée par l'Arioste au XVIe siècle, et en 1666 quand naît Sète, Gualdo Priorato écrit « Giace Fiorenza in pianura d'ogn'intorno coronata da vaghe e delitiose colline… »

Silvio dans *L'architetto* (1937), donne son avis sur « certaines maisons plates, désolantes, absurdes, plus semblables à des cuisinières électriques qu'à des habitations. Rien de tout cela. Ce que, par contre, moi j'entends par rationnel, c'est toute une construction répondant avant tout aux nécessités de la vie qui doit s'y dérouler et puis à celles du climat, du milieu, des matériaux employés et ainsi de suite ; sans contrevenir au sens esthétique fondamental en l'homme ».

La Rome faciste apparaît dans *Il conformista* (que reprendra au cinéma Bernardo Bertolucci) à travers la grandeur, la romanité, l'unité nationale : « le fou, tout comme un orateur se montrant à un balcon imaginaire, levait les deux bras au plafond, se penchait en tendant la main comme pour insinuer quelque subtilité, menaçait en fermant le poing ou bien encore élevait à la hauteur de son visage ses paumes ouvertes. A un certain moment, de la foule imaginaire à laquelle le fou s'adressait, partirent sans aucun doute des applaudissements ». Le balcon est piazza di Spagna qui visualise le fascisme romain.

Les principaux lieux de Rome sont passés en revue.

« Nous voici arrivés dans le quartier de l'EUR (Esposizione Universale Romane), un quartier de palais construits au début des années 1940 en vue d'une Exposition qui ne fut jamais inaugurée. Colonnades. Rues avec des colonnes, avenues avec des colonnes, esplanades avec des colonnes, exèdres avec des colonnes. Au milieu de la plus grande place, un obélisque revêtu de la lumière vespérale ». (*Moi et lui*, Folio).

Une interview accordée à *Autrement* (numéro sur Rome, 1988) permet de préciser quelques opinions.

« Rome reçoit et ne rend rien. Cela est peut être le résultat du fait que l'Italie n'est pas un pays unifié de longue date comme la France. Rome était l'une des petites capitales de ce pays fragmentaire qu'a connu Stendhal. Encore aujourd'hui le top n'est pas donné par Rome, mais par Milan pour la mode, le style, et en général tout ce qui est moderne. »

« Rome est un décor. Je ne suis pas un écrivain romain comme, mettons, Gide ou Proust n'étaient pas des écrivains parisiens. »

« Ce n'est pas le Sud. C'est une sorte de terrain neutre entre le Sud et le Nord…

Ce n'est pas moi qui l'ai dit, c'est Baudelaire : « Rome, séjour d'ennui. » Mais on y trouve ce que Stendhal avait déjà remarqué, une certaine nature assez déchaînée : les Romains ne sont pas faux, pas trop courtois, c'est vrai qu'ils sont très naturels. Il faut avouer que Rome est très rustique, lourde et même un peu simple, on sent la campagne pas loin. »

« Le latin était une langue militaire, de conquérants. Les Romains ont unifié le monde en détruisant beaucoup de nations, de peuples originaux qui ne demandaient pas mieux que de vivre ; pourtant je regrette le latin dans les églises… pour la sonorité. »

... LA GENÈVE DE Pierre GASCAR ?...

Genève grise (ciel et toits), blanche ou bleue (lac et fleuve) ? Gascar donne un texte très « géographique » en une série de tableautins passant en revue tout ce qui fait une Genève qui s'ouvre sur « le panache du haut jet d'eau » et se ferme sur « la colonne unique d'un vaste temple transparent ».

POUR EN SAVOIR PLUS...

Couleurs de la ville ? Chaque auteur s'est essayé aux couleurs, parfois en forme de pâleur du lac, et l'ouvrage de Gascar porte en couverture une vignette en trois tons, des bleus, des blancs et des gris. L'eau du Rhône « d'un bleu foncé couleur bouteille » (Ley), « au bord de son lac, Genève, dans un brouillard bleuté » (Andersen), « le Léman bleu » (Hugo), « le jeu de la lumière grisâtre » (Rilke), « ce brillant fleuve azuré » (Michelet), « la vaste étendue vert-jade du Léman » ou encore « la brume azurée qui monte du Léman » (Gascar). En rupture avec ces douceurs, en sang et or, la ville comme « une montre avec quatre trous en rubis » (Gautier), et « Le parc des Bastions avec ses arbres japonais à petits éventails d'or l'automne » (Butor).

Ville d'eaux ? Genève est doublement marquée, par son lac qui n'est pas de Genève mais Léman et grâce auquel Michelet prêtait à la ville un « double ciel » et par son jet d'eau qui en est le complément, « Une girouette avec son drapeau de brumes. Combien de litres d'eau par seconde ? Une administration le contrôle sûrement. Comme le mât d'un navire liquide au milieu des vagues montagneuses... une figure actuelle de l'échelle de Jacob en somme, parcourue d'anges liquides aux ailes moirées irisées, intermittente et frileuse » dit Michel Butor.

Gascar plante son décor à partir du jet d'eau « qui signale Genève, un peu comme le baleinier guette, derrière la crête des vagues, celui qui trahit la présence du cétacé. » Suit une ville qui semble, à un moment de son histoire, avoir gommé le temps hors de la vieille ville sur sa butte : « Toutes les constructions, mis à part quelques édifices publics à la solennité également sans âge, se fondent dans la même insignifiance, la même discrétion et le même air d'honorabilité. Dans la même intemporalité. De quelle époque ces façades nous parlent-elles ? »

Puis vient la banque. « Quand on redescend de la butte vers le Rhône, on débouche dans la Corraterie, où les grands immeubles des banques se sont groupés, remplaçant d'une façon qu'on ne peut s'empêcher de trouver symbolique, une partie des anciennes fortifications… On n'y faisait pas la queue à des guichets ; les éclairages y étaient discrets ; des tapis étouffaient les pas ; les sonneries de téléphone y étaient réduites à des bourdonnements et l'on y répondait par des murmures. »

A l'inverse, les bistrots de quartier.
« De l'extérieur, ces établissements tous d'une parfaite banalité, certains vieillots, ne se recommandent que par un air de décence, de propreté et d'honnêteté. Quelques-uns ont encore des rideaux au crochet, derrière leurs vitres ; d'autres fois, de petites affiches annonçant des rencontres sportives y sont collées… Il se trouve là, en général, quelques clients, tous assis, car le comptoir n'est guère utilisé à Genève. Ce sont des gens du quartier ou, en tout cas, des Genevois, pour la plupart… Qui, débouchant d'une de ces voies désertes, bordées de façades uniformes, ne s'est pas trouvé, par une après-midi de dimanche un peu sombre, dans la plaine de Plain palais, cet étrange espace à demi herbu qui s'ouvre non loin du cœur de la ville, ne peut pas savoir ce qu'est le vide métaphysique. »

Une des composantes de la carte postale genevoise passe par le parc des Bastions et la vieille université dont les amphithéâtres donnent sur le mur. « Le monument de la Réformation, adossé à un ancien rempart de la ville, se déroule sur une centaine de mètres et retrace, au moyen de figures sculptées et d'inscriptions portées dans la pierre, les phases du grand mouvement religieux qui ébranla les consciences, dans toute l'Europe occidentale, comme, un peu plus de deux siècles après, la Révolution française y ébranlerait l'ordre politique et ses institutions. Paris n'a pas son monument de la Révolution ; par contre, Moscou a le sien, avec le mausolée de Lénine, sur la Place rouge, et le mur du Kremlin contre lequel sont enterrés les grands personnages du bolchevisme. »

Fin sur le lac. « Il n'est pas de lac sur terre qui dise autant la civilisation. Et non pas – ou non pas seulement – parce qu'il baigne Clarens, où l'on rencontre le Rousseau de La Nouvelle Héloïse, Chillon où rêve Byron, Coppet, où devisent Madame de Staël, Benjamin Constant, Schlegel, et parce que Voltaire à Ferney, ne voit rien d'autre, ou presque, de ses fenêtres, mais parce que, au débouché du massif rhétique, de l'énorme et sombre masse montagneuse grossie, plus à l'est, des coulées hercyniennes et carpathiques, il est la première lumière de l'Occident. L'Europe s'y éclaire… »

Extraits de Pierre Gascar, *Genève*, Champ Vallon, 1984.
Voir également Michel Butor, *Genève,* Autrement, 1986.

... LE PARIS DE Pierre MAC ORLAN ?...

Chaque quartier a son individualité plus ou moins fabriquée, plus ou moins mythique, due à celui qui le chante, produit de la vie de ses habitants, liée à ce qu'en attend le visiteur. Comme chez Pierre Mac Orlan dans* Le gros rouge, Mémoires d'un passant inutile, 1920-1928*, Le Cap, 1956. Mais Paris a changé ; les pages qui suivent sont fossiles.

POUR EN SAVOIR PLUS...

La Villette. – « Il en est ainsi pour la Villette qui impose, grâce à l'autorité d'un nom chéri des escarpes et de ceux qui les regrettent, une vision assez perfide, mais très nette, d'un clair quartier de Paris où le soleil se sacrifie au profit des toucheurs de bœufs en longues blouses et coiffés de casquettes à trois ponts. Cet uniforme devait séduire la basse pègre qui l'adopta. Dans l'ombre classique, le réverbère au dos, sur l'asphalte du boulevard extérieur, se blottissait la silhouette de cette charmante gigolette de fortune dont il ne reste plus, pour l'évoquer, que les dessins de Steinlein et un fox-trot de Lehar.... Où sont aujourd'hui les marchands de chevaux remplacés par le mal réveillé garagiste qui pompe de l'essence dans son appareil, cinq litres par cinq litres ?

Entre deux rangées de maisons dociles, les distributeurs d'essence s'érigent au bord du trottoir et leur troupe pénètre dans la campagne impuissante et ravie.... A la Villette, il n'y a plus que le vent aigre au petit jour qui mêle aux papiers échappés des poubelles les fantômes d'un passé extraordinairement mort, dont le charme fragile et souvent homicide est enclos dans les quelques vers d'une chanson. »

Les Halles. – « Autour de l'immense vaisseau s'affairent les maraîchers et les jardiniers de la nuit. Le clair de lune argente leurs choux et leurs carottes et congestionne les agréables joues des jeunes filles de Gennevilliers et les Versaillaises venues en tramway spécial.

Tout le front des légumes est cerné par un réseau de cabarets, de bars, de bouchons, d'asiles de nuit, de restaurants où les personnages les plus divers viennent achever une nuit de travail ou de rigolade.

Les autos, quelque fois volées dans la nuit, ou conduites par des jeunes femmes seules, se mêlent aux innombrables charrettes de légumes qui, cahin-caha, en files interminables, arrivent de la banlieue en suivant les quais. Elles ont chacune une petite lanterne et, quand on les rencontre sur la route, elles forment une théorie grinçante et lugubre qui évoque assez bien les trains de combat dans la retraite de Charleroi, par exemple. »

Le Moulin Rouge. – « Au moment même où le ciel de Paris, dans un embrasement tragique, annonçait la guerre, le Moulin Rouge flamba dans la nuit. Certains étrangers virent dans cet événement le présage de la défaite des Français. Le Moulin Rouge, en quelque sorte le Panthèon de nos gloires les plus discutables mais à coup sûr les plus populaires dans le monde des touristes, s'écroulait en entraînant dans ses cendres les souvenirs de la Goulue, de Valentin le Désossé, de Grille d'Egout, c'est-à-dire, comme il est facile de s'en rendre compte par cette nomenclature, les derniers témoins d'une fantaisie vulgaire et attristante.

Il fallut Lautrec pour racheter ce passé crapuleux en sauvegardant l'image de ces filles qui furent belles mais que leurs contemporains déshonorèrent en leur permettant de choisir un pseudonyme. »

Maubert. – « A Guillemette, Museau, Simone la Normande et Marie Cuduöe ont succédé les Pamela, les Ernestine et les Stéphanie. Aujourd'hui les Gaby, les Mado et les Nini attendent l'heure de la java traditionnelle.

C'est non loin de cette place Maubert où les amis de Villon cherchaient l'aventure que le petit bal-musette attire ses phalènes. »

… ET CELUI DE Walter BENJAMIN ?

Comment se sont construites les formes nouvelles de la ville ? Avec quelles catégories les expliquer ? Le XIXe siècle ouvre les perspectives d'un capitalisme conquérant, d'une société de masse dont la ville, surtout la capitale, est le commencement et le révélateur.

POUR EN SAVOIR PLUS…

Walter Benjamin habite de nombreux Paris dans les années 1930, jusqu'à son suicide en 1940. *Paris, Capitale du XIXe siècle* reste une ébauche remarquable pour dire à partir de la ville, des Passages, les avancées de la modernité, pour passer l'esthétique de la rue, de la culture et de l'histoire au crible du matérialisme dialectique. Car la ville est le révélateur des mutations induites par le règne de la marchandise, la production industrielle et l'avancée des techniques qui se diffusent dans toutes les sphères de la société.

L'œuvre destructrice de la modernité.
Ses *Notes sur les Tableaux parisiens* de Baudelaire (conférence de 1939) soulignent la dimension des changements « le Paris baudelairien est pour ainsi dire une ville minée, ville défaillante, ville frêle… Un sentiment prémonitoire de l'insigne précarité des grands centres urbains n'est nullement absent des *Tableaux parisiens*. Rien de beau comme le poème *Le Soleil* qui le (Paris) montre traversé de rayons comme un vieux tissu précieux et râpé », car comme l'écrit Baudelaire, « La forme d'une ville change plus vite, hélas ! que le cœur d'un mortel ».

La ville pour flâner, la ville du désespoir.
« Le flâneur est l'observateur du marché. Son savoir est proche de la science occulte de la conjoncture. Il est l'espion que le capitalisme envoie dans le monde du consommateur. L'oisiveté du flâneur est une protestation contre la division du travail ». Car « la ville est un décor de paysage pour l'oisif qui rêve. Plus exactement, celui-ci voit la ville se scinder en deux pôles dialectiques. Elle s'ouvre à lui comme paysage, et elle l'enferme comme chambre ».

La ville, univers d'une fantasmagorie.
« Les formes de la vie nouvelle et les nouvelles créations à base économique et technique… subissent cette « illumination », non pas seulement de manière théo-

rique, par une transposition idéologique, mais bien dans l'immédiateté de la présence sensible. Elles se manifestent en tant que fantasmagories. Ainsi se présentent les « passages » première mise en œuvre de la construction en fer... l'expérience du flâneur qui s'abandonne aux fantasmagories du marché... Quant à la fantasmagorie de la civilisation elle-même, elle a trouvé son champion dans Haussmann, et son expression manifeste dans ses transformations de Paris ».

Les passages
« Conçus comme une nef avec des chapelles latérales », les passages vont incarner le Paris de la mode, du commerce, de la marchandise, mais aussi de la « mauvaise vie », du populaire et du mauvais goût. Aragon les fera « sanctuaires d'un culte de l'éphémère » (*Le Paysan de Paris*), et si Céline les évoque sous une plume acide, Léautaud ne manque pas de s'y réfugier avec mélancolie.

Pour Walter Benjamin, il y a prétexte à « une féerie dialectique », à « une histoire sociale de Paris au XIXe siècle », à « une tentative d'interprétation globale du XIXe siècle et de son équivoque modernité ». « Cette ambivalence (fragile aspiration utopique et promesse oubliée de liberté) fait des « passages » un extraordinaire hommage critique au Paris du XIXe siècle, à son architecture et à ses écrivains » (*Paris Capitale du XIXe siècle*).

Les passages entre innovation et refuge.
« La majorité des passages sont construits à Paris dans les quinze années qui suivent 1822. La première condition pour leur développement est l'apogée du commerce des tissus... Ces passages sont des noyaux pour le commerce des marchandises de luxe. En vue de leur aménagement, l'art entre au service du commerçant... Le passage n'est que la rue lascive du commerce, propre seulement à éveiller les désirs...

La deuxième condition pour le développement des passages est fournie par les débuts de la construction métallique... On évite l'emploi du fer pour les immeubles et on l'encourage pour les passages, les halls d'exposition, les gares – toutes constructions qui visent à des buts transitoires. »

« La faune féminine des passages : prostituées, grisettes, vendeuses âgées aux allures de sorcière, fripières, « gantières », « demoiselles » – ce terme s'appliquait vers 1830 aux incendiaires habillés en femme ».

Noms de passages.
« Passage des Panoramas, Passage Véro-Didat (construit par deux riches charcutiers, il avait un pavage de marbre. L'actrice Rachel y habita un moment), Passage du Désir (menant jadis à un lieu galant), Passage Colbert, Passage Vivienne, Passage du Pont-Neuf, Passage du Caire, Passage de la Réunion, Passage de l'Opéra, Passage de la Trinité, Passage du Cheval Blanc, Passage du Bois de Boulogne... ».

Extraits de :

Benjamin (W), *Ecrits français*, Gallimard, 1991
Benjamin (W), *Paris capitale du XIXe siècle, le livre des Passages*, Editions du Cerf, 1993.

… ATHENES, DE QUELQUES UNS… ?

Athènes, symbole du « miracle » grec ou… athénien. L'Acropole reste le référent de l'image de la ville, depuis des millénaires. Le géographe en tient compte, peu ou prou, en produisant ses propres textes, à côté de ceux des historiens, architectes, romanciers, poètes, grands voyageurs…

POUR EN SAVOIR PLUS…

Athènes, symbole du « miracle » grec ou… athénien. L'Acropole reste le référent de l'image de la ville, depuis des millénaires. Le géographe en tient compte, peu ou prou, en produisant ses propres textes, à côté de ceux des historiens, architectes, romanciers, poètes, grands voyageurs…

Un écrivain grec ancien, au premier siècle avant notre ère. – « Les monuments s'élevaient donc, superbes par leur grandeur, inimitables par leur beauté et leur grâce, les artisans se prenant d'un beau zèle pour l'emporter en perfection ; mais le plus merveilleux fut la rapidité de l'exécution… tous prirent leur forme définitive dans la période de succès d'une seule carrière politique. »

Plutarque, *Vies parallèles* (Périclès), classiques Garnier Flammarion

Un écrivain et voyageur français du XIXe siècle. – « J'ai vu, du haut de l'Acropolis, le soleil se lever entre les deux cimes du mont Hymette… Athènes, l'Acropolis et les débris du Panthéon se coloraient de la plus belle teinte de la fleur du pêcher ; les sculptures de Phidias, frappées horizontalement d'un rayon d'or, s'animaient et semblaient se mouvoir sur le marbre par la mobilité des ombres, du relief ; au loin, la mer et le Pirée étaient tout blancs de lumière. »

Alphonse de Chateaubriand, *Itinéraire de Paris à Jérusalem*, 1811.

Un autre, à travers sa correspondance. – « J'ai été dire adieu à l'Acropole… Il faisait grand vent, le soleil se couchait, le ciel était tout rouge sur Egine ; derrière les colonnes des Propylées, il s'épatait en jaune d'œuf. Comme je revenais du temple de Neptune, deux gros oiseaux se sont envolés de dessus le fronton et sont partis dans l'Est, du côté de Smyrne, de l'Asie. En poussant la porte de l'Acropole, j'ai remarqué qu'elle grinçait péniblement, comme celle d'une grange… Adieu Athènes ! Autre part maintenant ! »

Gustave Flaubert, *Voyage en Orient*, jeudi 23 janvier, 1851, 10 h 1/2 du soir.

Elisée Reclus, géographe. – « Quoique éventré par les bombes du Vénitien Morosini, quoique dépouillé depuis de ses plus belles sculptures, le temple du Parthénon est resté, par sa beauté pure et simple, qui s'accorde si bien avec la sobre nature environnante, le premier parmi tous les chefs-d'œuvre de l'architecture. A côté de cet auguste débris, sur le plateau de l'Acropole, où les marins voguant dans le golfe d'Egine voyaient au loin briller la lance d'or d'Athénée promachos, s'élèvent d'autres monuments à peine moins beaux et datant aussi de la grande période de l'art, l'Erechthéion et les Propylées.... Sur ce rocher siégeait le tribunal qui jugea Socrate ; sur cette tribune de pierre parlait Démosthène ; dans ce jardin professait Platon ! »

L'Europe méridionale, Hachette, 1879.

Un historien positiviste de la fin du siècle dernier. – « Il y a un lieu où la perfection existe ; il n'y en a pas deux : c'est celui-là. Je n'avais jamais rien imaginé de pareil. C'était l'idéal cristallisé en marbre pentélique qui se montrait à moi... Quand je vis l'Acropole, j'eus la révélation du divin. »

E. Renan, *Prière sur l'Acropole : Souvenirs d'enfance et de jeunesse* (1883), Colin, 1959.

Un humoriste contemporain, auteur de « polars ». – « La voix du commandant de bord nous annonce que l'arrivée à Athènes est imminente... Par le hublot, je lui montre la ville blanche dans l'éblouissante lumière. Sur sa colline, le Parthénon étincelle. On le dirait en sucre. Je comprends qu'on en fasse des presse-papiers, murmure le fossile. Vu d'ici, il ressemble à un presse-papiers. C'est frappant, non ? Ayant rendu ce solennel hommage à l'art grec, il se rendort pendant que la Caravelle opère sa manœuvre d'atterrissage. »

San Antonio, *Salut mon pope*, Fleuve Noir, 1966.

Un architecte et archéologue contemporain. – « Certains parlent de destruction de l'Acropole, ou du moins d'altération profonde et irréparable de ses chefs-d'œuvre d'architecture et de sculpture classiques. En fait, ces problèmes sont directement liés à la modification rapide et incontrôlée de la vie dans l'environnement des monuments antiques.... Le marbre du Pentélique, matériau d'aspect splendide et de grande résistance, perd son ancienne surface, il se corrode, il se désagrège. »

Kharalambos Bouras, *Pour sauver l'Acropole*, Courrier de l'Unesco, oct. 1977.

Un écrivain et grand connaisseur contemporain à propos du XIXe siècle. – « L'Acropole elle même, le seul site resté en tout temps accessible, est encore encombré d'un fatras de maisons turques, de bazars et d'entrepôts dont les toits de tuiles rouges cachent presque entièrement le Parthénon ! C'est un véritable village qui occupe la colline sacrée, avec ses marchands, ses cours plantées d'oliviers, ses allées de cyprès, ses puits et ses chapelles. On y voit même des moutons et des chèvres paître une herbe plutôt rare, et des bergers faire la causette avec des soldats turcs, comme le montre une peinture du voyageur anglais Dodwelle, exécutée en 1805. Quant au Parthénon, tout l'intérieur est occupé par une immense mosquée, qui ne sera supprimée qu'en 1842. »

Jacques Lacarrière, *La Grèce retrouvée*, Seghers, 1984.

... ET BARCELONE DE QUELQUES AUTRES ?

Barcelone, depuis au moins Cervantès, offre une belle anthologie de récits, de romans, de nouvelles. Le choix est grand, les référents réduits à peu près aux seules Ramblas, la promenade oscille entre le vieux Quartier Gothique et le Barrio Chino.

POUR EN SAVOIR PLUS...

« Quand on avait franchi les formidables et immenses fortifications de Barcelone, je ne sais combien de portes, de ponts-levis, de poternes et de remparts, rien n'annonçait plus qu'on fût dans une ville de guerre. Derrière une triple enceinte de canons, et isolée du reste de l'Espagne par le brigandage et la guerre civile, la brillante jeunesse se promenait au soleil sur la rambla, longue allée plantée d'arbres et de maisons comme nos boulevards : les femmes, belles, gracieuses et coquettes, occupées uniquement du pli de leurs mantilles et du jeu de leurs éventails ; les hommes occupés de leurs cigares, riant, causant, lorgnant les dames, s'entretenant de l'opéra italien, et ne paraissant pas se douter de ce qui se passait de l'autre côté de leurs murailles. »

George Sand, *Un hiver à Majorque*, Œuvres autobiographiques,
La Pléiade, Gallimard, 1838.

« L'aspect de Barcelone ressemble à Marseille, et le type espagnol n'y est presque plus sensible ; les édifices sont grands, réguliers, et, sans les immenses pantalons de velours bleu et les grands bonnets rouges des Catalans, l'on pourrait se croire dans une ville de France. Malgré sa Rambla plantée d'arbres, ses belles rues alignées, Barcelone a un air un peu guindé et un peu roide, comme toutes les villes lacées trop dru dans un justaucorps de fortifications. »

Théophile Gautier, *Voyage en Espagne*, Editions d'aujourd'hui, 1843.

« Une question se poserait, qui serait de savoir jusqu'à quel point Barcelone est en Espagne. Sigismond se dit que beaucoup de ces gens qu'il a côtoyés n'hésiteraient pas trop à répondre par la négative, si on les interrogeait... n'a-t-il pas lu cette inscription, modérément dissimulée au coin de la vitre d'une vieille boutique : « Se habla español ». « On parle espagnol » : plaisante manière de traiter le castillan de langage étranger... Remontera-t-il les ramblas jusqu'à la place de Catalogne ? Pour l'heure, à cause de la discrète affluence, la vieille avenue possède un charme qui est celui des promenades paisibles, mais passé midi la cohue d'entre l'église et le déjeuner y sera, ce n'est que trop certain, et des officiers avec des femmes d'officiers feront parade d'un lard aussi épais que celui de leur maître. Le ceinturon sur un gros bide, l'étui du pistolet près du cul, voilà les marques distinctes des messieurs de Castille parmi les Catalans soumis. »

André Pieyre de Mandiargues, *La marge*, Gallimard, 1967.

« Mai 1973. Il était une heure du matin. Le front appuyé contre la vitre de l'hôtel, elle regardait en bas, les Ramblas. A quelques pas de là, Plaza de Cataluña, les taxis noirs et jaunes tourbillonnaient comme des abeilles. Ils s'arrêtaient, des gens descendaient, ils démarraient, des gens couraient, des bras se tendaient, d'autres gens s'engouffraient dans la bouche du métro.
Presque aux quatre coins de la place, des aveugles vendaient des billets de loterie. Au centre, des fontaines lumineuses jaillissaient, blanches, et éclairaient la propreté de la nuit. D'autres gens parlaient fort et buvaient beaucoup dans les cafés, sur les Ramblas, et tous ces bruits montaient jusqu'à la chambre du cinquième étage de l'hôtel Monte-Carlo, et bien plus haut. Il faisait chaud et lourd ; elle ouvrit la fenêtre en grand et tout se mit à grouiller : les cris, les voix, les klaxons et les phares, et les chiens et les hommes. »

Claude Christol, *Les plus hautes feuilles des grands arbres*, Cristol, 1976.

Le prière d'insérer précise que ce livre, « est d'abord une lente promenade sentimentale le long des ramblas, dans le Barrio Chino, au cœur de cette ville symbole d'un pays, d'une culture, d'une volonté antique de singularité et de liberté. »

André Barey, *Vivre à Barcelone*, La Relève, 1979.

« Que pensez-vous d'une promenade critique sur les Ramblas et d'un verre au Boadas ?
– Qu'est-ce que tu entends par « promenade critique sur les Ramblas » ?
– Nous pourrions commencer par le McDo qui remplace le vieux restaurant Canaletas. Nous pourrions y réfléchir sur la dégénérescence de la gastronomie et la pénétration culturelle impérialiste américaine par le biais du hamburger... Nous poursuivrions avec le café Moka rénové ; arrêt obligatoire de ce chemin de croix pour réfléchir à ce que furent les cafés d'antan, remplacés par l'ambiguïté formelle des établissements actuels qui font que les pharmacies ressemblent à des cafés et les cafés à des pharmacies... Je continue ? Sur les Ramblas, on peut avoir une vision cosmique, et sûr que, si on lève la tête, on aperçoit un OVNI de l'Internationale socialiste planétaire ; et ça continue jusqu'au port, où avec un peu de chance on peut rencontrer un groupe de joyeux jeunes gens de la Navy, preuve évidente que nous sommes une province de l'empire. »

Manuel Vazquez Montalban, *Le pianiste*, 1988, Le Seuil.

« Les Ramblas, qui s'étirent depuis la statue d'un Christophe Colomb au regard tourné vers la mer jusqu'à la Plaza de Catalunya, forment une belle et large avenue verdoyante, idéale pour le paseo – la promenade-exhibition du soir – mais Barcelone est partout friande d'avenues plantées d'arbres. C'est une ville aux rues d'un ferme tracé et à l'architecture contemporaine très satisfaisante. Lorsque surgit un centre commercial, sa façade s'orne avec goût d'abstractions géométriques de style aztèque. »

Anthony Burgess, *Hommage à Barcelone*, Grasset, 1988.

... NEW YORK DE Jérome CHARYN

New York, Big Apple, ville mythique, crainte et désirée, rêvée et tant matérielle, magique et hors-la-loi, sauvage et cultivée. New York, « cité où le crime est un art », « capitale du XXe siècle », New York fascinante et monstrueuse !

POUR EN SAVOIR PLUS...

New York en noir et blanc. – « L'histoire de New York, ce n'était pas la légende toute bête de deux villes. Elle avait toujours été riche et pauvre, noire et blanche, y compris dès l'époque des Hollandais qui, ne sachant que faire de leurs esclaves, en libérèrent un certain nombre. Cependant, au cours de ce siècle, les Noirs ont créé leurs propres modèles, parfois en singeant les Blancs, d'une manière qui ne peut qu'inspirer la tristesse et l'amertume.... Les Noirs, pour survivre, s'accomodèrent du mensonge et prétendirent être ces hommes et ces femmes sauvages, tels que les Blancs les voyaient. Dès lors, les relations entre Blancs et Noirs furent faussées des deux côtés. »

Nouveau Monde. – « En 1626, la Compagnie fit de Peter Minuit le premier gouverneur général de la « Nouvelle-Hollande », ainsi que s'appelait la petite colonie. Minuit avait aussi une âme de promoteur immobilier. Pour 24 dollars de babioles, il acheta l'île de Manhattan à un groupe d'Algonquins qui s'y trouvait. Ce fut la plus belle opération foncière de tous les temps... et un énorme mensonge. Car cette tribu mythique n'était que de passage sur l'île... »

« L'âme d'une ville est souvent inscrite dans celle de ses habitants. C'est particulièrement vrai à New York où des populations entières sont arrivées dans des bateaux fantômes, sont passées par une église de brique pendant que l'on portait des inscriptions à la craie sur leurs vêtements et que l'on regardait s'ils avaient des poux ; si on les autorisait à entrer, ils trimaient pour gagner leur vie, faisaient des enfants et mouraient dans la bousculade pour devenir américains. La mélancolie et la vitalité de New York ont la même origine : le désir de l'immigrant de devenir une créature magique, l'homme du Nouveau Monde. »

Ellis Island. – « Personne ne semblait vouloir d'Ellis. L'île avait ses fantômes. Les Hollandais l'appelèrent l'île de la Petite-Huître mais ils n'y installèrent aucune colonie... Celle-ci devint un « hôpital » pour les pirates que l'on pendait à Washington Market... En 1794, on y construisit un fort destiné à abriter une compagnie de sol-

dats. Ces derniers ne supportèrent pas la solitude des lieux et se mirent à déserter... En 1861, l'île comptait en tout et pour tout cinq habitants... Ellis Island (centre de sélection permanente des immigrants) ouvrit ses portes le 1er Janvier 1892. Le magazine « Harper's Weekly » compara le centre à « un hôtel moderne de station thermale » ; un hôtel qui pouvait recevoir dix mille immigrants en un seul après-midi. »
« En 1959, alors qu'il était âgé de quatre-vingt-douze ans, Franck Lloyd Wright, le plus grand et le plus fou des architectes américains, fut sollicité par des hommes d'affaires pour concevoir un complexe commercial à Ellis Island, qui était à vendre avec ses trente-trois immeubles situés sur un site de onze hectares... Ellis avait retrouvé son visage du XVIIIe siècle – une île venteuse jonchée des os des pirates oubliés. Un décor idéal pour Franck Lloyd Wright. »
Chrysler Building. – « La fantaisie de ce toit d'acier, un chapeau de sorcière orné d'une nuée d'yeux triangulaires, parvient à chasser ma tristesse. Il incarne le souvenir d'un New York qui jadis révélait une véritable dimension ludique, la croyance en sa propre modernité. L'immeuble est un peu insensé : il y a des enjoliveurs encastrés dans les murs, des gargouilles empruntées à de vieilles Chrysler et des voitures futuristes dessinées dans la brique... L'entrée ressemble à celle d'une église dédiée au rêve de l'automobile et à son futur époustouflant, tel que l'a imaginé Chrysler. »
Harlem. – « Patrie du jazz et de la mélancolie » pour Paul Morand, « Harlem était autrefois aussi important que le Lower East Side... Harlem, c'était un Chinatown de plus, un lieu exotique à visiter ; on y organisait des soirées de gala, et il y avait là aussi les grands clubs noirs mais on n'apercevait jamais un seul Noir dans Central Park... L'énergie contenue de Harlem alimentait la schizophrénie de cette ville, la profonde cassure intérieure de son paysage mental. »
Times Square. – « Le redéploiement de Times Square ravive la vieille inimitié traditionnelle entre l'ordre et le chaos.... Times Square a changé de visage ces vingt-cinq dernières années. Le quartier est devenu le terrain d'élection des pauvres, un parc de loisir pour les Noirs et les métis au milieu de la ville blanche... C'est en 1916 que commença l'ère des immenses panneau d'affichage. Tout le quartier fut électrifié. Times Square devint un second *Coney Island*, avec des stands de tir, des salles de jeu, des attractions foraines et des danseuses du ventre... C'était un monde à l'intérieur d'un autre monde, il possédait son argot, une langue de clowns et de clochards, un parler de truand à moitié yiddish... Times Square était un Ellis Island anarchiste... Pour le bottin mondain, Times Square est un pays fantôme, un entr'aperçu du ventre de New York. Il en a toujours été ainsi... *Le Times Square Redevelopment Corporation*, organisme géré par la Ville et l'Etat, souhaite précisément créer « une athmosphère à la Bloomingdale's » dans la Quarante- deuxième Rue. Une fois le centre puant de Times Square rasé, les badauds laisseront la place aux guppies, aux touristes, aux acheteurs de l'extérieur. »

Les citations ci-dessus sont extraites de :

Charyn (J), *New York, chronique d'une ville sauvage*, Découvertes Gallimard, 204, 1994

Charyn (J), *Métropolis*, Presses de la Renaissance, 1987

Revue Autrement, *New York avec Jérome Charyn*, 1988.

QUELLE EST DONC LA PLUS « BELLE » VILLE DU MONDE ?

Au XVe siècle, au temps de Van Eyck et de Memling, c'est peut-être Bruges, et il lui en reste quelque chose. Venise lorsqu'elle s'approprie l'essentiel de Byzance. Paris a sa place dans le palmarès – d'une façon ou d'une autre – à toutes les époques, comme Londres et Budapest sur leur fleuve, comme Prague, Léningrad débaptisée et Moscou, comme Québec vue depuis le château Frontenac sur le Saint-Laurent, comme Varsovie reconstruite ou Kiev. Capitales de toujours.

POUR EN SAVOIR PLUS...

Mexico d'avant Cortez rejoignait ces villes-légendes, villes de légende que sont Jericho, Babylone, Ninive, Alexandrie de la bibliothèque, Athènes de l'Acropole, Jérusalem du Temple, Sydney de l'opéra, Rio du Corcovado, Nijni-Novgorod de Michel Strogoff, l'une et l'autre inventés par Jules Verne.

Mais la plus belle ville du monde est celle que l'on transporte avec soi, avec ses propres critères et quelques souvenirs, Vienne d'un restaurant et pas forcément du Prater, Londres de Soho et pas seulement de Buckingham ou des docks, Cracovie d'un grand ensemble loin de sa grande place de la Halle aux Draps, Paris de l'impasse Florimont plus que des Champs-Elysées.

Le poète a dit « Le plus beau pays du Monde est celui où je suis né », et il en va de même pour la ville, de naissance ou d'adoption. Malgré des accords tacites sur les canaux de Bruges ou de Kurashiki, les façades d'Amsterdam ou de Trondheim, une perspective de Saint-Petersbourg, le panorama du Mont Royal sur Montréal, la petite France de Strasbourg ou la ville chinoise de Bangkok. La plus belle ville du Monde est d'un temps et d'un seul temps, parce qu'elle renvoie à un état d'âme qui passe un jour par Prague, un jour par Annecy, un autre par Stokholm. Elle est surtout celle du désir, jamais assouvi, toujours recomposé, ville changeante au gré des souvenirs, des images, des traces, ville impensable « qui se reflète au miroir de la Ville » (*Les villes du désir*, André Antolini, Yves-Henri Bonello, Galilée, 1994)

« Venise comment ?... espace unique, merveille. Œuvre d'art ? non, pas de plan préconçu. Elle naquit des eaux. Et cependant, avec lenteur, pas comme Aphrodite, en un instant… L'espace occupé sur la lagune, en utilisant les marécages, hauts-fonds, débouchés vers le large, ne peut se séparer d'un espace plus vaste, l'espace des échanges commerciaux, qui pour lors n'étaient pas encore mondialisés, mais surtout méditerranéens et orientaux… Après les exigences pratiques du défi à la mer – le port, les routes maritimes – vinrent les rassemblements, les fêtes, les rites grandioses (le mariage du Doge et de la Mer) avec l'invention architecturale. » (Henri Lefebvre, *La production de l'espace*, Anthropos, 1974).

« Il est cinq heures, Paris s'éveille… » chante Dutronc. Lequel, celui du XVIe arrondissement, qui est plutôt en train de se coucher, ou plus certainement celui du XIXe ? En fait ni l'un ni l'autre, ce qui entraîne une remarque sur la remarque, ni « le XVe » ni « le XIXe » n'existent malgré les nuances que l'on y reconnaît. Mais la ville-métaphore qui prend le relais de la ville existentielle et devient référent quasi mythique. C'est beau une ville la nuit écrit Richard Bohringer (Folio, 1989) sorte de quête, de « balade, l'œil et l'esprit grands ouverts au vif de la ville » car le poète, comme l'ouvrier, a « voulu aller voir la ville. La grande ville. Je voulais voir l'oiseau de feu. Je voulais voir les filles de la ville ».

La ville chante, elle est chantée ; la ville jalouse, est jalousée ; elle se déchire, se fracture, se regroupe, se distend, se laisse aborder ou est fuyante. « J'ai bien des fois rêvé d'écrire sur Paris un livre qui fût comme une grande promenade sans but, où l'on ne trouve rien de ce que » l'on cherche, mais bien des choses que l'on ne cherchait pas.… la ville en effet ne sourit qu'à ceux qui l'approchent et flânent dans ses rues ; à ceux-là, elle parle un langage rassurant et familier.… » (Julien Green, *Paris*, Champ Vallon, 1983).

La ville ne sort pas d'une image globalisante, elle n'existe qu'en tant que sujet, identification fidèle à une personne, à une personnalité qu'on lui accorde, à une personnalisation qu'on lui bâtit. Ville nommée qu'Italo Calvino identifie à des femmes pour dire son attachement à ces villes où l'on « est pris » (Italo Calvino, *Les villes invisibles*, Point, 1984) ou peut-être encore parce qu'elle marque la reproduction et la continuité du monde, le savoir vivre et la culture (*Trieste è una dona,* Umberto Saba). « Tu ne trouveras pas de nouveaux pays, Tu ne découvriras pas de nouveaux rivages. La ville te suivra… » (Citation d'Olivier Rolin, *Sept Villes*, Rivages, 1988). Ville sommet du monde, ville des limites extrêmes du rapport à l'espace et au temps, du passé qu'elle historicise et du futur dont elle unifie le sens. « Structure de la mondanité » pour reprendre une expression d'Heidegger, pour signifier la ville qui dit notre « comment » et pour mieux comprendre alors son anthropomorphisation permanente (*Les villes du désir*, op. cité).

MAIS OÙ VONT LES VILLES ?

Le discours de ces dernières décennies, peut-être un peu éclairé par tout ce qui est évoqué ci-dessus, vacille entre optimisme béat et vision apocalyptique, du « crépuscule » à la fin des villes. Les vrais problèmes restent posés par la croissance exponentielle d'une urbanisation qui touche désormais la planète dans son ensemble.

POUR EN SAVOIR PLUS...

Eternelle question qui donne un titre au livre publié par J.B. Charrier chez Colin en 1970. La première photographie montrant New York depuis l'Empire State building est ainsi légendée : « L'orgueilleuse affirmation de la ville, mais aussi le chaos architectural, la congestion inévitable ». Et face à la congestion, le report dans des périphéries de plus en plus lointaines des hommes, des objets et des produits qui faisaient la ville. L'urbanisation reste un des « grands problèmes » de notre époque, qui nie la ville en affirmant l'urbain. Jusqu'à ces conglomérats informes que la statistique sa plaît d'évoquer en terme de record lorsqu'elle publie les chiffres de population des grandes agglomérations mondiales qui voient Mexico, Sao Paulo, Pékin, Le Caire et quelques autres se disputer la première place, laissant loin derrière la première des villes européennes.

Les villes ? Elles vont certainement toutes au même endroit, avec les mêmes embouteillages, une fois dans un sens et une fois dans l'autre au cours de la journée, avec les mêmes façades sans cesse recopiées, une fois de verre, une fois de pierre, une fois de couleurs vives et une fois de tons pastels. Même recomposition des centres dits « anciens » quand le besoin d'histoire se fait pressant face à la décomposition des valeurs. Mêmes lieux de distribution à la périphérie avec leurs échangeurs autoroutiers et leurs immenses parcs à voitures. Mêmes résidences populaires en grandes barres ponctuées de tours, caractérisées par les mêmes dégradations, les mêmes réhabilitations sous le pinceau, les mêmes marginalités et les mêmes échos dans les faits divers. De ci de là des monuments, et des vestiges archéologiques récupérés.

L'exception d'une recherche architecturale de grande audace ou de sage tradition crée tel lieu que l'on va voir et que l'on montre. C'est la rue piétonne que l'on recherche aujourd'hui, et qu'accompagne le discours sur les portes, les agoras et les forums, les parcs, les jardins et les traînées de verdure. Rêve inaccessible de la fusion de la ville et de la campagne en une unité disant le bonheur de vivre, le savoir et le savoir faire, le progrès technologique et le rapport à la nature.

On a dit qu'il n'y aurait bientôt plus de villes mais des espaces urbanisés tels ceux qui défilent à travers les vitres du *shinkansen* japonais ou dans telle autre mégapole. Le vieux rêve du travail à la ville et de la résidence en campagne a échoué, la mobilité devenant source d'asphyxie et de dysfonctionnements. Mais le discours apocalyptique a changé de cibles et de thèmes si ce n'est sur la pollution au moment où la ville est tertiaire plus qu'industrielle et n'abrite au pire que des industries que l'on veut propres.

D'une façon ou d'une autre le modèle s'uniformise. On vous bande les yeux et on vous transporte dans le centre d'une grande ville moderne, à quoi l'identifiez-vous ? Réponse impossible, tous ceux qui ont fréquenté les centres récents de Londres, Rotterdam, Montréal, New York, d'Abidjan au Plateau, de Tokyo, Sao Paulo ou Osaka vous le diront.

Vous pouvez refermer les yeux.

INDEX DES AUTEURS

INDEX DES VILLES